法律家のための
企業会計と法の基礎知識

会計処理と法の判断

古田佑紀
梅林　啓 ［編］
市川育義

青林書院

はしがき

　本書は，主として法律実務家向けの入門的な企業会計の解説書である。企業法務を業務分野とする法律家にとって，企業会計への理解は不可欠であるが，ある会計事象をどのように会計処理するか，あるいはすべきかという問題に直面すると，会計処理原則の多様性や複雑さ，さらには曖昧さも相俟って，それは公認会計士の専門分野であり法律家の専門分野ではないと考えてしまうことも少なくない。しかし企業の行った会計処理が不適切であれば，そこには様々な法律問題が発生するのであって，本来，法律家は，会計処理の適否についての判断から逃げることはできないはずである。

　企業の会計処理の適否が問題となった過去の民事刑事の裁判例を見ても，一般に公正妥当と認められる企業会計の慣行（あるいは基準）とは何か，このような企業会計の慣行（あるいは基準）に違反する会計処理（不適切会計）とはどのようなものか，不適切会計がどのような法的責任を構成するのか，具体的な不適切会計事件としてはどのようなものがあり，その法的観点から見たポイントは何なのかなど，論点は様々であるが，公認会計士からみて不適切な会計処理であっても，それが会社や役員等の法的責任に結びつくとは限らないなど，実際の事案における裁判所の判断要素も統一的ではない。

　本書は，法律家が理解しておくべき企業会計の基礎的な知識をおさえた上で，法と企業会計との関係を，法律家及び公認会計士の視点から概観し，さらに法律家が最も関心のあるであろう会計基準に違反する会計処理がなされた場合の法的論点について，過去の事例を踏まえながら網羅的な解説を試みた。このような目的のために，本書は，実務家である弁護士と公認会計士，刑法と会社法の研究者が分担して執筆したが，結果として，法律家だけではなく，公認会計士にとっても意義のある解説書となったように思われる。

本書の刊行に当たっては，株式会社青林書院編集部の加藤朋子さんには，全体の校正や編集作業において多大なる作業をお願いした。この場を借りて深く御礼申し上げたい。

2017年11月

編 者 一 同

編者・執筆者一覧

編 者

古田　佑紀（ふるた　ゆうき）
弁護士
〔略歴〕
　1967年東京大学法学部卒業。1969年検事任官。法務大臣官房審議官，宇都宮地方検察庁検事正，最高検察庁検事，法務省刑事局長，最高検察庁刑事部長，同次長検事，最高裁判所判事，同志社大学法科大学院教授，神奈川大学法科大学院特任教授など。
〔主要著書・論文〕
　『経済刑法――実務と理論』（2017年，商事法務）〔共編著〕，『大コンメンタール刑法〔第三版〕』（2013年～，青林書院）〔共編〕，『大コンメンタール刑事訴訟法〔第二版〕』全11巻（2010年～2017年，青林書院）〔共編〕など。

梅林　　啓（うめばやし　けい）
弁護士
〔略歴〕
　1989年東京大学法学部卒業。1991年検事任官。東京地検検事，法務省刑事局付，法務省大臣官房秘書課付など。その間，東京地検特捜部検事，在英国日本国大使館一等書記官，内閣官房副長官秘書官。2007年検事を退官し弁護士登録。西村あさひ法律事務所入所。2010年1月パートナー弁護士。主として一般企業法務，コンプライアンス，企業不祥事にかかる危機管理案件等に取り組む。2014年～慶應義塾大学法科大学院非常勤講師。
〔主要著書・論文〕
　『危機管理法大全』（2016年，商事法務）〔共著〕，「行政機関による行政調査――その実態と企業等に求められる対応」（NBL1103号・1105号，2017年）など多数執筆。

市川　育義（いちかわ　やすよし）
公認会計士
〔略歴〕
　1984年中央大学商学部卒業。1985年等松・青木監査法人（現有限責任監査法人トーマツ）入所。1989年公認会計士登録。1996年～1998年日本公認会計士協会へ出向し，大蔵省（現金融庁）企業会計審議会幹事として2000年会計ビッグバン当時の新会計基準の審議に関与。

　1999年同法人パートナー。その後も日本公認会計士協会会計制度委員会委員長等や金融庁公認会計士・監査審査会委員などを歴任。現在，同法人ボードメンバー（評議員）として法人経営に関与するほか，上場企業の会計監査等に従事。
〔主要著書・論文〕
　『連結財務諸表制度詳解』（2000年，中央経済社）〔共著〕，『完全解説ゴーイング・コンサーンの実務』（2003年，財経詳報社）〔共著〕，『企業結合会計ガイドブック』（2004年，清文社），『四半期報告制度ガイドブック』（2008年，中央経済社）〔共著〕がある。

執筆者

古田　佑紀
【第2の1(1)】
　（上掲）

梅林　　啓
【第2の1(2)(3)，3(1)，第5】
　（上掲）

市川　育義
【第1，第2の2，3(2)】
　（上掲）

(以下，五十音順)

安部　立飛（あべ　はるひ）
【第4の1，第5，資料1】
　2014年弁護士登録，西村あさひ法律事務所入所。現在同事務所アソシエイト弁護士。主として一般企業法務，コンプライアンス，企業不祥事にかかる危機管理案件等に取り組む。「ブラジルの贈収賄防止規制の基礎」（2017年，商事法務ポータルウェブサイト）等執筆。

神作　裕之（かんさく　ひろゆき）
【第4の2】
　東京大学大学院法学政治学研究科教授。専攻は商法。「日本版スチュワードシップ・コードの規範性について」『江頭憲治郎先生古稀記念 企業法の進路』（2017年，有斐閣）所収，『ドイツ会社法・資本市場法研究』（2016年，中央経済社）〔共編〕，『会社裁判にかかる理論の到達点』（2014年，商事法務）〔共編〕など。

佐伯　仁志（さえき　ひとし）
【第4の3】
　東京大学大学院法学政治学研究科教授。『刑法と民法の対話』（2001年，有斐閣）〔共著〕，『制裁論』（2009年，有斐閣），『刑法総論の考え方・楽しみ方』（2013年，有斐閣）。

山添　清昭（やまぞえ　きよあき）
【第3，資料2】
　1990年公認会計士登録。現在，有限責任監査法人トーマツ ディレクター公認会計士。主として監査及び品質管理の業務，会計・監査関係の研修講師等を担当。『監査役のための会計知識と決算書の読み方・分析の仕方〔第2版〕』（2013年，同文舘出版）他多数執筆。

凡　例

(1) **叙述の仕方**

ア　叙述は，原文引用の場合を除いて，原則として常用漢字，現代仮名遣いによった。

イ　本文中の見出し記号は，原則として，⑴⑵⑶……，**アイウ**……，㋐㋑㋒……，ａｂｃ……の順とした。

(2) **法令の表記**

ア　地の文における法令名の表記は，原則として，正式名称によった。

イ　カッコ内における法令条項の引用は，原則として，次のように行った。

　㋐　主要な法令名については，後掲の「法令略語例」を用いた。

　㋑　同一の法令の条項は「・」で，異なる法令の条項は「，」で併記した。それぞれ条・項・号を付し，「第」の文字は省いた。

　㋒　平成29年法律第44号「民法の一部を改正する法律」による改正について，必要に応じて付記した。

(3) **判例，裁判例の表記**

判例，裁判例は，原則として，次の〔例〕のように表記し，後掲の「判例・文献関係略語例」を用いた。

〔例〕平成18年4月10日，最高裁判所判決，最高裁判所民事判例集60巻4号1273頁

　　→　最判平18・4・10民集60巻4号1273頁

(4) **文献の表記**

文献は，原則として，次のとおり表記した。

　　著者名『書名』頁数

　　執筆者名「論文名」編者名編『書名』頁数

編者名編『書名』頁数〔執筆者名〕
執筆者名「論文タイトル」掲載誌 頁数
執筆者名・掲載誌 頁数

■法令略語例

会社	会社法		の用語，様式及び作成方法に関する規則
会社施規	会社法施行規則		
会社計算規	会社計算規則	民	民法
金商	金融商品取引法	改正民法	民法（平成29年法律第44号による改正後）
刑	刑法		
財務（財規）	財務諸表等の用語，様式及び作成方法に関する規則（財務諸表等規則）	民訴	民事訴訟法
		連結（連結財規）	連結財務諸表の用語，様式及び作成方法に関する規則（連結財務諸表規則）
四半期連結財規	四半期連結財務諸表		

■判例・文献関係略語例

最	最高裁判所	金判	金融・商事判例
高	高等裁判所	金法	金融法務事情
地	地方裁判所	ジュリ	ジュリスト
判	判決	判時	判例時報
決	決定	判タ	判例タイムズ
民集	最高裁判所（又は大審院）民事判例集	労判	労働判例
		LEX/DB	LEX/DBインターネット（TKC法律情報データベース）
刑集	最高裁判所（又は大審院）刑事判例集		
裁時	裁判所時報		

目　次

はしがき

編者・執筆者一覧

凡　例

第1　会計の意義　(1)

1　実務レベルの会計 ……………………………………………… (3)
2　代表的な決算書 ………………………………………………… (5)
3　決算書の作成プロセス ………………………………………… (6)
　(1)　決算書の基本構造　(6)
　(2)　作成事例の説明　(7)
　　　ア　平成27年度（会社設立）(8)　　イ　平成28年度（営業開始）(9)
　　　ウ　平成29年度（通常期）(11)
4　会計処理の基本的な考え方 …………………………………… (15)
　(1)　企業会計原則関係（一般原則）　(15)
　　　ア　真実性の原則　(15)　　イ　正規の簿記の原則　(16)　　ウ　資本
　　　取引・損益取引区分の原則　(17)　　エ　明瞭性の原則　(17)　　オ　継
　　　続性の原則　(18)　　カ　保守主義の原則　(19)　　キ　単一性の原則
　　　(19)　　ク　重要性の原則　(20)
　(2)　その他　(20)
　　　ア　会計上の見積り　(20)　　イ　過去の誤謬　(21)
5　決算書の制度的な位置づけ …………………………………… (23)
　(1)　法定書類としての決算書　(23)
　(2)　トライアングル体制　(24)
6　中小企業の決算報告 …………………………………………… (25)
　(1)　中小企業の会計処理　(25)
　(2)　中小企業の今後の対応　(25)

第2 法と会計 (27)

1 法律家の視点から見た会計 ……………………………………… (29)
　(1) 序文 (29)
　　ア 会計処理と法の接点 (29) 　イ 法的な観点から会計処理を見る場合の留意点 (31) 　ウ 終わりに (35)
　(2) 会社法会計 (36)
　　ア 会計の原則 (36) 　イ 会計帳簿と計算書類等 (36) 　ウ 計算書類等に関する会社法の諸制度 (38) 　エ 臨時計算書類と連結計算書類 (40) 　オ 剰余金の配当 (41) 　カ 会社法会計の目的 (43)
　(3) 金商法会計 (43)
　　ア 目的 (43) 　イ 発行市場の開示 (44) 　ウ 流通市場の開示（継続開示）(44) 　エ 臨時報告書による開示 (45) 　オ 有価証券届出書等の公衆縦覧 (46) 　カ 財務諸表 (46) 　キ 公認会計士又は監査法人による監査証明 (47)

2 会計士の視点から見た会計 ……………………………………… (48)
　(1) 会計基準の種類 (48)
　　ア 日本基準 (48) 　イ 米国会計基準 (51) 　ウ 国際財務報告基準（IFRS）(53) 　エ 修正国際基準 (56) 　オ まとめ (57)
　(2) 連結決算制度の仕組み (57)
　　ア 連結財務諸表とは (57) 　イ 連結財務諸表の作成プロセス (59) 　ウ 子会社の判定 (60)
　(3) 会社法における会計と金商法における会計の接近 (65)
　(4) 今後の会計基準の動向 (67)

3 法令上準拠すべき会計基準――会計基準の法規性 ……… (69)
　(1) 法律家から見た「一般に公正妥当と認められる企業会計の慣行」と「一般に公正妥当と認められる企業会計の基準」(69)
　　ア 「一般に公正妥当と認められる企業会計の慣行」と「一般に公正妥当と認められる企業会計の基準」の意義 (69) 　イ 「一般に公正妥当と認められる企業会計の慣行」に関するいくつかの裁判例 (76)
　(2) 会計士から見た「一般に公正妥当と認められる企業会計の慣行」と「一般に公正妥当と認められる企業会計の基準」(84)
　　ア 「一般に公正妥当と認められる企業会計の慣行」は，上場会社や中小企業などの会社ごとに具体的内容を異にすること (85) 　イ 上場会社の場合であっても，これまで想定していなかった新たな会計事象については，基

準化されるまでの間，一定の実務慣行が形成されること (86)　ウ 「一般に公正妥当と認められる企業会計の基準」であっても，具体的内容がすべて明確になっているものではないため，業界ないしは企業グループごとに実務慣行として定着している会計処理が想定されること (87)

第3 基礎的な会計処理の知識 (89)

1 制度会計の仕組みと決算書の種類 ……………………………(91)
(1) 金商法会計と会社法会計 (91)
(2) 決算書の種類 (92)
　ア 会社法（株主総会提出用の決算書）(92)　イ 金商法（上場会社等の決算書）(93)

2 会計処理の手続・会計書類の作成等 ……………………………(95)
(1) 決算書作成の流れ（決算書の作成プロセス）(95)
(2) 期中の会計処理 (96)
(3) 残高試算表による検証 (98)
(4) 決算処理の内容と留意点 (100)
　ア 会計方針に従った処理 (100)　イ 資産残高の点検（実在性のチェック）(101)　ウ 資産・負債の評価 (102)　エ 費用・収益の点検（期間帰属のチェック）(103)　オ 仮勘定の整理 (103)　カ 期中の処理誤り等の点検 (104)　キ 減価償却計算 (104)　ク 引当金の計算 (104)　ケ 税金計算，税効果会計の計算 (104)　コ 1年基準による流動・固定振替処理（貸借対照表項目），営業外損益・特別損益の振替処理（損益計算書項目）等 (105)
(5) 残高試算表と貸借対照表・損益計算書 (106)

3 決算書の仕組みと見方のポイント ……………………………(107)
(1) 決算書の仕組みとねらい (107)
(2) 貸借対照表の仕組みと見方のポイント (108)
　ア 貸借対照表の基本的な仕組み (108)　イ 貸借対照表の見方のポイント (110)
(3) 損益計算書の仕組みと見方のポイント (111)
　ア 損益計算書の基本的な仕組み (111)　イ 損益計算書の見方のポイントについて (111)
(4) 株主資本等変動計算書 (113)

ア　株主資本等変動計算書の基本的な仕組み　（113）　　イ　株主資本等変動計算書の見方のポイント　（115）

4　監査の基礎知識とその手順等……………………………………………(117)
　(1)　公認会計士の監査実施の手順について　（117）
　(2)　公表されている監査の基準　（119）
　(3)　「監査における不正リスク対応基準」について　（121）
　　ア　「監査における不正リスク対応基準」のねらいと全体像　（121）
　　イ　職業的懐疑心の強調　（122）　　ウ　不正リスクに対応した監査の実施　（122）　　エ　監査役等との連携　（123）

第4　会計基準に違反する会計処理　（125）

1　不適切会計と法的責任……………………………………………………(127)
　(1)　民法上の責任　（127）
　(2)　会社法上の責任　（130）
　　ア　任務懈怠責任（会社423条1項）　（130）　　イ　第三者に対する損害賠償責任（会社429条1項）　（153）　　ウ　第三者に対する損害賠償責任（会社429条2項）　（154）　　エ　代位責任（会社350条）　（156）　　オ　役員等の解任　（157）
　(3)　金商法上の責任　（158）
　　ア　民事責任　（158）　　イ　行政上の責任（課徴金）　（162）　　ウ　刑事責任　（164）
　(4)　虚偽の会計処理につき役員等が賠償責任を負う損害の範囲について　（166）
　　ア　信用毀損による損害，弁護士に対する報酬，調査委員会にかかる費用等　（166）　　イ　会社法と金商法の横断問題（課徴金等の役員等への転嫁可能性）　（168）

2　評価的要素と会計基準違反（民事関係）…………………………………(176)
　(1)　公正妥当と認められる企業会計の慣行　（176）
　(2)　「公正妥当と認められる企業会計の慣行」の意義　（178）
　　ア　緒論　（178）　　イ　企業会計審議会・企業会計基準委員会の会計基準　（179）　　ウ　企業会計基準委員会の企業会計基準適用指針　（179）　　エ　日本公認会計士協会の指針　（180）　　オ　税法基準　（181）　　カ　小括　（182）

目　次　xiii

　(3)　会計基準の選択と役員等の民事責任　(182)
　　　ア　会社法上の民事責任　(182)　　イ　従うべき会計基準が1つしか存在しない場合　(184)　　ウ　公正妥当と認められる会計基準が複数存在する場合　(190)　　エ　公正な会計慣行が不明確又は存在しない場合　(193)
　(4)　会計基準の解釈・適用と役員の責任　(195)
　(5)　会計基準の選択・解釈に係る役員等の義務と経営判断の原則　(197)

3　評価的要素と会計基準違反（刑事関係） (201)

　(1)　複数の会計基準が存在する場合　(201)
　(2)　明確な会計基準が存在しない場合　(206)
　(3)　会計基準による処理と実態が乖離する場合　(208)
　　　ア　実質主義と形式主義　(208)　　イ　アメリカの判例　(210)
　　　ウ　わが国における解釈　(211)
　(4)　会計基準の評価的要素　(212)
　(5)　課徴金と刑罰　(214)

第5　具体的事例の解説　(217)

　(1)　事例の分類　(219)
　(2)　収益の過大計上　(220)
　(3)　収益の前倒し計上　(221)
　(4)　費用の過少計上　(222)
　(5)　費用の先送り計上　(223)
　(6)　資産の過大計上　(223)
　(7)　資産の評価替え回避　(224)
　(8)　負債の過少計上及び負債の評価替え回避　(225)

資　料　(227)

　資料1　事件一覧表　(229)
　資料2　会計用語　(261)

事項索引　(273)
判例索引　(277)

第1章 会計の意義

1 実務レベルの会計

　この章では，著者の立場（公認会計士）から法律家の方々に向けて会計の基礎知識の解説を行う。その際，法律家の方々に少しでも会計に関心をもっていただくため，アカデミックな説明はできるだけ避け，まずは実務レベルの会計について基本的なポイントをいくつか紹介させていただくこととする。

　会計は，簡単にいえば，決算書を作成するために，会社の状況を説明可能なように数値化する手段であるといえる。具体的には，売上，仕入，給料の支払といった営業取引だけでなく，配当金の受領，借入金利息の支払，土地の売却といった営業外の取引，さらには固定資産の減損損失や引当金の計上などの見積り項目（非現金支出項目）について，簿記という手法を用いて仕訳処理を積み上げて行われる。

　簿記という手法はなかなかの優れものであり，資産，負債，資本，収益及び費用の5つの項目だけで，すべての取引や事象を説明することができる。決算書を真に理解するためには，ある項目の金額が動くと他のどの項目の金額が関連して動くべきなのかなど，簿記を通じた決算書の作成プロセスの理解が欠かせない。法律家の方々にもできるだけ基本的なところは感じ取ってもらいたいところである。

　さて，会計の説明に入る前にここで最近の実務レベルの会計に欠かせない留意点を予め申し上げておく。一言でいえば，最近の会計実務では会計処理以前の対応として，前提条件ともいうべき「取引自体の合理性」（例えば，会社のためになっているといえるのか）の検討が非常に重要になってきたということである。これは，コーポレート・ガバナンスとの関係でいえば，「取引自体の合理性」についてステーク・ホルダーに説明可能であるか等，経営者が説明責任を果たすことが求められていることによるものである。

　また，近年，監査に対する規制強化等の影響もあり，決算書の監査を担当

する会計監査人としても，期末監査より期中監査の比重が増すなど，これまで以上にプロアクティブな対応が求められているといえる。このため，決算数値を期末に集中して監査するのではなく，経営環境の変化等の外的要因や，意思決定プロセス，取引実行プロセス，モニタリング等の内的要因の検討によるリスク評価を重視し，これまで以上に内部統制の検討に軸足をおいた監査が志向されている。

　このような流れは，中小企業においても無視できないものである。コーポレート・ガバナンス・コードの適用により説明責任が増している上場会社と同様，中小企業においても，より一段の成長のため，特に内部統制の整備については全社ベースで取り組むことが求められている。中小企業においても今後の成長のためには海外進出が当たり前といえる時代に突入した以上，特に海外子会社の経営に対する関与度合いやモニタリング，そして不正を起こさせない環境づくりという観点からも，健全な企業経営の基礎となる内部統制の構築に真剣に取り組んでもらいたいところである。

【市川　育義】

2 代表的な決算書

　決算書を実際見たことがない方でも，決算書を構成する重要書類である「貸借対照表（Balance Sheet）」（実務上はビーエスと呼ばれ，B／Sと略称で用いられることが多い）や「損益計算書（Profit and Loss Statement, Statement of Incomeなど）」（実務上はピーエルと呼ばれ，P／Lと略称で用いられることが多い）という用語は聞いたことがあると思われる。

　貸借対照表は，事業年度末における会社の財政状態（事業年度の成果として資産や負債の残高はどうなったのか）を表示するものであり，資産，負債及び資本の期末残高が記載される。これに対し，損益計算書は，事業年度における経営成績（事業年度の成果としていくら稼いだのか）を表示するものであり，事業年度において発生した収益及び費用が記載される。

　このように，貸借対照表も損益計算書も事業年度の決算報告書として，会社の業績を説明する重要な書類であることから，会計の理解にあたっては，まずは決算書がどのように作成されるのかのイメージをしっかり持ってもらう必要がある。

【市川　育義】

3 決算書の作成プロセス

　決算書は個々の会計処理（仕訳処理）を積み上げて，それを分類集計し作成されるものであるが，個々の仕訳は，一つひとつの取引を科目に当てはめることにより行われる。例えば，売掛金，売上，借入金等であり，これらは勘定科目と呼ばれる。ここで重要な点は複式簿記の手順に従い，ある勘定科目の金額を増やせば，必ず他の勘定科目の金額を同一金額で増やす，あるいは減らすという関係で仕訳処理されることである。すなわち，会計処理は必ず相手科目がいるわけで，一方的に現金を増やしたり，売上を計上したりすることはそもそもできない仕組みとなっている（一方的に処理すると後述する残高試算表の左側と右側がバランスしなくなる）。実務家として，この点はつくづく感心するところであるが，ITがいくら進化しても，この関係は維持されており，今後も変わらないはずである。

(1) 決算書の基本構造

　貸借対照表は，事業年度末時点における会社の財政状態（事業年度の成果として資産や負債の残高はどうなったのか）を表示するものであり，資産，負債及び資本の期末残高が記載される。貸借対照表は，左側（借方）が「資産」，右側（貸方）が「負債」と「純資産（資本）」とに分けて表示される。これは，会社の事業活動における資金の調達源泉を他人資本である「負債」か自己資本である「資本」かを区別の上，貸借対照表の右側においてその具体的内容を示し，一方，調達資金の運用形態を貸借対照表の左側において「資産」としてその具体的内容を示すことを意味している。なぜ資産は右側でなく左側にあるのかという難しいことは考えず，この点はそういうものだとして理解してもらうのが賢明である。

　これに対して損益計算書は，事業年度における経営成績（事業年度の成果と

していくら稼いだのか）を表示するものであり，当該年度において発生した収益及び費用が記載される。損益計算書における特徴的な項目は「利益」であり，これは取引項目ではないため仕訳処理の対象となるものではない。「利益」は，決算書上，「収益－費用＝利益」として差額計算されるものであり，収益から費用を控除して別途表示される項目である。この点をまずは勘違いしないでいただきたい。

「利益」は，会社の財政基盤を強固なものとし，今後の会社の成長とともに，配当原資として株主還元も期待させるものであり，多くの関係者の関心の高い項目であるといえる。このため，損益計算書においては，最終段階の「当期純利益」の内訳として，以下も段階的に表示される。

- 「売上総利益（＝売上高－売上原価）」
  → 商品の販売でいくら稼いだのか，粗利はいくらか。
- 「営業利益（＝売上総利益－販売費及び一般管理費）」
  → 売上総利益から販売コストや管理コストを引くと稼ぎはいくらになるのか。
- 「経常利益（＝営業利益±営業外損益）」
  → 営業利益に資金調達コストや資金運用収入など経常的な損益を加減すると稼ぎはいくらになるのか。
- 「税引前当期純利益（経常利益±特別損益）」
  → 経常利益に市況悪化による多額の減損損失の計上や本社移転による不動産の売却など臨時的な損益を加減すると稼ぎはいくらになるのか。

(2) 作成事例の説明

実務上，一つひとつの仕訳は伝票に記載され，これを会計帳簿に転記・集計して，科目別に整理した残高試算表（会計帳簿における月末等の残高を集約したもの）が定期的に作成される。決算書の貸借対照表や損益計算書は，この残高試算表に表示される各勘定科目を合算するなど，必要な組み替えを行い作成されることとなる。

以下では，単純化した事例として，平成27年度（会社設立），平成28年度

（営業開始）及び平成29年度（通常期）に係る貸借対照表及び損益計算書を具体的に示し，主な留意点等について説明することとする。

ア　平成27年度（会社設立）（■図表１）

【前提】

・現金80を出資して会社を設立し，商品80を買い付けたところで事業年度は終了した。

　平成27年度は会社を設立したものの，設立資金をすべて使い切って商品を調達しただけにとどまり，営業活動は行っていない。このため，損益計算書に反映される取引はなく，貸借対照表においては，資産である商品80は左側で表示され，資本である払込資本80は右側で「資本金」として表示される。

■図表１　平成27年度の残高試算表・貸借対照表・損益計算書

残高試算表
（平成26年4月1日〜平成27年3月31日）

左側（借方）	右側（貸方）
商品　　　80	資本金　　80

（注）左右はバランスしなければならない。バランスしない場合は，決算書を作成できないため，伝票の記入ミスや伝票の集計ミスがないかチェックしなければならない。

貸借対照表
（平成27年3月31日現在）

資産　80	負債　　0
（内訳）	純資産　　80
商品　80	（内訳）
	資本金　80
	利益剰余金　　0
	前期繰越利益　0
	当期純利益　　0

損益計算書
（平成26年4月1日〜平成27年3月31日）

費用　　0	収益　　0
（内訳）	（内訳）
売上原価　0	売上高　0
当期純利益　0	

イ 平成28年度(営業開始)(■図表2)

【前提】
- 前期に買い付けた商品80を100ですべて売却することができた。
- この結果,売上高100,売上原価80を計上し,当期純利益20を計上した。

(ア) 平成28年度の説明

平成28年度では,貸借対照表だけでなく損益計算書も作成されるため,貸借対照表と損益計算書の両者の関係を説明する。

ここでのポイントは,貸借対照表においては,「資産=負債+資本」であり,損益計算書においては,「収益-費用=当期純利益」の関係が成立していることである。そして,貸借対照表と損益計算書は当期純利益でつながっているということである。

■図表2 平成28年度の残高試算表・貸借対照表・損益計算書

残高試算表
(平成27年4月1日~平成28年3月31日)

左側(借方)		右側(貸方)	
現金	100	資本金	80
売上原価	80	売上高	100

(注) 左右バランスしている。当期純利益20は伝票処理されるものではないため,残高試算表には表示されない。商品はすべて売却済で在庫ゼロのため表示されない。

貸借対照表
(平成28年3月31日現在)

資産 100	負債 0	
(内訳)	純資産	100
現金 100	(内訳)	
	資本金	80
	利益剰余金	20
	前期繰越利益	0
	当期純利益	20

損益計算書
(平成27年4月1日~平成28年3月31日)

費用 80	収益 100
(内訳)	(内訳)
売上原価 80	売上高 100
~差額~	
当期純利益 20	

平成28年度は，商品を現金100で売ったため，「現金」勘定が100増え，「売上高」勘定が100計上されている。そして同時に，引き渡した商品在庫80が「商品」勘定から減らされ，「売上原価」勘定80として計上されている。

これらの仕訳はすべて伝票処理され，残高試算表に集計表示される。残高試算表に表示されている売上高100と売上原価80は左右バランスしていないが，この差額20は「収益－費用＝当期純利益」の関係からも当期純利益を意味する。当該差額20はその発生源泉となる売上高100と売上原価80を損益計算書に転記することを通じて，初めて損益計算書に当期純利益20として表示されることとなる。

また，貸借対照表についても同じことがいえ，貸借対照表に転記される現金100と資本金80も左右バランスしていないが，両者の差額20は当期純利益と一致するものであり，正味の財産の増加を意味する。このことは，株主からすれば，平成27年度に出資した資本に対応する持分80が，会社が利益を稼いでくれたことにより，事業年度末においては20増えて100になったことを意味する。

このため，当該取引によって，資産が全体として20増え（現金100－商品80），それと見合いで株主資本のうち利益剰余金も20増えることとなる。

このように，損益計算書において表示される当期純利益20は，貸借対照表においては正味財産の増加（利益剰余金20）として表示されることとなる。

(イ) 不正操作の影響

当期純利益は，事業活動の成果として計算される項目であり，そもそも伝票処理されるものではないことは前述したとおりである。このことは，当期純利益を不正に操作するためには，当期純利益そのものを調整するのではなく，左右バランスした伝票処理を通じて左右の勘定科目を巧妙に調整する必要があることを意味している。例えば，利益の源泉となる売上高を過大計上する場合には，相手勘定科目として費用を過大計上しても意味がないため，資産の過大計上又は負債の過少計上が必要となるということで，他の勘定科目に不正操作の影響が及ぶことになる。このため，目立たないよう取引ボリュームのある勘定科目を用いたり，一度に処理せず分割して実行したり，外部者も巻き込み取引を仮装するなど，巧妙な手口で行われることもある。

しかしながら，不正な操作が累積され続ければ，例えば貸借対照表項目が異常な増減を示すなど，辻褄あわせも限界に達し目立つこととなり，いずれ隠し通すことは無理な段階を迎えることになる。

ウ　平成29年度（通常期）（■図表3）

【前提】
- 営業取引は順調に推移している（詳細は省略）。
- 利益に応じた税金を払うために，借入金30の調達が必要となった。
- 事業拡大のため，他社の株式20を取得し子会社化するとともに，土地30も取得した。
- 期中に上場株式15を取得し，期末に20で売却した（売却益5を計上）。

(ア)　平成29年度の説明

平成29年度は，投資活動（上場株式の売買，子会社株式の取得，土地の取得）や資金調達活動（長期借入の実行や利息の支払），そして納税など，業務範囲が拡大しており，その内容が仕訳処理を通じて残高試算表に集計され，貸借対照表及び損益計算書にそれぞれ反映されている。

ここでも，貸借対照表と損益計算書が当期純利益を通じてつながっていることがわかるが，会社の業績を判断するにあたり，当期純利益の表示だけでは情報として物足りなさを感じるのではなかろうか。

すなわち，当期純利益は会社の最終業績を示すものであるものの，それがどのような要因で計上されたものであるかは，厳密には利益の源泉となる各項目を分析するしかないわけであるが，手っ取り早い方法が当期純利益だけでなく，営業利益（営業活動でどの程度稼いだのか），経常利益（営業損益に財務活動・投資活動など，経常的に発生する営業外損益（支払利息，受取配当金など）を反映しどの程度稼いだのか），税引前当期純利益（経常損益に臨時的な損益を反映しどの程度稼いだのか）といった段階損益を表示することである。例えば，当期純利益は黒字であるとしても，これは必ずしも営業活動の業績が好調であることを示しているわけではなく，実は営業利益は赤字であるため，別途，投資有価証券の売却で赤字の穴埋めをしているケースも想定される。このような場合も，損益計算書上，営業損益を表示していれば当期純利益の表示だけでは得られない有用な情報が提供されることとなる。会計基準においては，このよ

12 第1 会計の意義

うな損益計算書における段階損益の表示がルール化されている。

また，貸借対照表においても，資産項目や負債項目を羅列するだけでは情

■図表3 平成29年度の残高試算表・貸借対照表・損益計算書

残高試算表
（平成28年4月1日〜平成29年3月31日）

左側（借方）		右側（貸方）	
現金	70	買掛金	15
売掛金	20	未払法人税等	5
商品	20	長期借入金	30
子会社株式	20	資本金	80
土地	30	前期繰越利益	20
売上原価	60	売上高	80
給料	5	投資有価証券売却益	5
支払利息	1		
法人税等	9		

(注) 左右バランスしている。左側（借方）は資産項目及び費用項目が集計されている。右側（貸方）は負債項目，資本項目及び収益項目が集計されている。

貸借対照表
（平成29年3月31日現在）

資産 160		負債 50	
（内訳）		（内訳）	
現金	70	買掛金	15
売掛金	20	未払法人税等	5
商品	20	長期借入金	30
子会社株式	20	純資産 110	
土地	30	（内訳）	
		資本金	80
		利益剰余金	30
		前期繰越利益 20	
		当期純利益 10	

損益計算書
（平成28年4月1日〜平成29年3月31日）

費用 75		収益 85	
（内訳）		（内訳）	
売上原価	60	売上高	80
販売費（給料）	5	投資有価証券売却益	5
支払利息	1		
法人税等	9		
〜差額〜			
当期純利益 10			

報としての有用性が乏しくこれも物足りないものとなる。例えば，短期に返済期日の到来する負債を多く抱えている場合には，現金以外の返済原資が十分確保されているのか気になるところであり，この場合には，資産も負債も短期間で回収又は返済されているものと，当面は短期での回収又は返済が予定されていないものとを流動・固定に区別して表示することが重要である。会計基準においては，貸借対照表において，流動・固定に区別して表示することがルール化されている。

(イ) 公表用の報告様式による表示

参考までに，上記平成29年度の決算書について，公表用の報告様式に基づいて作成された貸借対照表と損益計算書を示すと■図表4のようになる。こ

■図表4　報告様式

貸借対照表
（平成29年3月31日現在）

現金	10	買掛金	15
売掛金	20	未払法人税等	5
商品	20	**流動負債合計**	20
流動資産合計	50	長期借入金	30
子会社株式	20	**固定負債合計**	30
土地	30	**負債合計**	50
		資本金	20
		利益剰余金	30
固定資産合計	50	**純資産合計**	50
資産合計	100	**負債及び純資産合計**	100

損益計算書
（平成28年4月1日～平成29年3月31日）

売上高	80
売上原価	60
売上総利益	20
販売費及び一般管理費	5
営業利益	15
営業外費用	
支払利息	1
経常利益	14
特別利益	
投資有価証券売却益	5
税引前当期純利益	19
法人税等	9
当期純利益	10

（注）上記の貸借対照表では，流動・固定を区分して，財務的なポジションを明確にする報告様式となっている。

　　　上記の損益計算書では，段階利益（売上総利益，営業利益，経常利益，税引前当期純利益）を表示し，稼ぎの源泉を明確にする報告様式となっている。

れが正式な決算書に近いものであり，上記の平成29年度の決算書に比べて，かなり見やすくなったと感じられるかと思う。実務上は，過年度と比較形式で表示することも多く，またカラー刷りにするなど，各社の創意工夫が見られ，会社の報告姿勢が感じられるところである。

【市川　育義】

4 会計処理の基本的な考え方

次は、決算書の作成プロセスの理解を前提として、会計処理の基本的な考え方を説明することとする。ここでは特に留意が必要と思われる会計原則等を中心に取り上げることとする。

(1) 企業会計原則関係（一般原則）

会計を学習する際に誰もが最初に接する会計基準は、企業会計原則であろう。企業会計原則は、第二次大戦後のわが国経済の再建を目的として設定された歴史ある会計基準であるが、近年多くの新会計基準が開発され、それが企業会計原則とは別個に設定されている。

このため、企業会計原則は、現在の制度会計としては認められない会計処理を含んでいるところはあるものの、一般原則については、現在もその考え方が生きている。

企業会計原則第一一般原則には、真実性の原則、正規の簿記の原則、資本取引・損益取引区分の原則、明瞭性の原則、継続性の原則、保守主義の原則、単一性の原則といった7つの一般原則が定められている。また、正規の簿記の原則及び明瞭性の原則の例外的な位置づけとして、重要性の原則が企業会計原則注解［注1］において定められている。

ア 真実性の原則

真実性の原則は、「一　企業会計は、企業の財政状態及び経営成績に関して、真実な報告を提供するものでなければならない。」と定められている。

現行の制度会計においては、収益も費用も決済（入金または出金）が行われる前の早い段階でそれぞれ決算書に計上され、会社の状況変化について、いち早く説明することを可能としている。具体的には、収益は商品等の引渡しが行われるだけでなく入金の確度も高くなった時点で計上する（実現主義）

ということで慎重に会計処理することが求められるのに対し，費用はサービス提供を受けるなど発生した時点（発生主義）で計上することを基本としている。

このような会計処理により，会社の状況をタイムリーに説明することが可能となるが，具体的な会計処理方法には，会計事象に対応して特定の処理方法を定めているもののほか，複数の処理方法を定めているものがある。例えば，売上計上基準（出荷基準・検収基準，工事進行基準・工事完成基準など），たな卸資産の評価方法（総平均法，移動平均法，先入先出法など），減価償却方法（定率法，定額法，生産高比例法など）がある。決算書の作成にあたり，経営者は，この中から会社のビジネスを説明するに最もふさわしい会計処理方法を選択適用することが求められている。

また，決算書には，現金，預金，有価証券，在庫，設備，確定債権・債務等の実在する財産のみを反映するものではない。引当金に代表されるように，将来のマイナス影響が顕在化する前の会計上の手当てとして，一定の見積り項目（固定資産の減損損失，貸倒引当金，受注損失引当金など）を計上することとされているため，経営者は過去実績や経験等を踏まえ，将来発生する損失については，将来キャッシュ・フロー等の合理的な見積りに基づき，そのマイナス影響を決算書に反映することが求められている。

このように，決算書は，経営者が会社の状況を説明するために，様々な会計処理方法等を通じて作成される性格のものである。どのような会計処理方法がふさわしいのか，将来予測について当期も前期と同様強気のままでいいのかなど，そもそも決算書は経営者の判断により左右される部分を多く含むものであり，客観的な事実を単純に表示しているわけではないことはご理解いただきたい。

よって，真実性の原則でいう真実とは，選択適用した会計処理方法等を通じて表現される相対的なものであり，唯一の答えを示す絶対的なものではないとされている。

イ　正規の簿記の原則

正規の簿記の原則は，「二　企業会計は，すべての取引につき，正規の簿記の原則に従つて，正確な会計帳簿を作成しなければならない。」と定めら

れている。

　事業活動は，会社のあらゆる拠点，部門等で行われるものであるため，決算書を作成するためには，各部門等（販売，購買，人事等）の活動を反映する会計データの収集が欠かせない。経理部は，このような会計データを適時かつ正確に入手し，それを複式簿記の手法により伝票起票することで，会社の決算作業の成果たる会計帳簿が作成されることとなる。

　真実な報告は，正確な会計帳簿を作成しない限り不可能である。正確な会計帳簿は，会計データの信頼性を確保する内部統制に支えられているものであり，実務上は，この内部統制のレベルが会社の決算報告のレベルに直結しているといえる。ただ，何よりも重要なのは，開示に対する経営者の姿勢であることは言うまでもない。

ウ　資本取引・損益取引区分の原則

　資本取引・損益取引区分の原則は，「三　資本取引と損益取引とを明瞭に区別し，特に資本剰余金と利益剰余金とを混同してはならない。」と定められている。

　単純にいうと，資本取引は会社と株主との取引（出資，配当など）であり，損益取引は会社と外部との取引（売上，仕入など）である。会社は，株主から出資として資金を受け入れて（資本取引），それを有効に運用して利益を稼ぎ（損益取引），運用成果を株主に配当として分配する（資本取引）のが基本的な会社の活動パターンである。

　したがって，株主からの出資により現金が増えたとしても，それが利益に化けるようなことはないとともに，分配原資が元手の出資であれば，利益の分配でなく出資の払い戻しであるため，会計においては，資本取引と損益取引とは次元の異なる取引であるとして明確に区別することとしている。

　資本と利益が混同されるようなことがあれば，会社が儲かっているのかということの説明や理解が困難になるにとどまらず，資本の食いつぶしにより会社の存続そのものが危うくなるといったことも想定される。

エ　明瞭性の原則

　明瞭性の原則は，「四　企業会計は，財務諸表によつて，利害関係者に対し必要な会計事実を明瞭に表示し，企業の状況に関する判断を誤らせないよ

うにしなければならない。」と定められている。

　会社の決算内容を利用者に正しく伝えるための工夫として，3では，貸借対照表における流動・固定の区分表示や，損益計算書における段階損益の表示を紹介したが，実務上は，「会社計算規則」（会社法）や「財務諸表等規則」（金商法）などの表示ルールに基づいて各種決算書が作成されている。当然のことではあるが，上場会社が作成する決算書（財務諸表）に適用される財務諸表等規則は，非常に詳細な表示ルールを規定しており，会社間比較も可能なものとしている。なお，上場会社等が作成する有価証券報告書は，金融庁のホームページ（EDINET）から閲覧可能となっており，検索機能もあるため，非常に利用価値の高いものとなっている。

　明瞭性の原則は，決算書本表の表示方法にとどまらず，注記事項にも影響するものであるが，実務上は，この注記事項の明瞭表示が非常に悩ましい。特に，リスク情報に関係するところは，どのタイミングからどの程度書くべきかなど，法律専門家にも相談しながら，慎重な対応が求められるところである。

オ　継続性の原則

　継続性の原則は，「五　企業会計は，その処理の原則及び手続を毎期継続して適用し，みだりにこれを変更してはならない。」と定められている。

　前述したとおり，会計処理方法には複数の会計処理方法の選択適用が認められているため，会社のビジネスに最もふさわしい会計処理方法を選択した以上は，これを毎期継続適用すべきことは当然といえる。そうでないと，最もふさわしいと認められなくなった状況変化でもない限り，他の会計処理方法に変更する理由を見出せないため，実務上，安易な利益操作の余地を封じる必要がある。経営者は，基本的に一度選択した会計処理方法については継続適用することが求められている。

　会計処理方法の変更年度においては，前期の決算書と当期の決算書でそれぞれ適用されている会計処理方法が異なるため，決算書の利用にあたっては，単純な比較はできないことや，そもそも会計処理方法を変更すべきどのような状況変化が認められるのかといったことにも注意する必要がある。

カ　保守主義の原則

　保守主義の原則は，「六　企業の財政に不利な影響を及ぼす可能性がある場合には，これに備えて適当に健全な会計処理をしなければならない。」と定められている。

　前述の真実性の原則において，決算書には，将来のマイナス影響が顕在化する前の会計上の手当てがされると説明したが，その根拠ともいえるのがこの保守主義の原則である。将来のプラス影響よりも将来のマイナス影響を優先して決算書に反映させるわけであるから，例えば，在庫の含み益（評価益）は売却するまで計上することは認められないが，在庫の含み損（評価損）は売却する前の段階で評価損として計上しなければならないこととなる。

　不確実性を有する企業経営においては，将来のマイナス影響についてはサプライズがないようできるだけタイムリーに決算書に反映させることが重要である。

　保守主義の原則は，決算書の作成ルールではあるが，このような対応を経営者に求めることにより，マイナス影響に対する早期対応を促すといった企業経営の健全化に寄与する効果も認められる。

　ただし，保守的な対応こそがすべてに優先するというわけではなく，あくまでも決算書が会社の状況を正しく示す限りにおいて，経営者は健全な対応を行うべきということである。極端なV字回復のような過度な保守主義の適用は，そもそも認められないため注意していただきたい。

キ　単一性の原則

　単一性の原則は，「七　株主総会提出のため，信用目的のため，租税目的のため等種々の目的のために異なる形式の財務諸表を作成する必要がある場合，それらの内容は，信頼しうる会計記録に基づいて作成されたものであつて，政策の考慮のために事実の真実な表示をゆがめてはならない。」と定められている。

　決算書は，真実な報告のために，正確な会計帳簿から作成されるものである。会社の状況をどのように表現するかといった報告様式の違いこそあれ，会社の状況を二枚舌で表現するような決算書は，そもそも真実な報告に反するものである。これ以上の説明は要しないであろう。

ク　重要性の原則

　重要性の原則は，企業会計原則注解［注1］において，「企業会計は，定められた会計処理の方法に従つて正確な計算を行うべきものであるが，企業会計が目的とするところは，企業の財務内容を明らかにし，企業の状況に関する利害関係者の判断を誤らせないようにすることにあるから，重要性の乏しいものについては，本来の厳密な会計処理によらないで他の簡便な方法によることも正規の簿記の原則に従つた処理として認められる。重要性の原則は，財務諸表の表示に関しても適用される。」として定められている。

　重要性の原則は，前述した正規の簿記の原則及び明瞭性の原則の例外的な取扱いを許容するものであり，制度会計として実務上欠かせない原則であるといえる。

　決算書の表示単位については円単位だけでなく，千円単位又は百万円単位が認められていることは，会社計算規則57条において規定されているため，法律家の方もご存知かと思われるが，重要性の乏しい取引や表示科目等については，会計上のルールとして簡便な会計処理や表示方法を容認しており，その根拠となるのが重要性の原則である。

　重要性の原則の適用にあたり一番考慮すべき点は，いうまでもなく決算書の利用者の視点である。決算書の利用者には，現在の株主だけでなく，将来株主になるかもしれない投資者，仕入れ先や金融機関等の債権者，そして従業員など，広範な利害関係者が存在するが，皆，利益の金額に関心があることは明らかである。しかし，利益以外にも，売上高，総資産，純資産等の項目や，利益率，回転率，自己資本利益率等の経営指標なども程度の差こそあれ関心があると思われるため，重要性が乏しいかどうかの判断を利益に限定した影響のみで判断することは適当でなく，利害関係者のミスリードがないかどうかといった総合的な判断が必要になる。

(2)　その他
ア　会計上の見積り

　決算書は見積り要素を多く含むものであるため，会計上の見積りに関する基本的な考え方を説明することとする。

民間設定主体である企業会計基準委員会が開発する企業会計基準第24号「会計上の変更及び誤謬の訂正に関する会計基準」(以下「24号」という) によれば，「会計上の見積り」とは，資産及び負債や収益及び費用等の額に不確実性がある場合において，財務諸表作成時に入手可能な情報に基づいて，その合理的な金額を算出することをいうと定められている (第4項)。

　会計上の見積りの代表的なものとしては，資産の評価損関係 (固定資産の減損など) や引当金関係 (貸倒引当金，退職給付債務，損害賠償損失引当金など) があるが，いずれも将来発生すると予想される金額を決算作業中に合理的に見積もることになるため，翌期以降の実績との差額が発生することは避けられないといえる。

　この場合，当該差額が小さければ見積りが合理的に行われたと判断するのがわかりやすいが，実務はそれほど単純なものではない。会計上の見積り項目は，実績が判明するのを待って会計処理するのではなく，不確実性があることを前提に決算書作成時点において入手可能な情報に基づいて会計処理することが求められているものである。会計上の見積り時点と実績の判明時点との間が離れているほど，決算作業中に入手し得なかった情報や想定されなかった状況変化等で実績と食い違うことが当然起こり得るわけである。

　よって，入手可能な情報に基づいて合理的な見積りを行っている限り，会計上の見積りの答えは実績というよりも，決算作業中における合理的な見積り額と考えられる。

　なお，実績との差異については，後述する過去の誤謬に該当しない限り，過年度の決算を遡及して修正することはなく，常に将来志向であり，当該差異の性格に応じて，当年度又はそれ以降の決算書において会計処理されることとされている (24号第17項)。

イ　過去の誤謬

　会計処理の基本的な考え方の最後に誤謬の取扱いを説明することとする。近年，新会計基準の対応やグローバル対応等で経理部門に対する負荷が増大していることや，不適切会計等の事件を目にする機会が増えていること等，誤謬リスクが増大しているように思われる。

　誤謬についての実務対応は，非常に悩ましいものであるが，ここでは，原

因究明や再発防止等の対応は基本的に割愛し，会計上の対応に焦点を絞って説明することとする。

24号によれば，「誤謬」とは，原因となる行為が意図的であるか否かにかかわらず，財務諸表作成時に入手可能な情報を使用しなかったことによる，又はこれを誤用したことによる，次のような誤りをいうとされている（第4項）。

① 財務諸表の基礎となるデータの収集又は処理上の誤り
② 事実の見落としや誤解から生じる会計上の見積りの誤り
③ 会計方針の適用の誤り又は表示方法の誤り

誤謬が判明した場合に，常に実務上の対応としてポイントとなるのが，他にないかという網羅性の検討である。重要性についても，網羅性の検討を踏まえないと判断しようがないといえる。

単なるケアレスミスなのか，担当者の単独での着服行為なのか，業者と結託した部門レベルのものなのか，経営者が関与する組織ぐるみのものなのかなど，誤謬の発生原因に応じて，網羅性の検討範囲や手続の内容が相違することとなる。一定の手続実施後に確定した誤謬については，過年度修正事項としての性格を有するため，期首利益剰余金の修正等，当期の損益には影響させないよう会計処理するとともに，その内容を注記することとされている。

なお，誤謬が重要な場合には，当期の計算書類に反映するだけでなく，そもそも過年度の計算書類を修正すべきかといった問題もあり，この場合には，計算書類の利用者の判断に与える影響だけでなく，分配可能額への影響など，会計処理にとどまらない問題の検討が必要になると考えられる。

【市川　育義】

5 決算書の制度的な位置づけ

(1) 法定書類としての決算書

　決算書の作成プロセスと会計処理の基本的な考え方が理解できたら，次は決算書は誰のために作成されるのか，すなわち法定書類としての決算書（ここでは法人税申告書を含むものとする）が想定する利用者を確認することが重要である。

　すべての会社は会社法の定めに従う必要があり，会計帳簿の作成や株主総会に提出する計算書類等の作成が義務付けられている。情報提供の観点からは，計算書類は，主に株主や債権者に対して，会社の事業内容，業績等に関する情報提供を行うものであるといえる。

　また，すべての会社は法人税法の規定により，税務署に提出する法人税等の税務申告書の作成が義務付けられており，会社は株主総会で承認された決算に基づいて税務申告を正しく行うことが求められている。

　さらに，上場会社であれば金商法により金融庁に提出する有価証券報告書の作成が義務付けられており，有価証券報告書は，マーケットに向けて一般投資家に対する詳細な投資情報を提供するものであるといえる。なお，現在では，有価証券報告書とそれに対応する計算書類は，金融庁や会社のホームページなど，インターネットを通じて誰でも閲覧可能となっている。

　このように，制度的には，会社の決算は，株主（計算書類），税務署（法人税申告書）及び金融庁（有価証券報告書）にそれぞれ報告することとなっているが，それぞれの利用者との関係をまとめると■図表5のようになる。

　会社は，それぞれが関係する法定書類の作成を毎年義務付けられており，それぞれの利用者に対して説明責任を果たすことが求められているわけであるが，上場会社であれば3点セット（計算書類，法人税申告書及び有価証券報告

■図表5　会社が作成を義務付けられている書類

関連法令	主な提出書類	主な利用者
会社法	計算書類	株主，債権者
法人税法	法人税申告書	税務署
金商法	有価証券報告書	投資者

書），閉鎖的な会社であれば2点セット（計算書類及び法人税申告書）を作成するのが基本である。

(2) トライアングル体制

1990年代までは，商法に基づく確定した決算（計算書類）に基づき，法人税法に基づく税務申告書が作成されるとともに，商法の特別法としての証券取引法に基づく有価証券報告書に含まれる財務諸表が作成されることを称して，トライアングル体制と呼ばれることがあった。

現在はこのトライアングル体制についてあまり聞かれなくなったが，そのきっかけは，1990年代後半に橋本内閣による金融システム改革の一環としての，いわゆる会計ビッグバンが行われ，連結決算中心の開示制度への切替え，金融商品の時価評価，税効果会計，退職給付会計等の新しい会計基準が導入されたことによる。特に，税効果会計の導入により，会計と税務は同等の関係にないことが決定的となったところもあり，その後はトライアングル体制と称されることはなくなったものと考えられる。

【市川　育義】

6 中小企業の決算報告

(1) 中小企業の会計処理

会社の置かれた状況(財政状態及び経営成績)を数値化して株主や投資者に報告する手段であるところの会計処理は,本来,上場会社であろうと非上場会社であろうと違いはないはずである。

例えば,評価損の損金算入が認められるまでは会計上評価損の計上は見送るといった運用が認められないことは,指摘するまでもないと思われるが,中小企業においては,大企業に比べると複雑な取引は多くないことや,人員の制約など,考慮するべき点がある。

このため,上場企業に用いられる会計基準とは別に,「中小企業の会計に関する指針(中小会計指針)」(日本公認会計士協会,日本税理士会連合会,日本商工会議所及び企業会計基準委員会の関係4団体が主体となって設置された委員会が公表)や,「中小企業の会計に関する基本要領(中小会計要領)」(中小企業関係者が主体となって設置された検討会が公表)などのガイダンスが定められており,簡便な会計処理が認められている。

(2) 中小企業の今後の対応

中小企業といっても,大企業の仲間入りを志向しているのであれば,新会計基準の適用や会計監査人設置会社になって会計監査を受けることを前向きに検討すべきである。というのも,環境変化の激しい中で企業経営をする以上は,高品質の会計基準を適用することにより,会社の置かれている状況をしっかり把握した上で経営すべきであり,特に事業計画の達成度合いにより多額の繰延税金資産の取崩しや多額の減損損失の計上を余儀なくされる状況には人一倍敏感であるべきである。

会計は，過去の実績を数値化する手段にとどまらず，会社の将来像（事業計画）を数値化する手段としても機能しており，事業計画の下振れリスクが業績に重要な影響を与えるのが現在の会計の特徴でもある。経理担当者は，経理部内において数字の集計を行っているだけではもはや務まらず，事業計画の進捗状況に留意するのはもちろんのこと，経営にも進言するより踏み込んだ対応が求められる時代に突入した感がある。

　よって，中小企業においても，大企業と同様，環境変化の激しい中で会社の進むべき方向を数値化して事業計画として策定し，事業計画の進捗状況をしっかりモニタリングし，軌道修正等タイムリーな対応が可能となる体制づくりを早い段階から心がけるべきである。

【市川　育義】

第2

法と会計

1 法律家の視点から見た会計

(1) 序　文
ア　会計処理と法の接点

　会計処理は財産の状況及び財産の得喪変更（以下「財産の状況等」という）を記述するものであり，その本来の性質は事実の記載であって，ニュートラルなものである。その意味では，会計処理は，法とは独立したものである。しかしながら，財産の状況等は法的な問題でもあるので，それを記述する会計処理も法的関心の対象となる場合が少なくなく，そのため法律家にとって重要な関連領域となる。会計処理が法的関心の対象となる場合は，大別して以下の２つがある。

　① 　会計処理自体が法的な問題となる場合

　第１は，会計処理の実施及びその適正自体が法的な関心となる場合である。主として会社法により会計処理の適正な実施が要求されている。これに加えて金商法により有価証券報告書において適正な会計処理の開示が義務づけられている。実際に問題となることが多いのは，金商法による開示であり，金商法は，有価証券報告書に財務状況等の重要な事実に関し事実と異なる記載をすることに対して課徴金のほか民事及び刑事の両面から，無過失責任を含む厳しい責任を定めている（金商24条１項・172条の４・172条の６・197条１号・21条の２など）。主として上場会社の会計処理が対象となり，上場廃止にもつながるものであって，企業活動に大きな影響が生じる。なお，非上場会社でも，募集による株式の発行など一定の条件にあたる場合には，金商法上，財務状況等の報告が義務づけられている。

　② 　財産の状況等が法的効果発生の前提となる場合

　第２は，会計処理の対象となる財産の状況等が法的効果発生の前提となる

場合である。このような場合として最も典型的なものは，会社法上は配当可能額の決定であるが，他には課税関係である。課税は，財産の状況等の正確な記述がなければ，これを合理的に処理することができず，事業者に対する課税は，決算を前提として行われる。また，違法配当のほか，役員賞与の不正支払などの特別背任など，会社法上の民事・刑事の責任が問題となる場合も，会計処理が前提となることが少なくない。

　かつては，会計処理が法的に問題とされるのは，主として②の場合で，脱税や違法配当などの違法行為があった際，その前提となる限度で検討するということが通常であったように思われる。その中でも，頻繁に見られるケースは脱税の場合であり，問題にされる会計処理は，ほとんどが利益を過小に見せ掛ける処理（いわゆる逆粉飾）であって，脱税との関係では，課税回避の手段としての違法性が問題であり，会計処理自体の違法性が問題にされるものではない。①の場合は，企業の倒産などを契機に違法配当や特別背任などが発覚した際に併せて問題にされてはいたが，それ自体が単独で問題とされることは稀であったと思われる。しかしながら，1980年代後半から有価証券報告書の虚偽記載に対する損害賠償責任や罰則の強化などが顕著に進行し，1990年代後半以降のバブル崩壊に伴ういわゆる会計ビッグバンにより一層加速された。これに伴って，他の実質的な違法行為が伴わない場合についても，会計処理の適正さ自体が法的な問題となることが多くなってきている。金商法の罰則強化などの法改正は，近年もなお続いている。

　脱税などの手段となる不正会計は，売上の除外や架空経費の計上など，会計基準による処理ではなく，事実行為による場合が多い。したがって不正会計の問題も，このような事実行為の有無が焦点になる。もっとも，近時は国際的な税制の違いを利用したいわゆる節税対策の適法性が問題になることが増加している。②の場合に問題となる会計は，架空売上の計上などの事実行為による場合も多いが，事実行為レベルでは問題はなくてもその処理が会計処理のルールに反するような場合も含んで問題となる場合がより増加し，そのため，このような問題に対応するには，会計処理についての全般的な理解が必要となる。

　なお，法律との直接の接点ではないが，法律家と会計の接点という意味で

は，会社の監査関係の業務や倒産処理のほか，会計問題に関する調査などに法律実務家が携わることも増加している。

　イ　法的な観点から会計処理を見る場合の留意点

　会計処理においては，法律の観点とは違った体系及び論理があり，また新しい経済用語を含んだ専門的用語が多数存在し，法律家にとって理解が容易でない場合が少なくない。ここでは，法律家にとって会計処理の問題を考える上で留意することが適当と思われる会計処理の考え方を見てみることとする。なお，第1の4「会計処理の基本的な考え方」を参照されたい。

　　(ア)　会計基準の基本的な問題

　最も基本的な問題は，経済活動は多様であり，また，事実としては同じ活動でも，どのような視点から見るかによって様相が異なることである。このことは，財産の状況等を記述する方程式は必ずしも一義的には存在しないということを意味する。そして，経済活動の多様性から，その実体に合わせた会計処理は複雑なものとなる。ルールは決まっていなければならないが，合理性がある限りバリエーションがあり得る。観点の違いから生じる相違としては，例えば，投資家の観点からすれば，過去の確定した事実よりも，現在の状況を基礎としつつも将来にわたる評価に重要性がおかれるであろうし，経営者が経営方針を立てるためであれば，現在の状態ができるだけ正確に把握できるようなものでなければならないが，将来にわたる評価も必要になる。税務の観点からすれば，利益の減少，損失の増加に働く要因については厳格さを求める傾向になるであろう。会計基準は必ずしも一義的なものではなく，同一の会社・事業を対象としても使用する会計基準によって記述された財産の状況等の姿に違いが生じざるを得ない。会計処理によって記述された姿は，結局は相対的なものであるということに留意する必要がある。このことは，会計基準が統一されたとしても同様であり，その基準によって記述された姿にとどまる。

　企業会計の基本原則を定める会社法431条は，「株式会社の会計は，一般に公正妥当と認められる企業会計の慣行に従うものとする。」と規定している。しかし，同条によって「公正妥当と認められる企業会計の慣行」が具体的に何をいうかが一義的に定まるものではない[*1]。現実には，企業会計

原則を基本とするいわゆる日本会計基準や米国会計基準，国際会計基準（国際財務報告基準も含め）など複数の会計基準のグループが存在しており，これらいずれも「公正妥当と認められる企業会計の慣行」にあたるものであって，法令で許容される範囲では，そのいずれを採用するかは会社に任されている(*2)。そして，いずれの会計基準を採用するかによって財産の状況等の記述が変わることがあり得るが，それが会計処理として違法となるものではない。その記述を見る者は，どのような会計基準によって処理されているかを前提として——その会計基準によればどのような姿の記述となるか，どのような傾向が現れやすいかなどの理解を前提として——財産の状況等を認識することとなる。結局のところ，会社は，法令の許す範囲ではどの会計基準を採用するかは任意であるが，選択したとする会計基準に反する処理をすることは許されない。そのような処理はそれを見る者の判断を誤らせるものであり，会社法431条はそのような行為を禁止する意味も含むと解される。その反面として，選択した会計基準が一般的に承認されて利用されているものである場合，それに従って行われた会計処理は法的には適正なものであって，他の会計基準を援用して会計基準違反とすることはできないことになる(*3)。

(*1) もっとも，多くの問題については，どのような会計基準によるとしても共通する処理のルールがある場合が通常と思われる。なお，個々の会計処理については，会計基準上，複数の処理方法が認められていることもある。

(*2) 企業活動・証券市場のグローバル化に伴い，会計基準の統一化の動き——具体的には国際財務報告基準（International Financial Reporting Standards）の採用——もある。

(*3) この点に関連して，会計基準が法規範性を持つかどうかについては見解が分かれる。会計基準を慣習法として捉え，法規範性を肯定する見解も有力である。しかし，会計基準は，全体としては，ある条件を設定した論理法則に類似する面が強く，法規性とはなじまないところがあると思われるし，法規範として複数のものがあるというのも不自然である。会計基準が拘束性を持つのは，それ自体が法規範性を持つことによるのではなく，ある基準によるべきことが法律上求められているか，法律上複数の基準のうちから選択が認められている場合にはある特定の基準によることを選択したことによるものと考えることが最も妥当ではなかろうか。この問題に関し，弥永真生『会計基準と法』（中央経済社，2013年）（特に第1部第3章）に示唆に富む多くの指摘がされている。

(イ) 会計基準の不完全性及び慣行性

経済活動は変化が激しく、また、事業遂行の要請から新しい形態の取引などの活動が頻繁に出現する。したがって、あらかじめ網羅的にすべての活動を列挙して会計基準を定めることは不可能であって、その意味では不完全なものである。しかしながら、現実にある経済活動が行われ、それによって財産の状況等に変動が生じる場合に、それを会計上処理する必要があるのであって、形式的・個別的に明示されていないことを理由に会計処理をしないわけにはいかない。このような場合、類似の活動の処理を参考にするなど、その会計基準の基本的な考え方に最も適合した処理をすることになる。これは会計基準の解釈の問題の1つということができるが、法の解釈と同様、常に一義的に定まるものではないと思われる。また、後述の時価主義会計の拡大に伴い、評価的判断——見積り——の部分が増え、見解が分かれる可能性が高くなる。このような場合、複数の見解につき、それぞれに合理性・妥当性が認められるときは、いずれの見解によって処理しても、法的には違法とすることはできないであろう。

また、この問題は、「慣行」性の問題でもある。前記のように、会社法は「公正妥当と認められる企業会計の慣行」によって会計処理を行うことを求めている。そこで、新しい形態の経済活動については先例がなく、したがって「慣行」が存在しないのではないかという疑問が生じる。この点については、特定の経済活動の個別的・具体的明示がなくても、それに適用することが相当と認められる一般的に承認された原則の適用による処理に慣行性を認めることは可能であろう[*4]。

(ウ) 時価主義会計及び重要性

先にも述べたように、会計処理の適正さ自体に法的な関心が強く寄せられるようになった背景には、証券市場の拡大がある。これによる影響は、主として2つの点に現れる。1つは時価主義会計への転換である。証券市場の拡

(*4) 「慣行」性については、会計基準が変更された場合、それまで用いられたことがないものに「慣行」性を認めることができるかという疑問が持たれるが、それが一般に行われる"practice"と認識されれば「慣行」性を認めることができよう。

大によって会社の現在価値や将来性についてより広汎に情報を提供することが求められるようになった。しかしながら現在価値の評価や将来の見込み──見積り──を踏まえた判断は、どのようなファクターをどの程度重視するかによって異なるなど評価が分かれ得る不確定要素が多い判断であり、法的な観点から見た場合には、違法かどうかについて慎重な判断が必要になる問題である。合理的な根拠の明らかな欠如や考慮すべきファクターの選択・評価の明白な誤りなど、逸脱が客観的に明白な場合でなければ、違法とすることには困難がある。どのような会計処理においてもある程度の見積りの要素は存在するが、時価主義の会計処理はこのような問題を多く含んでいる。影響のもう1つは、情報の平等な提供であり、インサイダー規制の強化であるが、会計処理自体の問題ではないので詳述は避ける。

　また、会計処理は自然科学的な厳密さを要求するものではなく、その目的に応じた精度の記述がされれば足りる。したがって、少なくとも法的には、判断を誤らせるような大きな違いが生じない範囲で一定の幅は問題とする必要がなく、重要性がないとされる[*5]。以前のような証券市場であったころは、重要性の問題も表面化することが少なかったことは容易に想像されるし、課税関係では税額の問題として処理されることになるので、重要性が問題にされる可能性は乏しい。重要性の要件は、会社法及び金商法のいずれにおいても規定されているが、実際には主として金商法による有価証券報告書の記載に関して問題となる。それは広汎な証券市場において不特定・多数の投資家に対して正確な情報を提供する要請が高度であることによる。重要性とは、抽象的には投資家の判断に影響を及ぼすようなものかどうかとはいえ

(*5)　特定の取引や分野における個別の会計処理の重要性は、金商法等で問題となる重要性とは必ずしも一致しない。前者は個別の会計処理の適正から見た重要性であるのに対して、後者は投資家一般や株主等に対する全体的な観点からの重要性である。前者は、金商法上の違反や損害賠償責任を生じさせる程度にいたるようなものに限らず、役員の解任や担当者の懲戒の事由となり得るようなものも重要性があるというべきであって、この観点からは背信性の程度も問題となる。会計基準上は簡便な処理が許されるかの問題である。一方、後者は、その会計処理の結果が投資家等の判断に影響を及ぼす程度の差を生じさせるものかどうかが問題なので、金額が主たる要素となると考えられる。

るが，現実のあてはめにおいては明確な線を引くことは困難で，違法の程度にいたるかどうかの判断に微妙な問題が生じ得る。少なくとも財務諸表に現れた会計処理の結果について，上記の幅がどの程度か，何が重要な事実かということは必ずしも容易には判断できない。

　㈤　効果の帰属

　会計処理を理解する上で注意すべき点の1つは，会計上の効果の帰属である。会計処理は，財産の滅失など事実上の原因による財産の状況等の変動を除けば，その前提となる法律行為に対応して行われるのが通常である。したがって，原則的には法律行為の効果の帰属と会計上の効果の帰属は一致する。しかしながら，会計処理においては，形式的には別個の法的原因によって複数の経済効果が発生する場合でも，それに経済活動として一体のものとしての実質がある場合には，各別に処理をするのではなく，全体を一連・一体の1個のものとして処理することが求められることがある。このような場合は，法律上の効果と会計上の効果が分離することとなる。法律は，権利・義務関係を定めるものであるので，原因ごとにその効果を定めることが必要であるのに対して，会計処理は，財産の状況等をできるだけ実態に近く記述することを目的とするものであるので，経済効果としての単位が重要になる。このような帰属の相違は，期間，主体などいろいろな形で出現する可能性がある。特に，課税関係においては，損益の認識時期がしばしば異なることがあるなど，帰属の認定に差が生じることが少なくない。会計処理上は，費用（人件費，材料費などに限らず，損害賠償，災害による損害などを含む）は発生主義，収益（商品の売上などに限らず，事業売却の収入などを含む）は実現主義の原則がとられるためである。また，法的には損益の帰属主体は権利，義務の主体と一致するが，会計上は，法的な主体のみならず，事業体としての単位（business unit）で損益を計上することが求められる場合がある。

　ウ　終わりに

　以上，会計処理と法の接点を探りつつ，法律的な考え方になじんだ者が会計処理を見る場合に戸惑いやすいと思われる点を挙げてみた。その詳細は必要に応じて別項で触れられるが，法律家の立場から見た場合，最も困難な問題が起こるのは評価を伴う会計処理である。時価主義会計の原則が採用され

るようになると、このような評価を伴う処理が多くなる。会計処理が法的な問題になる事案はさらに増加すると思われるが、上記のような状況の下、会計処理の性質や基本的な原則、その限界を踏まえて法的な観点から妥当な判断をすることがこれまで以上に強く求められることが予想される。

【古田　佑紀】

(2) 会社法会計

　会社法は、会計に関する規定を株式会社と持分会社に分け、株式会社については第2編第5章に、持分会社については第3編第5章に、それぞれ「計算等」という表題のもとに規定している。法律家、特に法律実務家が、会社法における会計に触れる機会が多いのは、会社法によって定められた会計に関する規定に違反したり、著しく逸脱した場合に、誰に対してどのような制裁が加えられるかが問題になる場面であろう。ここにいう制裁とは、民事上の損害賠償責任、行政処分、刑事責任などを含めた意味である。具体的な制裁の場面についての詳細は、第4において論じられる予定であるが、本項では、その前提として、会社法における会計に関する規定を概観しておく。

ア　会計の原則

　会社法431条は、株式会社における会計の原則として、「株式会社の会計は、一般に公正妥当と認められる企業会計の慣行に従うものとする。」と規定する。持分会社については、会社法614条に同趣旨の規定が置かれている。会社法431条の意味するところは、これまで様々な事例で問題となってきたところであり、その詳細は、3で論じることとする。

イ　会計帳簿と計算書類等

(ア) 会計帳簿

　会社法432条1項は、「株式会社は、法務省令で定めるところにより、適時に、正確な会計帳簿を作成しなければならない。」と規定し、433条において会計帳簿の閲覧等の請求、434条において会計帳簿の提出命令を規定する。持分会社については、会社法615条に432条と、616条に434条と、それぞれ同趣旨の規定が置かれている。会社法には、「会計帳簿」に関する定義規定は見当たらないが、会計帳簿とは、一般に「金銭や商品などの会社の資産の出

入り，会社における日々の取引を記録する各種の帳簿」を指すとされており，仕訳帳，総勘定元帳，補助元帳など，及びこれらの電磁的記録がその例である。

　(イ)　計算書類等

　一方，会社法435条は，株式会社における「計算書類等[*6]」の作成及び保存の義務を規定する。株式会社に作成及び保存が義務づけられている計算書類等は，①成立の日における貸借対照表（会社435条1項，会社計算規58条），②各事業年度に係る貸借対照表，損益計算書，株主資本等変動計算書，個別注記表，事業報告，これらの附属明細書[*7]（会社435条2項）である。

　持分会社については，会社法617条に同趣旨の規定が置かれているが，作成及び保存が義務づけられている計算書類等は，株式会社とは異なる。持分会社においても，株式会社と同様に作成及び保存が義務づけられているのは，①成立の日における貸借対照表，②各事業年度に係る計算書類である（会社617条1項・2項）。合同会社は，これらに加え，③損益計算書，社員資本等変動計算書，個別注記表の作成が義務づけられている（会社計算規71条1項2号）。これに対して合名会社及び合資会社は，③損益計算書，社員資本等変動計算書，個別注記表の全部又は一部を会社計算規則第3編の規定に従って作成すると定めた場合に，これらを作成することが義務づけられるに過ぎない（会社計算規71条1項1号）。このように，作成及び保存が義務づけられる計算書類が異なっているのは，それぞれの会社における株主／社員及び会社債権者の関心，利益保護の必要性によるものとされている。計算書類等については，第3で詳細に述べる。

　(ウ)　会計帳簿と計算書類等の関係

　会計帳簿は，会社における資産の出入りや日々の取引を記録する各種の帳簿であり，評価の要素のないありのままの事実を記録するものであるため，

(*6)　「計算書類」とは，貸借対照表，損益計算書，株主資本等変動計算書，個別注記表を指す。事業報告やこれらの附属明細書は計算書類ではないので，「等」によって表現されている。

(*7)　附属明細書には，計算書類の附属明細書と事業報告の附属明細書がある。

会社法は,「適時に」かつ「正確な」会計帳簿の作成を会社に求めている。計算書類等は,これらの会計帳簿をもとに,会社の財産や損益の状況を一定のフォーマットで表現するものである。つまり,会計帳簿は,計算書類等を作成するための素材となるものであり,両者はその内容においては一体となるものである。

ウ 計算書類等に関する会社法の諸制度

会社法は,その目的と趣旨に照らして,計算書類等に関していくつかの制度を設けている。それが,監査と情報提供である。

(ｱ) 監　査

会社法436条は,株式会社の計算書類等の監査について規定している。監査役設置会社(会計監査人設置会社を除く)においては,計算書類等は監査役の監査を受けなければならない(会社436条1項)。会計監査人設置会社においては,計算書類とその附属明細書は監査役(監査等委員会設置会社にあっては監査等委員会,指名委員会等設置会社にあっては監査委員会)及び会計監査人の監査を受けなければならず,事業報告とその附属明細書は監査役(監査等委員会設置会社にあっては監査等委員会,指名委員会等設置会社にあっては監査委員会)の監査を受けなければならない(会社436条2項)。さらに,取締役会設置会社においては,計算書類等は取締役会の承認を受けなければならない(会社436条3項)。

監査役や会計監査人の監査においては,「計算関係書類[*8]が当該株式会社の財産及び損益の状況を全ての重要な点において適正に表示しているかどうかについての意見」(会社計算規122条1項2号)について述べた報告を作成することとなっている。さらに会計監査人の監査においては,その意見について,

- 監査の対象となった計算関係書類が一般に公正妥当と認められる企業会計の慣行に準拠して,当該計算関係書類に係る期間の財産及び損益の状況をすべての重要な点において適正に表示していると認められる場合

(*8) 計算関係書類とは,①成立の日における貸借対照表,②各事業年度に係る計算書類及びその附属明細書,③臨時計算書類,④連結計算書類を指す(会社計算規2条3項3号)。

			1　法律家の視点から見た会計　39

には，その旨（無限定適正意見）
・　監査の対象となった計算関係書類が除外事項を除き一般に公正妥当と認められる企業会計の慣行に準拠して，当該計算関係書類に係る期間の財産及び損益の状況をすべての重要な点において適正に表示していると認められる場合には，その旨並びに除外事項（除外事項を付した限定付適正意見）
・　監査の対象となった計算関係書類が不適正である場合には，その旨及びその理由（不適正意見）
という形で報告することができるとされている（会社計算規126条1項2号等）。

　株式会社において，計算書類等が監査役や会計監査人の監査を受けるのは，当然のことのように理解されているが，監査の対象が，会計帳簿ではなく計算書類等であることも踏まえると，計算書類等が，単なる事実の記載にとどまらず，その事実をどのように表現するかによって，会社の状況の見え方も異なってくるため，その表現が適正になされているかをチェックする機能を法が設けないと，会社の状況を，恣意的に一定の方向に見せようとする行為を防止できなくなるからだと思われる。これに対して，持分会社に関しては，監査の規定は設けられていない。

　なお，会計監査人設置会社においては，監査役，監査等委員会，又は，監査委員会（以下これらを総称して「監査役等」という）の監査と会計監査人の監査の2つが行われることになるが，監査役等の監査は，基本的には会計知識に関する専門的知識を有した外部の専門家である会計監査人の監査を尊重しつつ，会社内部の実態を熟知した企業人の視点から，会計監査人の監査の内容を確認することによりその相当性を審査することにその重点が置かれる[*9]。そのため，会計監査人制度においては，監査役等は，会計監査人による監査の方法について，①会計監査人の適格性，②監査手続，③監査計画の適否，④監査実施状況，⑤監査役等による監査との整合性に注目して判断を行い，また，会計監査人による監査の結果について，会計監査人の監査の結果と監査役等自らが行った計算書類等の監査の結果を比較して判断を

（*9）　弥永真生『コンメンタール会社計算規則・商法施行規則〔第3版〕』600頁参照。

行って，それぞれの相当性を審査する(*10)。その結果，監査役等と会計監査人の間で，監査内容について判断が相違し，監査役等において会計監査人による監査が相当でないとする場合が発生することはあり得，会社計算規則上も，監査役等において会計監査人の監査が相当でないと認めたときには，その旨及びその理由の記載を行うことが要求されている（会社計算規127条2号・128条の2第1項2号・129条1項2号）(*11)。

(イ) 情報提供

会社法は，株式会社の種類によってその範囲は異なるものの，計算書類や事業報告について，定時株主総会の招集の通知の際の株主への提供（会社437条），定時株主総会への提出や報告（会社438条），公告（会社440条），備置や閲覧等（会社442条）を定めている。これらは，株式会社の活動に関して利害を有する株主や会社債権者が，それぞれの意思決定を行う際に必要となる情報を，株式会社に提供させる制度と位置づけられる。また計算書類（連結計算書類を除く）は，原則として株主総会の承認を受けなければならないが（会社438条2項），前記の無限定適正意見が付されている場合は報告で足りる（会社439条）。

持分会社については，社員が計算書類を閲覧・謄写できる制度を設けている（会社618条）。

エ　臨時計算書類と連結計算書類

このほかに，会社法には，株式会社に関して，最終事業年度の直後の事業年度に属する一定の日（臨時決算日）における会社の財産の状況を把握するため，臨時決算日における貸借対照表や臨時決算日までの損益計算書といった

(*10)　弥永・前掲（*9）601頁参照。
(*11)　なお，監査役等は，会計監査人が，①職務上の義務に違反し，又は職務を怠ったとき，②会計監査人としてふさわしくない非行があったとき，又は，③心身の故障のため，職務の執行に支障があり，又はこれに堪えないときのいずれかに該当する場合，全員の同意によって，会計監査人を解任することができる（会社340条1項・2項）。①職務上の義務に違反し，又は職務を怠ったときの例としては，会計監査人が当然実施すべき監査手続を実施しなかった場合が挙げられる（岩原紳作編『会社法コンメンタール(7)機関(1)』542頁〔山田純子〕）。

「臨時計算書類」に関する規定（会社441条）や、会計監査人設置会社に関して、その会社及び子会社から成る企業集団の財産及び損益の状況を示す連結計算書類に関する規定（会社444条）を設けている。なお、有価証券報告書提出会社である大会社は、連結計算書類の作成が義務づけられている。

臨時計算書類や連結計算書類は、計算書類等と同様に、監査や情報提供の対象となっている。

オ　剰余金の配当

(ア)　剰余金の配当と違法配当

株式会社は、その株主に対して剰余金を配当することができる（会社453条）。剰余金の配当を受けることは、株主の権利であり（会社105条1項1号）、営利を目的とする株式会社の本質的な要素とされている[*12]。

配当の対象となるのは剰余金であり、この剰余金を正しく計算することも、会計の主要な目的とされている。剰余金が正しく計算されない結果、株主への配当が本来より少なくなる場合と多くなる場合があり得るが、実務上、問題になるのは、株主への配当が本来よりも多くなる場合である。

株式会社における配当は、分配可能額を超えてはならないものとされており（会社461条1項）、分配可能額の計算方法は、会社法461条2項に定められている。分配可能額を超えた配当は違法配当となる[*13]。違法配当は、会社の財産を危うくする罪の1つとして刑事処罰の対象ともなっている（会社963条5項2号）[*14]。

違法配当は法令違反となるため、本来の分配可能額を超えて剰余金の配当をする旨の株主総会決議や取締役会決議は、無効である。したがって、その無効な決議に基づいて、株主が配当金の支払を会社に請求することはできない。しかし、実務上は、剰余金が正しく計算されているかのような体裁を有する会計処理がなされ、それに基づいて配当の決議がなされ、株主に対する配当金の支払も済んでしまった後に、不適切な会計処理とそれに基づく配当

(*12)　江頭憲治郎『株式会社法〔第6版〕』669頁。
(*13)　分配可能額を超えた配当を蛸配当と呼ぶこともある。
(*14)　法定刑は、5年以下の懲役若しくは500万円以下の罰金、又はその併科である。

が違法配当であったことが判明する場合がほとんどである。そのような場合，当該行為により金銭等の交付を受けた者（株主）と，当該行為に関する職務を行った業務執行者等は，当該株式会社に対し，連帯して当該金銭等の交付を受けた者が交付を受けた金銭等の帳簿価額に相当する金銭を支払う義務を負うこととされている（会社462条1項）。

　この株主と業務執行者等の負う債務は，不真正連帯債務である。業務執行者等は，その職務を行うについて注意を怠らなかったことを証明したときは，この支払義務を負わないこととされており（会社462条2項），その責任は過失責任と整理されているが，無過失の立証責任が業務執行者等にある点が特徴である。一方，株主は，違法配当であることを知らなかったとしてもこの支払義務を免れることはできず，その責任は無過失責任と整理される。ただ，違法配当であることを知らなかった株主は，会社への支払義務を果たした業務執行者等からの求償請求は免れることとなっている（会社463条1項）。このように株式会社は，違法配当の結果株主に支払われた配当金の返還を，株主と業務執行者等のどちらに請求しても良い。通常は，お金のあるところ，つまり実際に配当を受け取っている株主に請求すべきであろうが，株式会社が，既に支払った配当金を返還するよう株主に対して請求することは，実務上は困難な点も多いであろう。そこで，会社債権者は，会社に代位して，株主に対して，交付を受けた金銭等の帳簿価額（その額が当該債権者の株式会社に対して有する債権額を超える場合は，その債権額）に相当する金銭を支払うよう請求することができる（会社463条2項）。

　　(イ)　違法配当について善意の株主の責任

　以上のように，会社法は，違法配当によって株主に配当金が支払われた場合，その株主が違法配当であることを知っていたか否かにかかわらず，その配当金を会社に返還させることを徹底する制度を採用している。

　これに対して，違法配当であったことについて善意の株主も会社法462条1項の返還義務を負うとすると，業務執行者等が会社に対して負う債務の額を，間接的に軽減させることになるので，会社法463条1項が善意の株主について業務執行者等からの求償を制限した意味がなくなること，株式取引の安全と株主保護の見地，経営から遠い一般株主について，業務執行者等と同

程度に帰責性ありとすることは妥当性を欠くことなどから，会社法462条1項の適用は善意の株主には及ばないものとすべきとの見解もあるが[*15]，現在の会社法の解釈というよりは，あるべき制度論としての見解であろう。

会社法が，善意の株主に対しても，配当金の返還義務を定めているのは，誤った会計処理を元に戻す仕組みを制度的に確保することを重視している点の表れであると考えられる。

カ 会社法会計の目的

以上のとおり，会社法会計を概観してきたが，会社法会計の目的は，営利企業である会社の経済活動やその状態を，適時に正確に記録するとともに，その会社の活動に関心を有する株主や会社債権者に対して，それをいかに情報提供していくかという観点から制度設計されている。株式会社か持分会社かによって会計の制度が異なるのは，保護すべき株主／社員や会社債権者の違いによるものである。

(3) 金商法会計

ア 目 的

これに対して金商法会計は，「企業内容等の開示の制度を整備するとともに，金融商品取引業を行う者に関し必要な事項を定め，金融商品取引所の適切な運営を確保すること等により，有価証券の発行及び金融商品等の取引等を公正にし，有価証券の流通を円滑にするほか，資本市場の機能の十全な発揮による金融商品等の公正な価格形成等を図り，もって国民経済の健全な発展及び投資者の保護に資することを目的とする。」（金商1条）と定めるように，会社の中でも，専ら上場企業を対象とし，投資家保護のために，投資判断に影響を及ぼす企業内容を開示することを主要な目的としている。

金商法は，第2章「企業内容等の開示」において，具体的な開示制度を規定している。

(*15) 龍田節＝前田雅弘『会社法大要〔第2版〕』433〜434頁，大隅健一郎＝今井宏＝小林量『新会社法概説〔第2版〕』335〜336頁など。

イ　発行市場の開示

　発行価額が1億円以上の有価証券の募集，売出価額が1億円以上の有価証券（その有価証券に関して開示が行われていない場合）の売出しを行う場合，有価証券の発行会社は，「有価証券届出書」を内閣総理大臣に提出しなければならず（金商5条1項・4条1項），その写しを，遅滞なく金融商品取引所に提出しなければならない（金商6条1号）。有価証券届出書には，①当該募集又は売出しに関する事項，②当該会社の商号，③当該会社の属する企業集団及び当該会社の経理の状況その他事業の内容に関する重要な事項，④その他の公益又は投資者保護のため必要かつ適当なものとして内閣府令（企業内容等の開示に関する内閣府令）で定める事項を記載しなければならない（金商5条1項）。

　発行会社が内国会社である場合の有価証券届出書の様式である第2号様式では，企業情報として，企業の概況，事業の状況のほか，経理の状況についての記載が求められている。経理の状況は，連結財務諸表等，財務諸表等に分けられ，（連結）財務諸表，（連結）貸借対照表，（連結）損益計算書，（連結）キャッシュ・フロー計算書，（連結）附属明細表などがその内容となっている。

ウ　流通市場の開示（継続開示）

　金融商品取引所に上場されている有価証券の発行会社，有価証券届出書を提出した有価証券の発行会社等は，毎事業年度経過後3月以内（内国会社の場合）に，「有価証券報告書」を内閣総理大臣に提出しなければならず，その写しを，遅滞なく金融商品取引所に提出しなければならない。有価証券報告書には，①当該会社の商号，②当該会社の属する企業集団及び当該会社の経理の状況その他事業の内容に関する重要な事項，③その他の公益又は投資者保護のため必要かつ適当なものとして内閣府令（企業内容等の開示に関する内閣府令）で定める事項を記載しなければならない（金商24条1項・7項・6条）。

　このうち上場会社等[*16]は，その事業年度が3月を超える場合は，内閣府令（企業内容等の開示に関する内閣府令）で定めるところにより，当該事業年

(*16)　「上場会社等」とは，金商法24条1項1号に掲げる有価証券の発行者である会社その他政令で定めるものを指す。

度の期間を3月ごとに区分した各期間ごとに，当該会社の属する企業集団の経理の状況その他の公益又は投資者保護のため必要かつ適当なものとして内閣府令（企業内容等の開示に関する内閣府令）で定める事項を記載した報告書（四半期報告書）を，当該各期間経過後45日以内の政令で定める期間内に，内閣総理大臣に提出しなければならず，その写しを，遅滞なく金融商品取引所に提出しなければならない（金商24条の4の7第1項・5項）[*17]。

一般的な有価証券報告書の様式である第3号様式では，企業情報として，企業の概況，事業の状況のほか，経理の状況についての記載が求められている。経理の状況は，連結財務諸表等，財務諸表等に分けられ，（連結）財務諸表，（連結）貸借対照表，（連結）損益計算書，（連結）株主資本等変動計算書，（連結）キャッシュ・フロー計算書，（連結）附属明細表などがその内容となっている。

内国会社の四半期報告書の様式である第4号の3様式では，同様に，企業情報として，企業の概況，事業の状況のほか，経理の状況についての記載が求められているが，経理の状況は，有価証券報告書よりも簡略で，連結財務諸表のみとなっており，その内容も，四半期連結貸借対照表，四半期連結損益計算書，四半期連結キャッシュ・フロー計算書がその内容となっている。有価証券報告書等については，第3で詳細に述べる。

エ 臨時報告書による開示

さらに，有価証券報告書を提出しなければならない会社は，その会社が発行者である有価証券の募集又は売出しが外国において行われるとき，その他公益又は投資者保護のため必要かつ適当なものとして内閣府令（企業内容等の

（*17）　金商法24条1項の規定による有価証券報告書を提出しなければならない会社のうち，四半期報告書を提出しなければならない会社以外の会社は，その事業年度が6月を超える場合には，内閣府令で定めるところにより，事業年度ごとに，当該事業年度が開始した日以後6月間の当該会社の属する企業集団及び当該会社の経理の状況その他の事業の内容に関する重要な事項その他の公益又は投資者保護のため必要かつ適当なものとして内閣府令で定める事項を記載した報告書（半期報告書）を，当該期間経過後3月以内に，内閣総理大臣に提出しなければならず，その写しを，遅滞なく金融商品取引所に提出しなければならない（金商24条の5第1項・4項）。

開示に関する内閣府令）で定める場合に該当することとなったときは，内閣府令（企業内容等の開示に関する内閣府令）で定めるところにより，その内容を記載した報告書（臨時報告書）を，遅滞なく内閣総理大臣に提出しなければならず，その写しを，遅滞なく金融商品取引所に提出しなければならない（金商24条の5第4項・6項）。

　臨時報告書による開示の対象となる事項は，企業内容等の開示に関する内閣府令19条に規定されている。投資家保護の観点から，投資家の投資判断に影響を与える事項を類型的に列挙している。

オ　有価証券届出書等の公衆縦覧

　内閣総理大臣に提出された有価証券届出書，有価証券報告書，四半期報告書，半期報告書，臨時報告書などは，一定期間（例えば，有価証券届出書の場合は，5年），内閣総理大臣により公衆の縦覧に供されるほか（金商25条1項），有価証券の発行者や金融商品取引所等も，これらの書類の写しを，本店及び主要な支店，事務所などに備え置き，公衆の縦覧に供する（金商25条2項・3項）。

カ　財務諸表

　有価証券届出書や有価証券報告書などに記載が求められている企業情報のうち，経理の状況は，財務諸表によって報告することとされている。財務諸表とは，貸借対照表や損益計算書その他財務計算に関する書類を指すところ，これらは，「内閣総理大臣が一般に公正妥当であると認められるところに従つて内閣府令で定める用語，様式及び作成方法により，これを作成しなければならない」とされている（金商193条）。これを受けて作成された内閣府令が，「財務諸表等の用語，様式及び作成方法に関する規則」（以下「財務諸表等規則」という），「連結財務諸表の用語，様式及び作成方法に関する規則」（以下「連結財務諸表規則」という）などである。

　財務諸表等規則も連結財務諸表規則も，「内閣総理大臣が一般に公正妥当であると認められるところに従つて」定めたものであり，また，財務諸表等規則及び連結財務諸表規則において定めのない事項については，「一般に公正妥当と認められる企業会計の基準に従う」ものとされている（財務1条1項，連結1条1項）。

キ　公認会計士又は監査法人による監査証明

　金融商品取引所に上場されている有価証券の発行会社等が，金商法の規定により提出する貸借対照表，損益計算書その他の財務計算に関する書類で内閣府令で定めるもの[*18]は，原則として，その者と特別の利害関係のない公認会計士又は監査法人の監査証明を受けなければならない（金商193条の2第1項）。

　監査証明は，公認会計士又は監査法人が作成する監査報告書（中間監査報告書，四半期レビュー報告書）により行うものとされている。

　会社法は，会計監査人設置会社に対して，会計監査人による計算書類等の監査を求めているところ，会計監査人は，公認会計士又は監査法人でなければ就任できないこととなっているので（会社337条），会社法の求める会計監査人による計算書類等の監査と，金商法が求める公認会計士又は監査法人による財務諸表等の監査証明は，その大部分が重なっている。通常の会社では，同じ公認会計士が，会社法の求める計算書類等の監査と，金商法が求める財務諸表等の監査証明を，一連のものとして行っているが，両者は厳密にいえば監査の対象とするものが異なっていることとなる。

【梅林　啓】

(*18)　財務諸表等の監査証明に関する内閣府令。

2　会計士の視点から見た会計

(1)　会計基準の種類

　次に，わが国の会計処理をルール化している会計基準について具体的に説明することとする。

　一般に企業会計といった場合は，金商法における会計基準を指す。上場企業等は，金商法により有価証券報告書の提出が義務付けられ，この有価証券報告書に含まれる財務諸表は，「一般に公正妥当と認められる企業会計の基準」によることとされ，これが金商法における会計基準である。一方，会社法では，会社法431条において「株式会社の会計は，一般に公正妥当と認められる企業会計の慣行に従うものとする。」とされているが，特定の会計基準は示されていない。一般に，上場企業において金商法における会計基準と会社法における会計基準は同様のものが用いられる。

　また，金商法に基づく有価証券報告書に含まれる財務諸表は，①日本基準，②米国会計基準，③国際財務報告基準，④修正国際基準の４つにより作成することが認められている。

　なお，単体決算の基本的な仕組みについては，第1の3で説明したが，国際的に主流の連結決算についてはこれまで混乱を避けるため説明を割愛してきたため，この項の(2)において，連結決算制度の基本的な仕組みについて説明することとする。連結決算については，いまや新聞紙上でも当たり前のように報道されているため，法律家の方々にも，基本的なところはご理解いただければと思う。

　ア　日本基準

　　(ｱ)　会計基準の設定主体

　わが国の証券取引法（現在の金商法）の会計基準は，歴史的に金融庁（旧大

蔵省）企業会計審議会により設定されてきたが2001年（平成13年）7月に民間の会計基準設定主体として財務会計基準機構が設立された以降は、その中に設置された「企業会計基準委員会」がその役割を担っている。

企業会計基準委員会では、日本の新しい会計基準の開発機関として、国際会計基準審議会（IASB）と適切な連携を保ちながら、国際的な会計基準の開発に貢献しつつ、わが国の考え方の対外的な発信を目指す一方、わが国の企業会計基準に関する理論的検討に合わせて、実務におけるニーズを迅速・的確に反映した会計基準や実務上の取扱いに関する指針の開発等、経済の重要なインフラとしての企業会計基準の整備において主体的な役割を果たせるよう適切な事業運営を行っていくこととされている。

このように企業会計基準委員会では、日本基準の開発のみに注力しているわけではなく、国際的な会計基準の開発にも貢献し、日本としての考え方の対外的な意見発信も積極的に行うこととしている。このため、日本基準の開発にあたっては、コンバージェンス（収れん）の観点から国際的な会計基準との整合性を意識せざるを得ないであろうし、国際財務報告基準の適用会社が増加している中では、今後もこの方向性に変わりはないものと思われる。

なお、金融庁企業会計審議会は、会計基準の設定主体ではなくなったとはいえ、会計部会、監査部会及び内部統制部会を設置する組織として現在も存続している。

　(ｲ)　日本基準の体系

日本基準は、現在、企業会計基準委員会が開発しているが、金融庁（旧大蔵省）企業会計審議会がこれまで設定した会計基準には現在も有効なものがある。また、会計基準とはいえないが、監査上の必要性や会計ビッグバン時に金融庁（旧大蔵省）企業会計審議会から実務指針の作成を委任されたとの経緯もあり、日本公認会計士協会がこれまで作成した実務指針も実質的には会計処理の運用ルールとして会計基準の一部を構成しているところがある。

よって、実務レベルにおける会計基準の適用関係は非常に複雑であり、現在有効な会計基準はこれであると明確に示せない状況にあるというのが正直なところである。適用すべき会計基準が必ずしも明確でないということで、会計実務を混乱させている面があるとともに、教育現場では学生等に敬遠さ

れることの一因になっているところもあるように思われる。

　企業会計基準委員会もこのような状況を改善すべく，現在，金融庁（旧大蔵省）企業会計審議会や日本公認会計士協会の公表物を内製化する作業に着手している。連結財務諸表原則（企業会計審議会）を連結財務諸表に関する会計基準（企業会計基準委員会）として完成させているものもあるが，新たな会計基準の開発作業も同時進行している状況にあり，すべての会計基準が企業会計基準委員会で整備され一本化される日はまだかなり先になるように思われる。

　このような状況にはあるとはいうものの，日本基準の体系については，企業会計基準委員会が公表する「会計上の変更及び誤謬の訂正に関する会計基準の適用指針」（企業会計基準適用指針第24号）において整理されており，第5項において，「会計基準等」とは，次に掲げるもの及びその他の一般に公正妥当と認められる会計処理の原則及び手続を明文化して定めたものをいうとされている。

「(1)　当委員会が公表した企業会計基準
　(2)　企業会計審議会が公表した会計基準（企業会計原則等を含む。）
　(3)　当委員会が公表した企業会計基準適用指針
　(4)　当委員会が公表した実務対応報告
　(5)　日本公認会計士協会が公表した会計制度委員会報告（実務指針），監査・保証実務委員会報告及び業種別監査委員会報告のうち会計処理の原則及び手続を定めたもの」

　前述したとおり，企業会計基準委員会が開発した会計基準及びその適用指針だけでなく，金融庁（旧大蔵省）企業会計審議会や日本公認会計士協会が過去に公表した会計基準等も日本基準を構成するものとしている。上記は，既にわが国における上場会社，大会社において形成されている会計慣行を前提として定めたものであるが，会計規則集は今でも年々厚みを増し，これを見た方はその量に圧倒されると思われる（公認会計士はこれ以外に監査の規則集も必要で，こちらも年々厚みを増している）。

　ここでのポイントは，企業会計基準委員会が開発する会計基準は，公認会計士による会計監査を受けている会社が決算書を作成するにあたって採用す

る会計基準を想定している点にあり，基本的に中小企業による採用が強制されるものとはなっていない。

　㈦　企業会計基準委員会が公表する会計基準

　2017年（平成29年）8月末現在，企業会計基準委員会は，■図表6の27本の会計基準を公表している。

　専門用語が飛び交っており，タイトルからはその内容をうかがい知ることはできないと思われるが，上記以外にも，2017年（平成29年）8月末現在，会計基準のガイダンスにあたるものとして，適用指針を27本，実務対応報告を35本公表しており，その量が膨大であることはお察しいただけるものと思う。

　このことからもおわかりのように，現在，経理の現場では，毎年増え続ける会計基準等について適用上のミスのないよう細心の注意を払わざるを得ない環境にあるものの，人員不足や決算スケジュール等の関係でチェックに十分な時間を確保できず，自己点検や監査等で決算報告前に適用ミスが発見されればまだいいものの，場合によっては決算報告後に適用ミスが判明し決算訂正するといった事態も見受けられる状況にある。

　世の中では不適切会計事件が注目されているが，現場レベルでは，会計基準の適用上のミスといった誤謬リスクも無視できないものとなっており，財務報告に係る管理体制のレベルアップが求められている。

イ　米国会計基準

　連結財務諸表規則95条では，「米国預託証券の発行等に関して要請されている用語，様式及び作成方法により作成した連結財務諸表（以下「米国式連結財務諸表」という。）を米国証券取引委員会に登録している連結財務諸表提出会社が当該米国式連結財務諸表を法の規定による連結財務諸表として提出することを，金融庁長官が公益又は投資者保護に欠けることがないものとして認める場合には，当該会社の提出する連結財務諸表の用語，様式及び作成方法は，金融庁長官が必要と認めて指示した事項を除き，米国預託証券の発行等に関して要請されている用語，様式及び作成方法によることができる。」とされている。また，連結財務諸表規則附則（平成14年3月26日内閣府令第11号）3号では，「施行日以後最初に開始する連結会計年度に係る米国式連結

■図表6　企業会計基準委員会が公表する会計基準

	タイトル	公表日（修正日）
第1号	「自己株式及び準備金の額の減少等に関する会計基準」	平成27年3月26日
第2号	「1株当たり当期純利益に関する会計基準」	平成25年9月13日
第3号	（廃止）	－
第4号	「役員賞与に関する会計基準」	平成17年11月29日
第5号	「貸借対照表の純資産の部の表示に関する会計基準」	平成25年9月13日
第6号	「株主資本等変動計算書に関する会計基準」	平成25年9月13日
第7号	「事業分離等に関する会計基準」	平成25年9月13日
第8号	「ストック・オプション等に関する会計基準」	平成17年12月27日（平成25年9月13日）
第9号	「棚卸資産の評価に関する会計基準」	平成20年9月26日
第10号	「金融商品に関する会計基準」	平成20年3月10日
第11号	「関連当事者の開示に関する会計基準」	平成18年10月17日（平成28年12月26日）
第12号	「四半期財務諸表に関する会計基準」	平成26年5月16日
第13号	「リース取引に関する会計基準」	平成19年3月30日
第14号	（廃止）	－
第15号	「工事契約に関する会計基準」	平成19年12月27日
第16号	「持分法に関する会計基準」	平成20年12月26日（平成27年3月26日）
第17号	「セグメント情報等の開示に関する会計基準」	平成22年6月30日（平成25年9月13日）
第18号	「資産除去債務に関する会計基準」	平成20年3月31日（平成24年5月17日）
第19号	（廃止）	－
第20号	「賃貸等不動産の時価等の開示に関する会計基準」	平成23年3月25日
第21号	「企業結合に関する会計基準」	平成25年9月13日
第22号	「連結財務諸表に関する会計基準」	平成25年9月13日
第23号	「『研究開発費等に係る会計基準』の一部改正」	平成20年12月26日
第24号	「会計上の変更及び誤謬の訂正に関する会計基準」	平成21年12月4日
第25号	「包括利益の表示に関する会計基準」	平成25年9月13日
第26号	「退職給付に関する会計基準」	平成28年12月16日
第27号	「法人税，住民税及び事業税等に関する会計基準」	平成29年3月16日（平成29年3月29日）

　財務諸表を法の規定により提出している連結財務諸表提出会社（連結財務諸表の用語，様式及び作成方法に関する規則第95条の規定の適用を受けるものを除く。）の提

出する連結財務諸表の用語，様式及び作成方法は，当分の間，金融庁長官が必要と認めて指示した事項を除き，米国預託証券の発行等に関して要請されている用語，様式及び作成方法によることができる。」とされている。

米国会計基準については，外国企業が米国証券市場に上場する際に米国会計基準に基づき作成した連結財務諸表の開示が義務付けられていることを考慮して（現在は国際財務報告基準の適用も可能），金商法上，日本企業が米国証券市場に上場している等の場合には，日本基準による連結財務諸表を二重に作成することなく，米国会計基準による連結財務諸表を利用して開示することを許容するものである。当然日本語での開示となるが，この取扱いは連結財務諸表の作成にとどまるものであり，個別財務諸表は日本基準によることが必要とされている。また，我が国に連結決算制度が導入された昭和52年当時に既に米国会計基準によって連結財務諸表を作成していた会社については，その後も引き続き米国会計基準による連結財務諸表の作成が認められていたため，現在も同様に取り扱われている。

以上の点は会社法でも同様の取扱いとなっており，会社計算規則120条の3第1項において，「連結財務諸表の用語，様式及び作成方法に関する規則第九十五条又は連結財務諸表の用語，様式及び作成方法に関する規則の一部を改正する内閣府令（平成十四年内閣府令第十一号）附則第三項の規定により，連結財務諸表の用語，様式及び作成方法について米国預託証券の発行等に関して要請されている用語，様式及び作成方法によることができるものとされた株式会社の作成すべき連結計算書類は，米国預託証券の発行等に関して要請されている用語，様式及び作成方法によることができる。」とされている。

ウ　国際財務報告基準 (IFRS)

わが国では，2010年（平成22年）3月期から国際財務報告基準の任意適用が認められており，『「会計基準の選択に関する基本的な考え方」の開示内容の分析』（株式会社東京証券取引所，2017年（平成29年）7月20日）によれば，2017年（平成29年）6月末現在では適用予定会社を含め適用会社数は171社になっているとのことである。これは，上場会社の時価総額では約30％に相当する。

(ア) 連結財務諸表を作成している会社の場合

　国際財務報告基準の任意適用とはいっても，すべての会社が任意適用できるわけではなく，下記の一定の要件を満たした会社のみが，金商法上，国際財務報告基準の適用を認めることとされている。

　具体的には，連結財務諸表規則1条の2において，
「　法第二条第一項第五号又は第九号に掲げる有価証券の発行者（同条第五項に規定する発行者をいう。次条において同じ。）のうち，次に掲げる要件の全てを満たす株式会社（以下「指定国際会計基準特定会社」という。）が提出する連結財務諸表の用語，様式及び作成方法は，第七章第一節の定めるところによることができる。
一　法第五条第一項の規定に基づき提出する有価証券届出書又は法第二十四条第一項若しくは第三項の規定に基づき提出する有価証券報告書において，連結財務諸表の適正性を確保するための特段の取組みに係る記載を行つていること。
二　指定国際会計基準に関する十分な知識を有する役員又は使用人を置いており，指定国際会計基準に基づいて連結財務諸表を適正に作成することができる体制を整備していること。」
と規定されている。

　当初は上場会社であることや，国際的な財務活動・事業活動を行っていることも任意適用要件に含まれていたが，適用会社を増やすとの政策目的から，これらの要件は削除され任意適用要件が緩和された経緯がある。

　また，第7章第1節に規定される連結財務諸表規則93条によれば，「指定国際会計基準特定会社が提出する連結財務諸表の用語，様式及び作成方法は，指定国際会計基準（国際会計基準（国際的に共通した企業会計の基準として使用されることを目的とした企業会計の基準についての調査研究及び作成を業として行う団体であつて第一条第三項各号に掲げる要件の全てを満たすものが作成及び公表を行つた企業会計の基準のうち，金融庁長官が定めるものをいう。次条及び第九十四条において同じ。）のうち，公正かつ適正な手続の下に作成及び公表が行われたものと認められ，公正妥当な企業会計の基準として認められることが見込まれるものとして金融庁長官が定めるものに限る。次条において同じ。）に従うことができる。」とされている。

任意適用される国際財務報告基準は，金融庁長官が「指定国際会計基準」として定めることとされており，一部の基準を指定しないことが可能な枠組みとなっている。

なお，会社法においても指定国際会計基準に基づく連結計算書類の作成が認められており，会社計算規則120条1項において，「連結財務諸表の用語，様式及び作成方法に関する規則（昭和五十一年大蔵省令第二十八号）第九十三条の規定により連結財務諸表の用語，様式及び作成方法について指定国際会計基準（同条に規定する指定国際会計基準をいう。以下この条において同じ。）に従うことができるものとされた株式会社の作成すべき連結計算書類は，指定国際会計基準に従って作成することができる。この場合においては，第一章から第五章までの規定により第六十一条第一号に規定する連結計算書類において表示すべき事項に相当するものを除くその他の事項は，省略することができる。」とされている。

　　(イ)　連結財務諸表を作成していない会社の場合

国際財務報告基準を任意適用できるのは，基本的に連結財務諸表であり，会社法もこのような取扱いを認めている。ただし，連結財務諸表を作成していない会社については，同様に任意適用要件を設定し，これを満たす場合には，金商法上，個別財務諸表についても国際財務報告基準の適用が認められることとされている。

財務諸表等規則1条の2の2によれば，

「　法第二条第一項第五号又は第九号に掲げる有価証券の発行者（同条第五項に規定する発行者をいう。）のうち，次に掲げる要件の全てを満たす株式会社（以下「指定国際会計基準特定会社」という。）が提出する財務諸表の用語，様式及び作成方法は，連結財務諸表を作成していない場合に限り，第八章の定めるところによることができる。

一　法第五条第一項の規定に基づき提出する有価証券届出書又は法第二十四条第一項若しくは第三項の規定に基づき提出する有価証券報告書において，財務諸表の適正性を確保するための特段の取組みに係る記載を行つていること。

二　指定国際会計基準に関する十分な知識を有する役員又は使用人を置い

ており，指定国際会計基準に基づいて財務諸表を適正に作成することができる体制を整備していること。」
と規定されている。

しかしながら，会社法においては，指定国際会計基準に基づく計算書類の作成を認める規定は存在しないため，従来どおり，日本基準による計算書類の作成が必要となる。

エ　修正国際基準

連結財務諸表規則1条の3において，

「　法第二条第一項第五号又は第九号に掲げる有価証券の発行者のうち，次に掲げる要件の全てを満たす株式会社（以下「修正国際基準特定会社」という。）が提出する連結財務諸表の用語，様式及び作成方法は，第七章第二節の定めるところによることができる。

一　法第五条第一項の規定に基づき提出する有価証券届出書又は法第二十四条第一項若しくは第三項の規定に基づき提出する有価証券報告書において，連結財務諸表の適正性を確保するための特段の取組みに係る記載を行つていること。

二　修正国際基準に関する十分な知識を有する役員又は使用人を置いており，修正国際基準に基づいて連結財務諸表を適正に作成することができる体制を整備していること。」
と規定されている。

また，連結財務諸表規則94条において，「修正国際基準特定会社が提出する連結財務諸表の用語，様式及び作成方法は，修正国際基準（特定団体において国際会計基準を修正することにより作成及び公表を行つた企業会計の基準のうち，公正かつ適正な手続の下に作成及び公表が行われたものと認められ，公正妥当な企業会計の基準として認められることが見込まれるものとして金融庁長官が定めるものに限る。次条において同じ。）に従うことができる。」とされている。

会社法についても，会社計算規則120条の2第1項において，「連結財務諸表の用語，様式及び作成方法に関する規則第九十四条の規定により連結財務諸表の用語，様式及び作成方法について修正国際基準（同条に規定する修正国際基準をいう。以下この条において同じ。）に従うことができるものとされた株式

会社の作成すべき連結計算書類は，修正国際基準に従って作成することができる。」とされている。

以上の規定ぶりからすると，修正国際基準も指定国際会計基準と同等に適用可能なように見えるものの，これは前の３つの基準とは異質のものであり注意が必要である。

というのも，国際財務報告基準の任意適用会社が2017年（平成29年）６月末現在では171社であるのに対し，修正国際基準の適用会社は実績ゼロであることによる。これは，修正国際基準の審議の過程からも明らかなとおり，修正国際基準はわが国が考えるあるべき国際財務報告基準を対外的に示すため，意見発信用として設定された色彩が強く，そもそも適用されることをあまり想定していないと思われることによる。

オ　まとめ

わが国に適用可能な会計基準が４つもあるとはいうものの，実際に適用されるのは，圧倒的に日本基準であり，次に国際財務報告基準が適用を拡大しつつあるという状況で，米国会計基準の適用会社はいずれ国際財務報告基準の適用会社に切り替わるようにも思われるので縮小傾向にあり，修正国際基準にいたっては適用会社が想定されないというのが，2017年（平成29年）８月末時点における適用状況の総括である。

(2)　連結決算制度の仕組み

わが国の開示制度が，個別財務諸表中心の開示制度から連結財務諸表中心の開示制度に方向転換したのは，2000年（平成12年）当時の会計ビッグバン以降のことであり，既に15年以上が経過している。このため，現在では，作成者側もマスコミや利用者側も頭の切り替えが進み，定着した感がある。

連結決算制度の仕組みについては，少々難解なところもあるが，わが国の開示制度の理解にあたり欠かせない知識であるため，いくつか重要なポイントを具体例を用いながら解説することとする。

ア　連結財務諸表とは

連結財務諸表は，支配従属関係にある２以上の企業からなる集団（企業集団）を単一の組織体とみなして，親会社が当該企業集団の財政状態及び経営

成績を総合的に報告するために作成するものとされているが（企業会計基準第22号第1項），連結財務諸表を作成する場合には，関連会社に対する投資については持分法を適用しなければならないとされている（企業会計基準第16号第3項及び第6項）。

要するに連結財務諸表は，会社単位の財務諸表ではなく，グループ単位の財務諸表ということであるが，まずはグループのどの範囲までが対象となるかをしっかり押さえておく必要がある。

財務諸表提出会社（自社）が属する企業グループの状況を■図表7で示したが，ここで自社が作成する連結財務諸表に反映されるグループ会社は，企業グループに属する会社のうち自社の傘下にある子会社及び関連会社である（■図表7中の◯で囲まれた部分）。自社の上位に位置する親会社やその子会社である兄弟会社等は連結財務諸表の範囲には含まれず，あくまでも自社の

■図表7　財務諸表提出会社（自社）が属する企業グループ

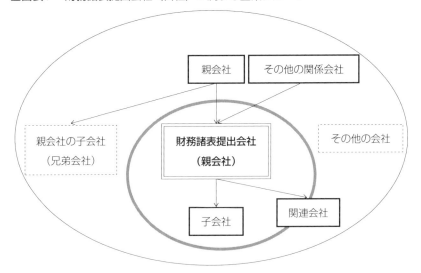

(注)　関係会社とは，財務諸表提出会社の親会社，子会社及び関連会社並びに財務諸表提出会社が他の会社の関連会社である場合における当該他の会社（その他の関係会社）をいう（財務8条8項）。上記の図でいえば財務諸表提出会社を囲む実線部分（▭）の4社が該当する。

傘下にある会社が対象となる点は誤解のないようにしていただきたい。

なお，関連会社については，持分法の適用により，財務諸表を合算して資産・負債等をすべて反映させる子会社とは作成手続を異にするため，■図表7では関連会社を◯にすべては含めずに表現している。持分法については，以下での説明を割愛させていただく。

イ　連結財務諸表の作成プロセス

連結財務諸表は個別財務諸表と違って，会計処理を仕訳伝票で積み上げて作成するのではなく，自社の個別財務諸表に各グループ会社の個別財務諸表を合算し，それに複雑な修正仕訳を積み上げて作成するものである。

このため，この連結財務諸表の作成プロセスは，個別財務諸表の作成プロセスと全く異なるものであり，一般に理解を困難にしているところもあろうかと思われるが，まずは■図表8で全体像をイメージしてもらいたい。

連結財務諸表では，個別財務諸表において一本で表示（純額表示）されている子会社株式を，子会社の資産（売掛金，たな卸資産，固定資産など），負債（買掛金，借入金など）及び損益（売上高，売上原価，販売費及び一般管理費）として総額表示することになる。具体的には，まず子会社の財務諸表（BS及びPL）を合算し，合算の結果両建計上されることとなる内部取引に係る項目等を相殺消去する。そして，子会社の資本のうち親会社株主に帰属する部分は子会社株式と相殺し，親会社株主に帰属しない部分は"非支配株主持分"として区分計上する。

すべての子会社が100％出資の完全子会社とは限らないため，子会社が稼いだ利益やそれを含む資本について，株主としての請求権を出資割合に応じ

■図表8　連結手続

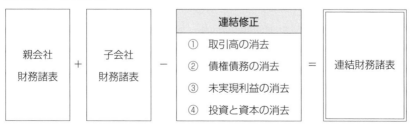

て持分計算し，子会社の外部株主に帰属する部分は連結財務諸表特有の項目である「非支配株主持分」（連結貸借対照表），「非支配株主に帰属する当期純利益」（連結損益計算書）として表示することとなる。この点は連結財務諸表特有の項目であるため，しっかり押さえてもらいたい。

そしてさらにいえば，連結損益計算書でいうところの当期純利益とは，単純に子会社が稼いだ当期純利益を含んだものであり，このような持分計算をする前の金額である。これには，子会社に対する出資者（親会社以外）である非支配株主（外部株主）に帰属する部分が含まれている点に注意が必要である。

なお，参考までに申し上げるが，連結財務諸表において注記される1株当たり当期純利益は，自社（親会社）の株主に帰属する当期純利益を前提とするものであるため，非支配株主に帰属する当期純利益を控除した持分計算を前提に計算されている。この場合は，非支配株主に帰属する部分は含まれないため，当期純利益という同じ名称でも意味するところは異なることにご注意いただきたい。

それでは，■図表9に簡単な計算例を示すので連結財務諸表の作成プロセスをご確認いただきたい。

ウ 子会社の判定

連結財務諸表の作成において，重要なポイントの1つが連結範囲の決定に直接影響する子会社の判定である。かつては複雑な持ち合い関係の中，形式的な持株基準の適用を回避するなど，業績悪化の会社を連結範囲から除外するような極端なケースも見られたが，実質基準が導入された会計ビックバン以降は，そのような後ろ向きな対応は影を潜め，複雑な持ち合い関係を解消してグループ内再編を進め，企業買収等によりグループ経営を強化するといった会社が多くなってきたものと思われる。

会計基準の適用による子会社の判定は，会社法における子会社規制と無縁ではないと思われるため，法律専門家の方々にも会計基準における子会社判定ルールの運用の難しさを是非ご理解いただきたい。なお，持分法の適用対象となる関連会社の判定についてはここでは割愛させていただく。

(ア) 子会社の定義

企業会計基準第22号「連結財務諸表に関する会計基準」（以下「連結会計基準」という）第6項によれば，「『親会社』とは，他の企業の財務及び営業又は事業の方針を決定する機関（株主総会その他これに準ずる機関をいう。以下「意思決定機関」という。）を支配している企業をいい，『子会社』とは，当該他の企業をいう。親会社及び子会社又は子会社が，他の企業の意思決定機関を支配している場合における当該他の企業も，その親会社の子会社とみなす。」とされている。

また，第22号第5項において，「『企業』とは，会社及び会社に準ずる事業体をいい，会社，組合その他これらに準ずる事業体（外国におけるこれらに相当するものを含む。）を指す。」とされている。

連結会計基準における子会社の定義は上記のとおりであるが，連結会計基準に対応する財務諸表等規則8条3項においても，定義内の「企業」を「会

■図表9　計算例
【前提条件】
- 子会社を期首に設立し，株式のうち60％を取得した。
- 子会社から自社へ製品を一部売却しており，自社の在庫に含まれている未実現利益は5とする。なお，子会社の倉庫から出荷されたとしても親会社の倉庫にとどまる在庫について子会社が計上した利益は，内部利益のため消去することが必要となる。

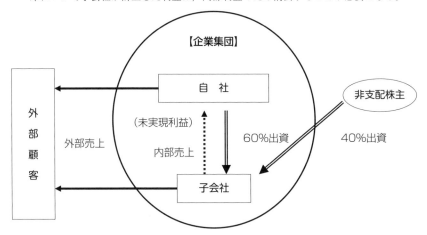

【連結貸借対照表】

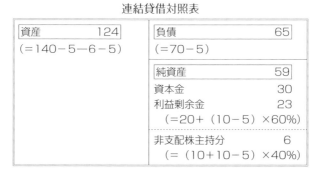

【連結損益計算書】

```
自社損益計算書                          子会社損益計算書
┌─────────────┬─────────────┐         ┌─────────────┬─────────────┐
│売上原価 80  │売上高 100   │         │売上原価 30  │売上高 40    │
│うち子会社関係│             │    ＋    │             │うち親会社関係│
│             │             │         │             │  売上高 10  │
│ 仕入高 10   │             │         │             │             │
├─────────────┤             │         ├─────────────┤             │
│当期純利益 20│             │         │当期純利益 10│             │
│             │             │         │うち未実現利益 5│          │
└─────────────┴─────────────┘         └─────────────┴─────────────┘
```

↓ 合算

合算損益計算書

```
     ┌─────────────────────┬─────────────────┐
     │売上原価      110    │売上高      140  │
     │うち子会社関係        │うち親会社関係    │
  ①  │ 仕入高 10   ⇔       │ 売上高 10       │
     ├─────────────────────┤                 │
     │親会社分              │                 │
     │ 当期純利益 20       │                 │
     ├─ ─ ─ ─ ─ ─ ─ ─ ─ ─ ─┤                 │
     │子会社分              │                 │
     │ 当期純利益 10       │                 │
  ②  │ うち未実現利益 5    │                 │
     └─────────────────────┴─────────────────┘
```

↓

連結修正（①取引高の消去，②未実現利益の消去）

↓

連結損益計算書

```
┌──────────────────────┬──────────────────┐
│売上原価       105    │売上高      130   │
│ (＝110－10＋5)       │ (＝140－10)      │
├──────────────────────┤                  │
│当期純利益      25    │                  │
├──────────────────────┤                  │
│非支配株主帰属分  2   │                  │
│ (＝(10－5)×40%)      │                  │
├─ ─ ─ ─ ─ ─ ─ ─ ─ ─ ─┤                  │
│親会社株主帰属分 23   │                  │
│ (＝20＋(10－5)×60%)  │                  │
└──────────────────────┴──────────────────┘
```

社等」と規定している点を除き同じ定義となっている。

　ここでの特徴的な点は，まずは，親会社が支配している子会社には会社だけでなく会社に準ずる事業体（組合等）も含まれるということである。実務上，組合等を活用するスキームもあるため，子会社の判定結果が事業体の種類により左右されることのないよう注意する必要がある。また，子会社と同様，親会社自体も会社に準ずる事業体を含んだものとして定義されている点にも注意する必要がある。

　　(イ)　具体的な子会社判定基準

　連結会計基準においては，上記のとおり「『親会社』とは，他の企業の財務及び営業又は事業の方針を決定する機関（株主総会その他これに準ずる機関をいう。以下「意思決定機関」という。）を支配している企業をいい，『子会社』とは，当該他の企業をいう。」と定義されているため，子会社の判定基準は単純な形式基準（持株基準）でなく実質基準（支配力基準）となる。このため，実務上，意思決定機関を支配しているかどうかとの子会社判定には困難を伴うことが想定されるため，連結会計基準では，子会社の実質判定をサポートすべく，子会社として判定されるべき一定の場合について，支配の安定性・継続性の観点から議決権所有を重視した３つの具体的な判定基準を定めている。

　具体的には，企業会計基準第22号第７項において，
「　『他の企業の意思決定機関を支配している企業』とは，次の企業をいう。ただし，財務上又は営業上若しくは事業上の関係からみて他の企業の意思決定機関を支配していないことが明らかであると認められる企業は，この限りでない。
　(1)　他の企業（更生会社，破産会社その他これらに準ずる企業であって，かつ，有効な支配従属関係が存在しないと認められる企業を除く。下記(2)及び(3)においても同じ。）の議決権の過半数を自己の計算において所有している企業
　(2)　他の企業の議決権の100分の40以上，100分の50以下を自己の計算において所有している企業であって，かつ，次のいずれかの要件に該当する企業
　　　①　自己の計算において所有している議決権と，自己と出資，人事，資金，技術，取引等において緊密な関係があることにより自己の意思と

同一の内容の議決権を行使すると認められる者及び自己の意思と同一の内容の議決権を行使することに同意している者が所有している議決権とを合わせて，他の企業の議決権の過半数を占めていること

② 役員若しくは使用人である者，又はこれらであった者で自己が他の企業の財務及び営業又は事業の方針の決定に関して影響を与えることができる者が，当該他の企業の取締役会その他これに準ずる機関の構成員の過半数を占めていること

③ 他の企業の重要な財務及び営業又は事業の方針の決定を支配する契約等が存在すること

④ 他の企業の資金調達額（貸借対照表の負債の部に計上されているもの）の総額の過半について融資（債務の保証及び担保の提供を含む。以下同じ。）を行っていること（自己と出資，人事，資金，技術，取引等において緊密な関係のある者が行う融資の額を合わせて資金調達額の総額の過半となる場合を含む。）

⑤ その他他の企業の意思決定機関を支配していることが推測される事実が存在すること

(3) 自己の計算において所有している議決権（当該議決権を所有していない場合を含む。）と，自己と出資，人事，資金，技術，取引等において緊密な関係があることにより自己の意思と同一の内容の議決権を行使すると認められる者及び自己の意思と同一の内容の議決権を行使することに同意している者が所有している議決権とを合わせて，他の企業の議決権の過半数を占めている企業であって，かつ，上記(2)の②から⑤までのいずれかの要件に該当する企業」

とされている。

(3) 会社法における会計と金商法における会計の接近

企業会計と会社法会計は，実際の決算書作成プロセスの中で利益計算や財産評価が異なることはなく，実務上は冒頭説明した残高試算表ベースの同一金額から導き出される報告様式の違いとして整理されるものと思われる。そして，配当規制はあくまでも決算の枠外において別途対応されるものと考えられる。

このことは，投資者や株主等に対する情報提供機能の整合性を確保し，基本的に会社法と金商法において同一の決算情報を提供するものとして制度運用を図るものであるといえる。端的にいえば，企業会計における会計ルールを会社法において否定するようなことはしないといったものかと思われるが，ここで気になるのがわが国の会社の大部分を占める企業（特に中小企業）が採用する税法基準の取扱いである。

　金商法の世界における会計基準は，企業会計原則に代表されるとおり，上場会社の適用を前提として有用な投資情報を提供するために開発された会計基準である。課税の公平性等の観点から比較的取扱いが明確な税法基準の適用は，個々の項目の影響度合いにもよるが，基本的には有用性に欠けるとしてその適用は否定されることとなる。確かに，会計基準の一部の取扱いとして，例えば固定資産の減価償却方法は事実上税法ルールによっているところが認められるものの，税法基準の採用が全面的に実務上認められているわけではない。

　近年，新会計基準の開発等の影響で税法基準との乖離がさらに進んでいるところがあるとはいうものの，企業会計がわが国の会計基準をリードしている点は現在も将来も変わらないといえる。

　このため，会社法は，環境変化に対応して進化し続ける企業会計を情報提供機能の観点からはそのまま受入れ可能なようにすることで，実務上は，会社法会計と金商法会計との違いを意識させない効率的な実務対応を可能とし，その結果，制度全体のバランスのとれた両者の関係が維持されるものと考えられる。

　なお，未来投資戦略2017においては，事業報告等（会社法）と有価証券報告書（金商法）の一体的開示を検討することが明記されており，今後，さらなる効率的な実務対応が実現する可能性があり，株主総会の開催時期を決算日後4か月後にするかなど他の論点とも絡め，検討される予定とのことである。四半期報告制度との関係も検討する必要があるであろう。今後の動向に留意してほしい。

⑷ 今後の会計基準の動向

　事業活動あるところに会計は欠かせない。社長としては、予定していたとおり事業活動がうまくいっているのか早く知りたいだろうし、出血（赤字）を止めるべく撤退する時期を見極めている状況であればなおさらであろう。また、株主としては、当期も配当が期待できるのか、それとも購入した株式の回収が危ぶまれるのかなど、投資の成果を早く知りたいであろう。従業員としては、当期も賞与をもらえるのか、それとも業績悪化で給料が下がるのか、また、債権者としては、債権の回収が滞ることはないのかなど、事業活動を取り巻く関係者の関心は尽きることがない。事業活動をグローバル展開し、しかも株式上場している上場会社であれば、関係者は拡大し全世界に及ぶこととなる。

　前述したとおり、会計は会社を取り巻く状況を説明可能なように数値化する手段であるが、それにより作成される決算書は、現在の状況下においては、インターネットを通じ事業活動の状況を多くの関係者に同時にいち早く伝達できることもあり、決算報告制度が国のインフラであるということは非常に強く認識されているものと考えられる。

　このため、これまで以上に開示内容の充実を図り、情報利用者を保護するとの観点から、会計基準の品質を高めるとともに、運用面においては監査の品質を高めることが必要とされており、制度改正が目白押しの状況であるといえる。

　わが国の会計基準は、会計実務先進国である米国の影響を強く受けていたが、2000年（平成12年）の会計ビッグバンあたりから徐々に国際会計基準を意識した基準作りに変化したといえる。そして、2008年（平成20年）に、欧州委員会が日本の会計基準はEUで採用されている国際会計基準（IFRS）と同等であると評価したことを契機として、我が国においては、コンバージェンス（収れん）の観点を強調した会計基準の開発が行われることとなり、現在にいたっている。

　なお、米国会計基準と国際会計基準のそれぞれの特徴は以下のとおりである。

【米国会計基準】
- 民間設定主体である財務会計基準審議会（FASB）が開発している。
- 世界の会計基準をリードしている。
- 米国では，外国企業の国際会計基準採用は認めても，自国の米国企業については国際会計基準の採用は一切認めていない。

【国際会計基準（国際財務報告基準）】
- 主要国メンバーによる民間設定主体である国際会計基準審議会（IASB，本部は英国）が開発している。
- 2005年（平成17年）に欧州が国際会計基準の適用を開始以後，各国で導入が本格化している。リーマン・ショック後のG20ワシントンサミット（2008年（平成20年）11月）で，首脳が「単一で質の高い国際基準の策定」を宣言したことによる影響も大きい。
- 国際会計基準の適用範囲については，税制等の国内事情の理由から連結財務諸表のみに限定し，個別財務諸表には適用を認めない国（日本，ドイツ，フランス等）も多く存在している。

【市川　育義】

3 法令上準拠すべき会計基準——会計基準の法規性

(1) **法律家から見た「一般に公正妥当と認められる企業会計の慣行」と「一般に公正妥当と認められる企業会計の基準」**

ア 「一般に公正妥当と認められる企業会計の慣行」と「一般に公正妥当と認められる企業会計の基準」の意義

(ｱ) はじめに

会社における会計の原則として、各種法令では「一般に公正妥当と認められる企業会計の慣行」又は「一般に公正妥当と認められる企業会計の基準」という用語が用いられているが、その用語の使い方は法令によって微妙に異なっている。

会社法431条は、株式会社における会計の原則として、「株式会社の会計は、一般に公正妥当と認められる企業会計の慣行に従うものとする。」と規定し、会社法614条は、持分会社における会計の原則として、「持分会社の会計は、一般に公正妥当と認められる企業会計の慣行に従うものとする。」と規定する。また現在の商法19条1項は、「商人の会計は、一般に公正妥当と認められる会計の慣行に従うものとする。」と規定する。

さらに会社法の規定により委任された会社の計算に関する事項等を定める会社計算規則は、3条において「この省令の用語の解釈及び規定の適用に関しては、**一般に公正妥当と認められる企業会計の基準その他の企業会計の慣行をしん酌しなければならない。**」と規定する。

金商法193条は、「この法律の規定により提出される貸借対照表、損益計算書その他の財務計算に関する書類は、内閣総理大臣が**一般に公正妥当であると認められるところに従つて**内閣府令で定める用語、様式及び作成方法により、これを作成しなければならない」と規定する。これを受けて定められた

内閣府令である財務諸表等規則や連結財務諸表規則は，それぞれの1条1項において，「この規則において定めのない事項については，**一般に公正妥当と認められる企業会計の基準に従うものとする**」と規定する。

このように，「一般に公正妥当と認められる企業会計」という用語までは統一的に使われているが[*1]，その中身としては，「**一般に公正妥当と認められる企業会計の慣行**」と「**一般に公正妥当と認められる企業会計の基準**」の2種類があり，これが微妙に使い分けられているため，法律家は，「**一般に公正妥当と認められる**」の意義や，これに該当する「**企業会計の慣行**」と「**企業会計の基準**」が，それぞれどのようなもので，どのように異なり，どのような関係にあるのかの整理が必要と感じることが多い。しかし，過去の裁判例を見ても，これらが必ずしも明確に整理されて論じられているわけではなく，実務上は，「企業会計の慣行」と「企業会計の基準」が意識的に区別されているわけではないようである。

　(イ)　会社法における「一般に公正妥当と認められる企業会計の慣行」

会社法431条に規定する「株式会社の会計は，一般に公正妥当と認められる企業会計の慣行に従うものとする。」の意味について，会社法の立法担当者は，「現在は，会計基準の整備が進み，また，企業活動の国際化等の影響もあり，国際的にも信頼性の高い基準に従った計算書類の作成が重要性を増している。また，従来より，時価評価，税効果，自己株式等の会計基準の制定に併せて，最新の会計基準と商法の計算関係規定に齟齬が生じないように，積極的，かつ，迅速な商法改正が繰り返されてきている。このような事情等を踏まえ，会社法では，会計処理や表示の問題に関しては，一般に公正妥当と認められている会計慣行に従う方向で規定の整備をすることを明らかにしたもの」と説明している[*2]。

(*1)　なお，法人税法22条4項は，「第二項に規定する当該事業年度の収益の額及び前項各号に掲げる額（当該事業年度の損金の額に算入すべき金額であり，収益にかかる売上原価，完成工事原価その他これらに準ずる原価の額（1号），販売費，一般管理費その他の費用の額（2号），資本等取引以外の取引に係る損失の額（3号）を指す）は，**一般に公正妥当と認められる会計処理の基準に従つて計算される**ものとする。」と規定する。
(*2)　相澤哲ほか「立案担当者による新・会社法の解説」別冊商事法務295号122頁。

そこでまず,「一般に公正妥当と認められる企業会計の慣行」とは何を指すのかという点が問題となる。ある会計事象についての会計処理には,複数の方法があり得る。会社法の立法担当者は,「一般に公正妥当と認められる企業会計の慣行と認められるものは,会社の規模,業種,株主構成などによって複数同時に存在しうるものであり,比較的整備が進みつつある有価証券報告書提出会社向けの会計基準とは異なり,中小企業における会計処理は,現在においても,不文の会計慣行に委ねられている部分が多く存するところであり,そのようなものも,『一般に公正妥当と認められる企業会計の慣行』に含まれる」と説明している。つまり,会社の規模,業種,株主構成などによって,「一般に公正妥当と認められる企業会計の慣行」は異なり得ることになる。例えば,日本税理士会連合会,日本公認会計士協会,日本商工会議所及び企業会計基準委員会が公表した「中小企業の会計に関する指針」は,大企業にとっては「一般に公正妥当と認められる企業会計の慣行」には該当しないが,一定規模の中小企業にとっては,「一般に公正妥当と認められる企業会計の慣行」に該当する。

次に,「一般に公正妥当と認められる企業会計の慣行」は,金商法で使われている用語である「一般に公正妥当と認められる企業会計の基準」とは,その概念が必ずしも合致しない。

例えば,企業会計審議会により公表されている「企業会計原則」[*3],連結財務諸表の用語,様式及び作成方法について指定国際会計基準に従うことができるものとされた株式会社の作成すべき連結計算書類についての「指定国際会計基準」(会社計算規120条),連結財務諸表の用語,様式及び作成方法について修正国際基準に従うことができるものとされた株式会社の作成すべき連結計算書類についての「修正国際基準」(会社計算規120条の2) などは,金商法の「一般に公正妥当と認められる企業会計の基準」とされているが,同時に会社法の「一般に公正妥当と認められる企業会計の慣行」にも該当す

(*3) 企業会計原則は,昭和24年に,企業会計制度対策調査会が,実務の中に慣習として発達したものの中から一般に公正妥当と認められたところを要約して公表した会計基準であり,その後,企業会計審議会により改正が重ねられている。

る。しかし，その逆，つまり「一般に公正妥当と認められる企業会計の慣行」に該当するものであっても，「一般に公正妥当と認められる企業会計の基準」に該当するとは限らない。例えば，中小企業にとって「一般に公正妥当と認められる企業会計の慣行」に該当する会計処理であっても，大企業にとっては「一般に公正妥当と認められる企業会計の慣行」に該当しない会計処理が存在するが，そのような会計処理は，金商法で使われている用語である「一般に公正妥当と認められる企業会計の基準」には該当しないからである。また，第4の2の（＊4）で指摘されているように，「のれんの償却を要求しない，あるいはそれを禁止する会計基準が策定されたとしても，のれんの規則的償却が『一般に公正妥当と認められる企業会計の慣行』であると解する余地がある」という議論もあるように，論理的には，「一般に公正妥当と認められる企業会計の慣行」よりも，「一般に公正妥当と認められる企業会計の基準」の方が広い場合もあり得るので，それぞれの概念の範囲は合致しないと考えた方が良い。

　次に，「従うものとする」という規定の法的意味である。「従わなければならない」という表現を使わずに，「従うものとする」という表現を敢えて使っていることからすれば，「従わないこと」が常に法的に許容されないわけではなく，従わないことが法的に許容される場合があり得ることを示唆している。この点，現在の会社法が制定される前の平成17年改正前の商法32条2項には，「商業帳簿ノ作成ニ関スル規定ノ解釈ニ付テハ公正ナル会計慣行ヲ斟酌スベシ」という規定が置かれていた。「斟酌すべし」という規定と「従うものとする」という規定の相違について，会社法立法担当者は，「『斟酌』を『従う』と，より強い表現に変更している。もっとも，現行商法における『斟酌』という用語は，微妙な表現ではあったものの，企業会計の慣行に従わない会計処理を容認することまでを意味するものではなかったため，このような用語の変更によって，実質的な規定内容が変わるものではない」と説明している[＊4]。これらを踏まえて，「従うものとする」という規定の意味は，従うことが「一般原則」であることを言明しているものであり，裏

（＊4）　相澤ほか・前掲（＊2）122頁。

を返せば，原則には例外があることを意味すると解釈されている。ただし，例外が安易に認められるわけではなく，「一般に公正妥当と認められる企業会計の慣行」とは異なる会計処理をする場合には，それが合理的な会計処理であり，その方がより真実に近い情報を提供できることについて，会社に十分な説明責任があると解されている[*5]。

このように，ある会計処理が「一般に公正妥当と認められる企業会計の慣行」に該当するか否かは解釈問題であるし，仮に該当しなかった場合に，その会計処理が例外的な会計処理として合理的に許容されるかどうかも解釈問題であり，これらを判断した上で，その会計処理が，会社法431条に違反するかどうかが決まってくる[*6]。

 (ウ) 会社計算規則における「一般に公正妥当と認められる企業会計の基準その他の企業会計の慣行の斟酌」

会社法の規定により委任された会社の計算に関する事項等を定める会社計算規則は，3条において「この省令の用語の解釈及び規定の適用に関しては，一般に公正妥当と認められる企業会計の基準その他の企業会計の慣行をしん酌しなければならない。」と規定している。この規定の意味付けや会社法431条との関係について，会社法の立法担当者は，「会社法431条は，会社の会計に関して，会社法およびその下位法令である法務省令に規定がある場合も，ない場合も含めて，会社の会計については，『一般に公正妥当と認められる企業会計の慣行』に従う旨を規定しているものであるのに対し，計算規則3条は，会社法の規律上必要があると思われる事項を規定しているものである法務省令の規定の解釈に当たって，法務省令の規定があくまで企業会計の慣行の範囲内で定められていることにすぎないことを前提として，それらの規定を適用するに当たっては，形式的に適用するのではなく，企業会計の慣行を斟酌して解釈し，適用すべきであるということを規定したもの」と

(*5) 江頭憲治郎＝弥永真生編『会社法コンメンタール(10)計算等(1)』62〜63頁〔尾崎安央〕。

(*6) ただし，実際の事例では，「一般に公正妥当と認められる企業会計の慣行」ではない会計処理が許容されると認定されるよりも，その会計処理も「一般に公正妥当と認められる企業会計の慣行」であると認定されることが多いと思われる。

説明し，その具体的な中身として，例えば，ある会計事象について会社計算規則上は，複数の会計処理を可能とする規定が適用されるような場合であっても，そのうちの任意の一つの会計処理を形式的に適用するべきではなく，「企業会計の慣行を斟酌」して，適切な会計処理を選択しなければならないことを挙げている[*7]。

　(エ)　金商法における「一般に公正妥当と認められる企業会計の基準」

　金商法においては，金商法の委任を受けて定められた内閣府令である財務諸表等規則や連結財務諸表規則が，一般に公正妥当であると認められるところに従って作成されている上，これらの規則において定めのない事項については，「一般に公正妥当と認められる企業会計の基準に従う」ものと規定しているので，金商法における会計処理を規律する用語は，「一般に公正妥当と認められる企業会計の基準」ということになる。

　どのようなものが「一般に公正妥当と認められる企業会計の基準」に該当するかについては，2で詳細に述べたとおりである。

　(オ)　法人税法における「一般に公正妥当と認められる会計処理の基準」

　法人税法22条1項は「内国法人の各事業年度の所得の金額は，当該事業年度の益金の額から当該事業年度の損金の額を控除した金額とする。」と規定し，同条4項は，益金や損金は「一般に公正妥当と認められる会計処理の基準に従って計算されるものとする」と規定する。

　ここでも，「一般に公正妥当と認められる会計処理の基準」が何を指すのかについて，会社法及び金商法と同様に問題となるが，法人の確定申告は，確定した決算に基づいて行われることから（法税74条1項），決算，すなわち会社法上の計算書類等における適切な会計処理が課税所得計算の前提となる。したがって，法人税法上の「一般に公正妥当と認められる会計処理の基準」は，基本的には，会社法及び金商法における一般に公正妥当と認められる企業会計の基準と同様に考えて良く，企業会計基準等がこれに該当する。

　もっとも法人税法は，課税の公平な分担をその目的としており，必ずし

[*7]　相澤哲ほか「立案担当者による新会社法関係法務省令の解説」別冊商事法務300号64〜65頁。

も，会社の財産及び損益の状況を正確に把握することを目的としていない。すなわち，課税の対象となる所得を，本来よりも低く見せることは脱税であるが，本来よりも高く見せることは脱税ではない。所得を本来よりも高く見せ，その結果として多くの税金を支払うことになっても，申告課税制度を基本とする税法上は問題とされない。これに対して，所得を本来よりも高く見せるためには，当該事業年度の益金を増やしたり，当該事業年度の損金を減らす方法があるが，これらは粉飾決算と評価され，会社法及び金商法では不適切会計として違法となる。このように脱税と粉飾決算は，その方向性が逆になるため，「一般に公正妥当と認められる会計処理の基準」と「一般に公正妥当と認められる企業会計の基準」も必ずしも合致しないことになる。

　例えば，法人税法では，租税政策上の理由から，「一般に公正妥当と認められる企業会計の基準」が一部修正されているとされる。受取配当等の益金不算入（法税23条），寄附金の損金不算入（法税37条），資産評価益の益金不算入等（法税25条），資産評価損の損金不算入等（法税33条），棚卸資産の売上原価等の計算及びその評価の方法（法税29条），減価償却資産の償却費の計算及びその償却の方法（法税31条）などがその例である。

　これに関連して，「法人税法22条4項にいう『公正妥当な会計処理基準』とは，企業会計原則や，商法，証券取引法の計算規定に代表される，財務諸表の作成上の指針あるいは制約事項として，企業会計実務の中に慣習として発達具体化した会計原則をいうものであって，経営者に恣意的な会計方法の選択を許すものではなく，一般社会通念に照らして公正かつ妥当であると評価されうる会計処理の基準を意味するものであると解される。もっとも，企業会計原則等による定めは，およそ原理的，基本的な事項に限られ，全ての企業活動について網羅的に定めるものでない。そのため，企業会計原則等に定められていない会計処理の基準であっても，一般社会通念上会計処理として公正かつ妥当と評価され得るもので，現実に継続して適用され，社会的に容認されているものであれば，会計慣行としての規範性を有するものと解される。例えば，ある業界団体がそれぞれの実情に応じて明瞭かつ簡便な会計基準を独自に定めている場合に，当該基準に従った会計処理が，社会通念上も公正かつ妥当であると認められ，かつ，業界に属する各法人において一般

に広く採用されている場合には、当該慣行は企業会計原則等を補完するものといえ、法人税の課税所得の計算においても、それに依拠することが認められるものと解するのが相当である（最高裁平成5年11月25日第一小法廷判決・民集47巻9号24頁）。」として、最高裁判例の考え方を引用し企業会計における会計処理を前提にしつつも、税務会計においてそれを補完する会計慣行がある場合には、当該会計慣行に依拠することも適法となる可能性を認めた裁判例がある[*8]。

したがって、法人税法における「一般に公正妥当と認められる会計処理の基準」は、企業会計基準等を基礎にしつつ、法人税法上の諸々の修正規定や税務会計における慣行によって該当するものが決まってくることになる。

イ 「一般に公正妥当と認められる企業会計の慣行」に関するいくつかの裁判例

(ア) 企業会計原則に違反しない会計処理が、会社法における「一般に公正妥当と認められる企業会計の慣行」に違反しないとされた裁判例

大阪地裁平成15年10月15日判決は、鉄道会社が、工事負担金を受け入れて鉄道事業固定資産を取得した場合、取得原価から工事負担金に相当する金額を控除して固定資産の計上をするという圧縮記帳を行うのが一般的であったところ、会社が圧縮記帳をしていなかった事案について、企業会計原則注解の［注24］は、「工事負担金等相当額を取得原価から控除することができる」と定めているに過ぎず、控除を義務づけていないことを踏まえて、「企業会計原則は、企業会計の実務の中に慣習として発達したものの中から、一般に公正妥当と認められたところを要約したものとされる。そして、証券取引法の規定により提出される貸借対照表、損益計算書及び利益処分計算書等の用語、様式及び作成方法については、『一般に公正妥当と認められる企業会計の基準』に従わなければならないところ（証券取引法193条、財務諸表等規則1条1項、連結財務諸表規則1条1項）、企業会計原則は『一般に公正妥当と認められる企業会計の基準』に該当するものとされる（財務諸表等規則1条2項、連結財務諸表規則1条2項）。したがって、少なくとも証券取引法の適用のある株

[*8] 神戸地判平14・9・12判タ1139号98頁。

式会社においては，企業会計原則に違反しない会計処理をしている以上，特段の事情がない限り，『公正ナル会計慣行』に違反していないものと解するのが相当である。」と判示した[*9]。

　企業会計原則が，当時の証券取引法の適用のある株式会社においては，「一般に公正妥当と認められる企業会計の基準」に該当することは，財務諸表等規則1条2項，連結財務諸表規則1条2項から明らかであるが，それに加えて，「少なくとも証券取引法の適用のある株式会社」においては，企業会計原則に違反しない会計処理をしている限りは，特段の事情がない限り，当時の商法32条2項における「公正なる会計慣行を斟酌すべし」とする規定にも違反しないことを明示した裁判例である。

　この事案では，圧縮記帳する会計処理は，企業会計原則でも「できる」とされ，一般的な会計処理であったとしている以上，これが「公正なる会計慣行」の1つであることは明らかであろう。その上で，圧縮記帳しない会計処理も「公正なる会計慣行」の1つであると判断したのか，あるいは，圧縮記帳しない会計処理が企業会計原則に反していない以上，「公正なる会計慣行」でなくてもそれを「斟酌していない」とまではいえないので，全体として「公正なる会計慣行」に違反していないと判断したのかは，判旨からは明らかではない。両方の解釈が妥当するようにも思える。

　　(イ)　企業会計原則は，上場企業において適用されることを前提としているが，必ずしも中小企業において適用されることは予定していないとされた裁判例

　東京高裁平成7年9月28日判決は，「企業会計原則は，証券取引法の適用のある公開会社の会計（以下「証取会計」という。）向けの監査基準であり，有限会社には適用されない。」，「企業会計原則は，上場企業において適用されることを前提としているが，啓蒙的な学理学説を含むものであって，大企業であっても，必ずしも企業会計原則どおり財務諸表を作成しているわけではない。また，企業会計原則には法令と一致しない点があったので，昭和37年に企業会計原則を大幅に取り入れた商法の改正がされたが，商法の計算規定

（*9）　大阪地判平15・10・15金判1178号19頁。

は、いまだ企業会計原則と矛盾する部分を残していたので、昭和38年に商法が強行規定であることを考慮して、企業会計原則を商法の線に歩み寄って一部修正した。以上によれば、企業会計原則には、法的な拘束力はないものというべきである。また、有限会社が企業会計原則に基づいて財務諸表を作成すべきものとする商慣習の存在することも認められない。」、「商法32条2項が総則規定として有限会社に適用されると解しても、資本金1億円以下の小株式会社よりも更に小規模な有限会社について、株式公開の大会社に適用される証取会計向けの企業会計原則の全体が、商法の計算書類規則を超えて、商法32条2項の『公正ナル会計慣行』であるということはできない。したがって、企業会計原則は、有限会社については、何ら法的な拘束力を及ぼさないものである。」と判示した[*10]。企業会計原則は、上場企業において適用されることを前提としたものであり、必ずしも小規模な有限会社に対して適用されることは予定されておらず、有限会社については法的拘束力はないことを明示した裁判例である。

　この裁判例が示すところは、要するに、上場会社のような大規模会社と中小企業とでは、会計処理の基準は異なり得るところであり、「一般に公正妥当と認められる企業会計の基準」や「一般に公正妥当と認められる企業会計の慣行」も、会社の規模によって異なり得るということであろう。

　㈦　A社違法配当事件

　大阪地裁平成24年9月28日判決（判タ1393号247頁）は、いくつかの示唆に富む判断を示している。なお、この事件の控訴審である大阪高裁平成25年12月26日判決（平24（ネ）第3286号）は、公刊物未登載であるが、これについても必要に応じて言及することとする。

　この事件は、A社が、平成14年9月中間期から平成16年9月中間期までに行った配当について、株主が、関係会社株式の減損処理等の会計処理が公正な会計慣行に準拠していなかったことによって、配当可能利益がないのになされた違法配当であると主張して、取締役や監査役らに対して損害賠償を請求した株主代表訴訟であり、第1審の大阪地裁は、市場価格のない関係会社

[*10]　東京高判平7・9・28金判980号21頁。

株式の減損処理に関し，株式の実質価格について回復可能性があると判断したことが不合理であったとまではいえず，減損処理をしなかったことが違法なものであったということはできないとして，原告の請求を棄却している。

　　a　新しい会計処理の基準が「公正なる会計慣行」となる場合についての判断

　新しい会計処理の基準が策定された場合に，それが会計慣行に該当するかについて，「旧商法32条2項が『会計基準』という用語ではなく『会計慣行』という文言を用いて，立法作用によらずに企業会計の基準を変更し得ることを容認した趣旨からすると，企業会計の実務の実際の動向を考慮することが当然の前提となる。『慣行』という以上，広く会計上のならわしとして相当の時間繰り返して行われていることが必要であり，その内容が合理的なものであっても，そのことだけで直ちに『会計慣行』になるものではない。もっとも，旧商法32条2項が，会計慣行の斟酌を命じることにより，企業会計の実務の発展に法が適時に対応することを容認している趣旨に照らすならば，ある会計基準の指示する特定の会計処理方法が，その基準時点とされる時点以後，ある業種の商人の実務において広く反復継続して実施されることがほぼ確実であると認められるときには，例外的にその会計処理方法が同条項にいう『会計慣行』に該当する場合があると解される（東京高等裁判所平成18年11月29日判決・判例タイムズ1275号245頁参照）。」として，過去の東京高裁判例の示した判断を引用しつつ，具体的なあてはめとして，「平成14年3月期において，平成13年改正後の金融商品会計実務指針の適用が開始された。しかし，適用初年度であるから，一般に広く会計上のならわしとして相当の時間繰り返して行われているとはいえず，当然には慣行性があるとはいえない。もっとも，金融商品会計基準は，上場企業において，有価証券報告書を提出するに当たり，これに従うことが法的に強制されていたから（旧証券取引法193条，財務諸表等規則1条1項2項），会計実務において広く反復継続して実施されることがほぼ確実であった。そして，上記の金融商品会計実務指針は，金融商品会計基準に従う企業においては同様に実施されることがほぼ確実なものということができる。そうすると，金融商品会計基準等については，例外的に慣行性を認めてよい。このように，平成13年改正後の金融商品会計実

務指針については，事実の積み重ねではなく，金融商品会計基準等が一定の企業において実施が確実であるという点から慣行性が肯定されるのである。」と判示した。

　この判決は，新しい会計処理の基準が策定され，それが適用された直後から，これが「公正なる会計慣行」になるためには，その内容の合理性だけでは足りず，新しい会計処理の基準の適用が法的に強制されるなど，今後，会計実務において反復継続して実施されることが確実であることが必要という判断を示したものである。ただ，これは，新しい会計処理の基準が，「公正なる会計慣行」となるための条件であり，「唯一」の「公正なる会計慣行」となるかは別問題であろう。実際に，この事件では，市場価格のない株式の減損処理に関する会計基準として従前から存在していた税法基準と，平成13年3月期から適用開始となった金融商品会計基準等を対比し，市場価格のない株式の減損処理についての判断基準として，①時価による実質価額が取得価格の50％以下となること，②相当期間での回復可能性のないことの2点を考慮する点が共通しているとし，少なくとも①及び②の基準によって減損処理の要否を判断するのが平成13年3月期における会計慣行として確立していたと判示している。

　　b　回復可能性の判断基準
　市場価格のない株式の減損処理についての判断基準として示された2つの点のうち，「回復可能性」というのは，市場価格のない株式の価値が相当期間で回復する可能性があるかどうかを検討し，回復可能性がない場合は減損処理すべきというものであるが，どの程度の期間でどのような基準で回復可能性の有無を判断するかについては，従前の税法基準にも，新しい金融商品会計基準等にも，具体的には示されていない。

　この点について，判決では「株式の実質価額とは，会社の保有する有形無形のすべての資産を時価評価して算定されるものである。さらに，回復可能性とは，将来の不確実な事象に関し，財務諸表作成時に入手可能な情報に基づいてする予測である。したがって，株式の実質価額の回復可能性の判断については，当該会社の事業内容，規模，性質，業態のほか，それらに基づいて策定される事業計画・方針など経営判断事項の影響を避けて通れない」，

「中でも、子会社株式の価格の回復可能性というものは、将来的に親会社が当該子会社を含めたグループ全体をどのように経営していくか、親会社グループ内での当該子会社の位置づけや親会社の支援方針という親会社の経営判断の影響を強く受ける。そうすると、回復可能性の有無は、判断基準が一義的に会計慣行として確立されていない状況の下では、上記の諸般の事情を総合考慮して判断せざるを得ない。その判断を最もよくなし得るのは、当該会社について精通し、経営の専門家である親会社及び子会社の経営者に外ならない。」、「他方、経営者は、様々な事情により当該会社の資産状況について実態以上に良好であるとの外観を作出しようと恣意的な判断に流れる危険性があることも事実である。そこで、回復可能性の有無については、基本的には経営者の判断を尊重すべきであるが、これを無限定に採用するのではなく、その判断に合理性があったかどうかという観点から判断されるべきである。」と判示した。

このように、会計処理の基準として「回復可能性」という1つの判断基準が示されていても、どういう場合に「回復可能性」の有無が判断されるかについての判断基準が示されていない場合に、その拠り所を「経営判断の合理性」に求めているところにこの判決の特徴がある[*11]。ここにいう「経営判断」は、その判断に合理的な根拠を求めるものであるので、恣意的な判断

(*11) なお、ここにいう「経営判断の合理性」とは、取締役の善管注意義務違反の有無を判断する際に用いられる「経営判断の原則」とは異なる。「経営判断の原則」とは、将来の予測を伴う経営判断の特質に鑑みて、経営者の行動を萎縮させる事後的な評価は差し控えるべきとし、経営者に広範な裁量を認める考え方であり、取締役の善管注意義務違反の有無の認定に関して各種判例が採用している一般的な考え方である(東京地判平8・2・8資料版商事法務144号115頁、大阪地判平11・5・26判時1710号153頁、大阪高判平12・9・28資料版商事法務199号330頁等)。最判平18・4・10民集60巻4号1273頁の最高裁判所調査官解説においても、「東京地裁商事部を中心とする近時の下級審裁判例においては、取締役のした意思決定について、その意思決定が経営判断に係る事項である場合は、一定の裁量が認められるべきであり、①経営判断の前提となる事実認識の過程において不注意な誤りに起因する不合理さがなく、②事実認識に基づく意思決定の推論過程及び内容にも著しい不合理さがないときには、取締役の注意義務違反が否定されるという考え方がほぼ確立しているといってよい状況にある」と述べられている(最高裁判所判例解説民事篇平成18年度(上)496頁〔太田晃詳〕)。

は許されないことになるし，この判決は，市場価格のない株式の発行会社が子会社である場合の親会社の経営者の判断について適用したものであって，およそ市場価格のない株式の減損処理一般に関して適用されるとまではいえないであろう。しかし，会計処理の適否の判断過程や判断内容には，かなりの幅があり得るということを示していることは間違いない。

　実務上問題になりそうな事例として，引当金の計上や減損処理をいつの時点ですべきであったかに関し，事後的に評価すると，「遅くともいついつの時点までにはすべきであった」と認定されることがあるが，経営者としてはその認定に納得がいかないことも少なくないであろう。そのような場合に，経営判断の合理性という判断基準が適用されるのであれば，経営者はかなり広範な裁量をもって判断できることになるが，一方で，企業会計原則第一の六は，保守主義の原則として「企業の財政に不利な影響を及ぼす可能性がある場合には，これに備えて適当に健全な会計処理をしなければならない。」と規定し，一般に，引当金の計上や減損処理の会計処理はかなり保守的にすべきものとされており，このあたりの事例の迷走が，法律家にとっても頭を悩ませている部分であろう。

　なお，この事件の控訴審である大阪高裁平成25年12月26日判決（公刊物未登載）では，結論において株主の控訴を棄却しているが，その論理構成は第1審とは異なっており，市場価格のない株式の減損処理の会計処理の判断基準である回復可能性に関して，「相当期間内に取得価額まで回復する見込みがあるか否か」（見込みがあれば評価減を行わない）を判断する場合における「回復見込み」と，事業に将来性を見込むことができるか否か（見込みがなければ事業主体の清算又は売却を検討することになる）を判断する場合における「将来性」の判断は自ずから異なるとした上で，この事案で会社がしていた検討内容は，取得価額までの「回復見込み」ではなく，事業の「将来性」であったとし，「回復見込み」についての検討をしていない以上，株式の実質価額に「回復見込み」があったか否かは不明であり，結局計算書類が「公正なる会計慣行」に従って作成されていないことから，配当が全体として違法であると判示した点が注目される。ただし，そのことに関して取締役や監査役に過失（責めに帰すべき事由）が見当たらないとして，控訴を棄却している。

c 有価証券報告書の訂正や金融庁の課徴金納付命令と「公正なる会計慣行」

この事案では,会社は,自主的に有価証券報告書の訂正を行っており,また,金融庁は会社に対して行政処分(課徴金納付命令)を出し,会社はこれを受け入れている。このように,会社が,過去の会計処理を自ら訂正し,行政処分も受けているという事実は,過去の会計処理が「公正なる会計慣行」に準拠していなかったことを,会社自身が認めていることになり,それに反する主張はもはやできなくなるのではないかという点が問題となる。法律家としては悩ましい論点である。

この点について,判決では,まず,有価証券報告書の訂正に関しては,「本件訂正は,会社が金融商品会計基準等を保守的に適用すべきとの周囲の強い圧力を受けていた中で,金融庁との協議の結果,金融商品会計基準等の範囲内で簡便かつ保守的な会計処理方法を選択することになったため,金融商品会計基準等が保守的に適用されたと評価することができる。したがって,会社の会計処理がこれと異なるからといって直ちに金融商品会計基準等に準拠していないとか,公正なる会計慣行に反しているなどということはできないというべきである。」と判示している。

さらに,行政処分に関しても,まず前提として,「金融庁の処分は,(中略)本件訂正が金融商品会計基準等に適合する唯一の会計処理であるとの前提に立つものである。」,「しかし,(中略)本件訂正が同基準等に適合する唯一の会計処理であるとまではいえないことはすでに述べたとおりである。そうすると,金融庁の処分があるからといって,関係会社株式減損が旧商法上違法であるとの決め手にはならないと解するのが相当である。」,「金融庁の処分は,旧商法上の会計処理の違法性判断とは異なる判断をしているとも評価できるから,会社の会計処理が直ちに旧商法上も違法であるということにはならない。」とした上で,「金融庁がした課徴金納付命令は,会社がたやすく事実を認めたことによって審判期日を開くことなく発出されたものであり(金商法183条2項),金融庁の審判手続において,内閣総理大臣の指定する職員(同法181条2項)と会社の双方当事者が攻撃防御を尽くして,証券取引等監視委員会の勧告した事実の存否を判断したことによって発出されたもので

はない。すなわち，金融庁の課徴金納付命令は，会社の自認の産物であって，そのような顛末が，会社の企業規模に比べると課徴金の額が低いことや，当時の会社の背景事情の影響を受けた可能性を否定できない。そうすると，金融庁が課徴金納付命令を発出したからといって，会社の会計処理が直ちに旧商法に違反するということにはならない。」と判示している。

　下級審の裁判例とはいえ，法律家にとっては示唆に富む判決である。上場会社の不適切会計事案では，世間的な注目もさることながら，上場廃止の危機，株価の低迷と市場の安定，株主や一般投資家の保護，事業継続など，その後の様々な影響を考慮して，早期に事態を収束させるために，会社が，自主的に有価証券報告書の訂正を行い，証券取引等監視委員会の調査に全面的に協力して行政処分（課徴金納付命令）の基礎となった事実を争わないことが少なくない。

　しかし，そのような会社の判断，あるいは訂正や行政処分時の経営者の判断が，その後の民事や刑事の裁判で，会計処理の当時の取締役，監査役，会計監査人，ひいては会社の主張を法的に制限するものではないことは当然である。このことは，訂正や行政処分時の判断者と，会計処理の当時の判断者が同一人物であったとしても同様であろう。

【梅林　　啓】

(2)　会計士から見た「一般に公正妥当と認められる企業会計の慣行」と「一般に公正妥当と認められる企業会計の基準」

　上場，非上場を問わず，すべての会社が準拠すべきは，会社法431条が規定する「一般に公正妥当と認められる企業会計の慣行」である。これには，投資者保護を目的に企業会計基準委員会が設定する一般に公正妥当と認められる企業会計の基準が包含されるのはもちろんであるが，中小企業の会計に関する指針等も含まれるものと考えられ，その内容は広範なものになる。

　この場合，「一般に公正妥当と認められる企業会計の慣行」は，上場会社，中小企業など，それぞれの会社が準拠すべき会計慣行により構成されているものとすれば，それには，会計基準に明確に定められていないが公正なる会計慣行として機能している部分を含むと解釈する余地が出てくると思わ

れる。

　しかしながら，少なくとも公認会計士が監査する局面においては，公認会計士はそのような解釈を特に意識することはなく，会計基準が想定していないケースであっても，会計基準の設定趣旨等を踏まえ，決算書が適正表示であるかどうかを総合的に判断しているはずである。

　とはいえ，「一般に公正妥当と認められる企業会計の慣行」と「一般に公正妥当と認められる企業会計の基準」との関係を意識した場合には，実務上の観点からは，以下の点をポイントとして指摘できるものと考えられる。

- 「一般に公正妥当と認められる企業会計の慣行」は，上場会社や中小企業などの会社ごとに具体的内容を異にすること
- 上場会社の場合であっても，これまで想定していなかった新たな会計事象については，基準化されるまでの間，一定の実務慣行が形成されること
- 「一般に公正妥当と認められる企業会計の基準」であっても，具体的内容がすべて明確になっているものではないため，業界ないしは企業グループごとに実務慣行として定着している会計処理が想定されること

ア　「一般に公正妥当と認められる企業会計の慣行」は，上場会社や中小企業などの会社ごとに具体的内容を異にすること

　1つ目は，上場会社と中小企業では，それぞれ準拠すべき会計慣行の中身が異なるため，実務レベルにおいて会社が準拠すべきは，「一般に公正妥当と認められる企業会計の慣行」というよりも，上場会社であれば「一般に公正妥当と認められる企業会計の基準」であるし，中小企業であれば，それ以外に，税法基準，「中小企業の会計に関する指針」や「中小企業の会計に関する基本要領」ということになる。すなわち，上場会社の場合に比べ，中小企業の場合には簡便な方法が許容されているため，会計処理方法の選択肢が多いのが特徴である。

　ただし，前述したとおり，中小企業であっても，公認会計士が監査する場合には，上場会社が適用する「一般に公正妥当と認められる企業会計の基準」に準拠する必要がある。このことは上場会社ではないが，公認会計士による監査が強制される大会社においても同様であり，大会社の場合は事実

上,「一般に公正妥当と認められる企業会計の基準」に準拠しなければならないこととなる。

このように,「一般に公正妥当と認められる企業会計の慣行」の内容が事実上限定される点については,公認会計士が監査意見を表明するにあたっては,公正なる会計慣行に準拠しているかどうかでなく,「一般に公正妥当と認められる企業会計の基準」に準拠しているかどうかで総合的に判断されることによるものと考えられる。

イ　上場会社の場合であっても,これまで想定していなかった新たな会計事象については,基準化されるまでの間,一定の実務慣行が形成されること

そして,2つ目のポイントは,上場会社の場合であっても,これまで想定していなかった新たな会計事象については,一定の実務慣行が形成されることである。

近年,経営環境の変化が著しい中,企業はその変化に対応すべく新たなビジネスチャンスを模索する過程で,これまで経験したことのない新たな場面に幾度となく遭遇することとなる。このため,このような企業のビジネス活動を決算書に表現する会計ルール（会計基準）は,ビジネス活動の変化にしっかり対応できるようタイムリーな見直しが非常に重要といえる。

しかしながら,どうしても制度としての基準化は一定の手続を経て行われるものであるため,遅れ気味となることは否めず,その間,実務レベルでの対応が先行することとなる。

この場合の実務上の対応としては,新しい会計事象に対応する基準が明確化されるまでの間,各社が検討した会計処理が先行適用されることとなるが,最低限,投資情報としての有用性を損なうものではない健全なものであることを前提として,一定期間ある程度幅のある会計慣行を容認せざるを得ない状況が生じるのは避けられないといえる。

会計基準は,国際財務報告基準（IFRS）とのコンバージェンスが進められ年々進化しており,基準改定により従来認められた会計慣行が明確に否定されることもあるが,このような対応については,過去の会計慣行が投資判断に与える影響を総合的に考慮して,制度として明確にされるべきものと考え

られる。

ウ 「一般に公正妥当と認められる企業会計の基準」であっても，具体的内容がすべて明確になっているものではないため，業界ないしは企業グループごとに実務慣行として定着している会計処理が想定されること

3つ目のポイントは，「一般に公正妥当と認められる企業会計の基準」であっても，具体的内容がすべて明確になっているとは限らないため，多くの会社は，独自の判断で統一的な会計処理方法を運用ルールとして設定しており，業界ないしは企業グループ内で実務慣行として定着させているところがある。このような実務上の対応は，前述したとおり，「一般に公正妥当と認められる企業会計の基準」は，企業会計基準委員会が設定する基準だけでなく，金融庁企業会計審議会及び日本公認会計士協会が設定した基準及び実務指針を含むため，適用関係が非常に複雑であることや，会計基準設定当時に想定していた状況とは異なり会計基準をみても判明しないケースが想定されることが，大きく影響しているものと考えられる。

これは，基準の問題というよりも運用上の問題ともいえるが，会計基準や実務指針でも明確になっていない事項について，会社が独自に会計処理の運用ルールを設定するものであり，その厳格さのレベルは会社ごとに異なるものであるといえる。この点は，コーポレート・ガバナンスの問題（経営者の説明責任のあり方）や公認会計士の監査の問題（適正表示に関する監査判断のあり方）にも影響することとなる。

今日の環境変化を踏まえると，会計基準も運用ルールも陳腐化リスクを常に抱えているため，過年度に設定した運用ルールに準拠しているからといって，現時点でも正しいとは必ずしもいえない時代に突入していることは，くれぐれも注意する必要がある。そもそも会計基準に違反する運用ルールの設定は認められないが，それだけでなく，運用ルール自体が時代遅れのものとならないよう，定期的な見直しに対する配慮は実務上不可欠であると考えられる。特に，固定資産減損や引当金等の見積り項目については，実績との比較による学習効果をその精度向上に結びつけるべきであり，知らぬ間に含み損を抱える事態に陥らないよう，十分留意すべきである。

このように現在の企業会計における対応としては，「一般に公正妥当と認

められる企業会計の基準」に準拠するため会社独自の運用ルールの設定が必要であるとしても，少なくとも，その定期的な見直しを行うなど，運用ルールの陳腐化リスクに対する対応について合理的に説明できるようにすることが，財務報告に関する内部統制の強化，ひいてはコーポレート・ガバナンス強化にも資するものと考えられる。

【市川　育義】

第3章

基礎的な
会計処理の知識

1 制度会計の仕組みと決算書の種類

　第3では，会計処理の基礎知識として，決算書を作成する流れや，決算書の仕組みや見方，監査の基本的な考え方や手順について，説明する。法律家の方が，決算書を見られる際に役立つ見方のポイントや留意点についても解説する。また，基礎的な会計用語については，本書の末尾■資料2に会計用語の解説を添付しているので，本章と合わせて参考にされたい。

(1) 金商法会計と会社法会計

　わが国では，決算書に関連する制度としては，金商法と会社法の2つの法律がある。両制度の決算書をめぐる枠組みや，決算書の提出先や提出書類について，■図表10に示している。
　それぞれの制度により，決算書を作成する規則や目的，対象などが異なる。
　金商法では，上場会社等は，有価証券報告書を作成することが求められる。この有価証券報告書には，決算書である連結財務諸表と個別財務諸表の記載が求められ，期末後3か月以内に，金融庁が運営するEDINETと名づけられた電子開示システムでの提出がされることになる。誰でもインターネッ

■図表10　決算書をめぐる金商法と会社法の比較

法律	主な規則	目的	対象	管轄の役所（提出先）	提出書類
金商法	財務諸表等規則	投資家保護	上場会社等	金融庁（各財務局）	有価証券報告書
会社法	会社計算規則	株主・債権者保護	株式会社	法務省（株主）	株主総会招集通知

ト上で提出資料を閲覧することができる。また，3か月ごとの四半期報告書の提出も求められることになる。四半期報告書は，各四半期末から45日以内の提出が求められる。結果，上場会社等は，年に4回の情報開示が求められることになる。また，投資家保護の観点から，有価証券報告書等の情報開示は詳細である。

一方，会社法では，株式会社には，株主総会招集通知の作成が求められる。期末後3か月以内に開催が求められる株主総会の招集通知に，決算書（会社法では，計算書類という）が添付され，株主総会の株主に送付されることになる。計算書類は，会社法の条文のほか，そのもとで制定された「会社法施行規則」，「会社計算規則」及び「電子公告規則」の3つの法務省令に準拠し，作成，報告が求められる。

(2) 決算書の種類

会社法，金商法それぞれで作成が求められる，決算書の種類を以下に示している。

ア 会社法（株主総会提出用の決算書）

(ア) 計算書類等

- ◎ 事業報告
- ◎ 貸借対照表
- ◎ 損益計算書
- ◎ 株主資本等変動計算書
- ◎ 個別注記表
- ◎ 附属明細書……株主総会招集通知には，添付されず，会社に備え置きされる。
  - ・ 計算書類に係る附属明細書
  - ・ 事業報告に係る附属明細書

(イ) 連結計算書類

- ◎ 連結貸借対照表
- ◎ 連結損益計算書
- ◎ 連結株主資本等変動計算書

> ◎ 連結注記表

　会社法では，計算書類としては，貸借対照表，損益計算書，株主資本等変動計算書，個別注記表の4つが，連結計算書類としては，連結貸借対照表，連結損益計算書，連結株主資本等変動計算書，連結注記表の4つの作成が求められる。

　これら，計算書類，連結計算書類については，大会社（資本金5億円以上又は負債総額200億円以上）の場合は，会計監査人（公認会計士又は監査法人）による監査対象となり監査報告書の添付が求められる。また，計算書類，連結計算書類について，大会社の場合，監査役は，会計監査人の監査結果を受けて，相当性の意見表明を行うことになる。

イ　金商法（上場会社等の決算書）
　(ｱ)　有価証券報告書
① 　連結財務諸表

> ◎ 連結貸借対照表
> ◎ 連結損益計算書
> ◎ 連結包括利益計算書
> ◎ 連結株主資本等変動計算書
> ◎ 連結キャッシュ・フロー計算書
> ◎ 連結附属明細表

② 　財務諸表

> ◎ 貸借対照表
> ◎ 損益計算書
> ◎ 株主資本等変動計算書
> ◎ 附属明細表

　金商法の連結財務諸表では，会社法で作成が求められていない「連結包括利益計算書」や「連結キャッシュ・フロー計算書」，「連結附属明細表」の作成が求められるので，留意が必要である。

　財務諸表に含まれる「附属明細表」は，会社法での「附属明細書」とは，

記載の内容が異なる。なお，連結財務諸表と財務諸表には，公認会計士又は監査法人の監査が求められ，監査報告書の添付がされることになる。

　(イ)　四半期報告書

四半期連結財務諸表

◎　四半期連結貸借対照表
◎　四半期連結損益計算書
◎　四半期連結包括利益計算書
◎　四半期連結キャッシュ・フロー計算書

四半期報告書には，四半期連結財務諸表の作成が求められることになる。四半期連結財務諸表には，上記4つの作成が求められる。

四半期連結財務諸表には，株主資本等変動計算書の作成は求められない。株主資本については，その金額に前連結会計年度末と比較して著しい変動があった場合に主な変動事由を注記することになる（四半期連結財規92条）。なお，四半期連結財務諸表を作成していない場合には，四半期財務諸表の作成がされることになる。

なお，四半期連結財務諸表又は四半期財務諸表には，公認会計士又は監査法人のレビューが求められ，四半期レビュー報告書の添付がされることになる。

【山添　清昭】

2 会計処理の手続・会計書類の作成等

　会計処理の手続や会計書類の作成の全体像について解説する。まず，決算書がどのような流れで作成することになるのかを押さえていただく。その上で，期中の会計処理，具体的には仕訳の仕組みと留意点，決算における決算処理の内容と留意点，残高試算表から貸借対照表と損益計算書が作成されるまでを説明する。

(1) 決算書作成の流れ（決算書の作成プロセス）

　決算書作成の流れ（決算書の作成プロセス）を図で示すと■図表11のようになる。

　期中の会計処理では，取引を識別し，仕訳を仕訳帳に記入し，総勘定元帳に転記し，決算整理前試算表に集計する一連の処理が行われる。その後，決算において，決算処理が行われ，決算整理前試算表に決算整理仕訳が追加され，その結果が，決算整理後試算表に集計される。最後に，決算整理後試算表より貸借対照表と損益計算書が作成されることになる。

　この決算処理の流れを押さえておくことは，非常に重要であるが，今日多くの企業では，これら一連の流れについて，コンピュータを利用していることから，現実の会計処理では，期中の仕訳と決算整理の仕訳をコンピュータの会計処理システムの仕訳入力画面に入力することで，仕訳帳に記入する，総勘定元帳に転記する，元帳の締切りを行うなどの作業が手作業で行われず，最終の貸借対照表と損益計算書を作成するまでが，自動で行われることになる。結果，■図表11で示している仕訳帳，総勘定元帳，残高試算表，貸借対照表や損益計算書が，コンピュータより，出力されることになる。

■図表11　決算書作成の流れ

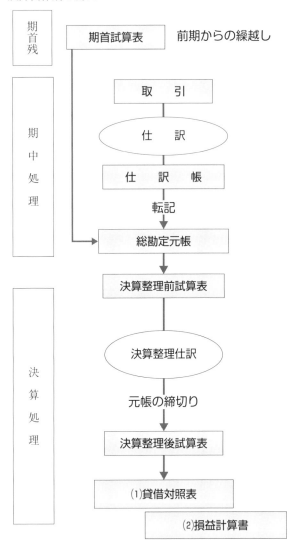

(2) **期中の会計処理**

　期中の会計処理として，仕訳処理が行われることは，上述したが，この仕訳処理は，複式簿記の手順に合わせて行うことになる。

実際の仕訳は、■図表12の仕訳のルールに従い、左側（借方）に「資産の増加」、「負債の減少」、「純資産（資本）の減少」、「費用の発生」を、右側（貸方）に「資産の減少」、「負債の増加」、「純資産（資本）の増加」、「収益の発生」を記載することになる。会計処理は、■図表12の左側「借方」と右側「貸方」の組合せで行われる。■図表12に示しているように全部で、12通りの組合せがあるが、実際には、「純資産の減少」、「純資産の増加」の会計処理は、あまり発生しないので、日常の会計処理の組合せは、ほぼ8つに集約される。

■図表13に簡単な仕訳の例を示している。売上を計上する会計処理である。

仕訳は、伝票で示され、左から仕訳番号、日付、借方、貸方の順に記載する。コンピュータの会計処理ソフトを用いると、上記の仕訳の画面に日付、借方、貸方の順に入力することになる。仕訳番号は、仕訳画面に自動で採番

■図表12　仕訳のルール

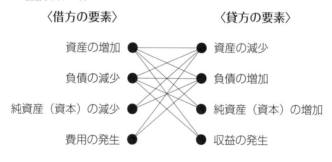

（日常の取引はほぼ8つ）

■図表13　簡単な仕分けの例

（例）　9月10日付け、売上800,000円を計上する。

番号	日付	借方		貸方	
**	9月10日	売掛金	800,000円	売　上	800,000円

　　　　　　　　　　↑　　　　　　　　　↑
　　　　　　　　資産の増加　　　　　　収益の発生

される。

この売上げの会計処理は,上記の仕訳ルールのうち,資産の増加と収益の発生の組合せであることがわかる。

期中の会計処理において,異常な仕訳が行われていないか点検することは有用である。以下に期中の会計処理(仕訳)における留意点をまとめている。

◇会計処理の留意点◇

- 仕訳伝票は,証憑に基づいて会計処理されているか。
 企業は日々様々な取引を行っている。各取引は適切な根拠資料(見積書,納品書,請求書,領収書等)に基づいて処理がされる必要がある。

- 仕訳伝票の起票等は経理規程や関連するマニュアル等に従って行っているか。
 仕訳伝票の起票等は経理規程や関連するマニュアル等,所定のルールに従って行っている必要がある。

- 仕訳伝票は,承認の手続が行われているか。
 仕訳伝票は,起票者以外の適切な権限者が内容をチェックし承認した上で,会計帳簿に反映される必要がある。

- 各種のデータからシステム内で自動仕訳処理されるものもある。自動仕訳処理の元データとの相関関係について確認できているか。

- 経理部門以外で行われる仕訳起票について,どの部署の処理が仕訳に反映されているかを理解できているか。

- 仕訳伝票は連番で管理されているか。
 仕訳伝票を連番で管理することによって,仕訳処理されたものが漏れや重複なく適切に会計処理されている必要がある。

(3) **残高試算表による検証**

期中の取引は,仕訳処理が行われ,各勘定科目ごとに計上額が集計されていく。その集計結果が,残高試算表(■図表14)にまとめられる。残高試算表の各勘定科目のうち,資産・負債・純資産に属する科目については,それぞれの科目の期首残高をスタートとして,期中の仕訳により増加した金額を

■図表14　残高試算表

残高試算表　　　　　　　　（単位：円）

	区　分	勘定科目	期首残高	借　方	貸　方	期末残高
①	資産	現金	×××	×××	×××	×××
		預金	×××	×××	×××	×××
		受取手形	×××	×××	×××	×××
		売掛金	×××	×××	×××	×××
		・・・	×××	×××	×××	×××
		建物	×××	×××	×××	×××
		工具器具備品	×××	×××	×××	×××
		・・・	×××	×××	×××	×××
②	負債	支払手形	(×××)	×××	×××	(×××)
		買掛金	(×××)	×××	×××	(×××)
		短期借入金	(×××)	×××	×××	(×××)
		未払金	(×××)	×××	×××	(×××)
		・・・	(×××)	×××	×××	(×××)
③	純資産	資本金	(×××)	×××	×××	(×××)
		資本準備金	(×××)	×××	×××	(×××)
		利益準備金	(×××)	×××	×××	(×××)
		・・・	(×××)	×××	×××	(×××)
④	収益	売上高	－	×××	×××	(×××)
		受取利息	－	×××	×××	(×××)
		受取配当金	－	×××	×××	(×××)
		・・・	－	×××	×××	(×××)
⑤	費用	売上原価	－	×××	×××	×××
		給与手当	－	×××	×××	×××
		交通費	－	×××	×××	×××
		・・・	－	×××	×××	×××
	合計		0	×××	×××	0

加算し，減少した金額を減算して，残高が集計されることになる。収益・費用については，期首の残高はないので，期中の仕訳により増加した金額を加算し，減少した金額を減算して，期中の発生額が集計されることになる。

決算整理前試算表では，以下の点が検証のポイントとなる。

◇決算整理前試算表の検証のポイント◇

- 決算整理前試算表の期首残高が，前期の決算書の貸借対照表残高と一致しているか。
  決算整理前試算表の期首残高は，前期の貸借対照表の残高と必ず一致していることが求められる。

- 決算整理前試算表の期末の残高は，総勘定元帳，補助元帳等の関連帳票の関連数値と一致しているか。

- 決算整理前試算表の合計欄の計算に整合性があるか。
  期首残高：資産＝負債＋純資産
  借方＝貸方
  期末残高：資産＋費用＝負債＋純資産＋収益

(4) 決算処理の内容と留意点

決算書を作成する決算処理の段階は，本来，月次の処理が間違っていないか確認し，正しい決算書を作るために行うものである。また，減価償却費や貸倒引当金の処理など，期中処理では行われない追加の処理も決算整理仕訳で行うことになる。もし，期中で不正な会計処理が行われても，本来，決算処理の段階で，正しく修正されるのが正しい処理である。

主要な決算処理の内容と決算段階での留意点を以下示している。この決算段階での留意点は，期末の会計監査において，重要な確認のポイントとなる。

ア　会計方針に従った処理

会社は適正な会計方針を採用し，当該会計方針に従って会計処理を行う必要がある。決算においては，採用した会計方針に従った処理がなされているかの点検を行う必要がある。

◇留意点◇

- 適切な会計方針が採用されているか。
- 採用した会計方針は毎期継続して適用し，みだりにこれを変更してはならないこととなっているが，会計処理の変更が行われていないか。会計処理の変更がされている場合は，変更が正当な理由に基づくものであるか。
- 実際の会計処理が，採用した会計方針に従っているものであるか。

イ 資産残高の点検（実在性のチェック）

決算においては，会計帳簿上の資産等が実際に存在するのかの残高の点検が行われる。残高の点検をするために，現金・預金証書・手形・有価証券等の現物を実際に数える実査の手続が行われる。また，売掛金等の債権について相手先に対して先方の残高を照会する手続（確認）が行われる。たな卸資産については在庫保管場所で実際に在庫の数を数えてたな卸を実施したり，外部保管先から在庫保管証明を入手する等の手続が行われる。上記のような手続の実施時期は必ずしも決算時ではなく，決算よりも前に実施した上で，決算時までの増減を調整する等の手続をとることもある。

◇留意点◇

- 資産の残高を点検するため，実査・確認・たな卸等の手続が実施されているか。
- 実査は，現金・預金証書・手形・有価証券等の現物を実際にカウントし，実在していることを確かめる作業である（なお，これらの作業の一部を期中の段階で実施することもある）。カウントした現物と会計帳簿とに差異があれば原因を調査し，帳簿残高を修正しなければならない場合が生じる。
- 売掛金等の実在性をチェックするために残高確認の手続が実施される。相手先の帳簿残高を確認し，差異が生じていないかを確かめる作業である（なお，これらの作業を期中の段階で実施することもある）。
- 商品，製品，原材料，仕掛品等のたな卸資産の実在性をチェックするためにたな卸の手続が実施される。たな卸資産の現物をカウントし，実在していることを確かめる作業である（なお，これらの作業の一部を期中の段階で実施することもある）。

- 有形固定資産の実在性をチェックするために実査の手続が実施される。有形固定資産の現物をカウントし，実在していることを確かめる作業である（なお，これらの作業の一部を期中の段階で実施することもある）。
- 上記のような実査・確認・たな卸等による実在性チェックの結果，帳簿残高との間に差異が生じていないか。
  差異が生じている場合には原因を調査し，帳簿残高を修正しなければならない場合が生じることになる。

ウ　資産・負債の評価

決算においては，資産・負債についての評価額が適正かチェックが行われる。例えば以下のような項目が該当する。

- 時価のある有価証券（株式・債券等）の時価評価
- 有価証券の減損判定
- 債権の回収可能性（貸倒引当金）の検討
- たな卸資産の評価
- 固定資産の減損判定
- 外貨建資産・負債の評価

◇留意点◇

- 時価のある有価証券については時価を調査し，決算時に時価評価する必要がある。
- 著しく時価の下落した有価証券や実質価額が著しく下落した有価証券について，評価損計上の要否を検討する必要がある。
- 債権の回収可能性を検討し，回収不能と認められる部分について貸倒引当金の計上等が必要となる。
- たな卸資産の正味売却価額が取得原価よりも下落している場合は簿価切下げ等が必要となる。
- 固定資産の減損処理の要否を検討する必要がある。
- 外貨建の資産・負債の換算替えが必要となる。

エ 費用・収益の点検（期間帰属のチェック）

決算においては，収益や費用が適切な会計期間に計上されているのかの点検が行われる。期中処理の段階では必ずしも収益・費用の期間帰属が正しく処理されていない場合もあるので，期間帰属のチェックは，決算における重要な作業の1つである。期間帰属のチェック項目として，例えば以下のような項目が挙げられる。

- 売上高の期間帰属（出荷基準・検収基準等会計方針に従った計上）
- 売上原価の期間帰属（売上高との対応）
- 販売費及び一般管理費の期間帰属（未着請求書の取込み）
- 経過勘定（未収収益，前払費用，前受収益，未払費用計上）

◇◇留意点◇◇

- 売上高は，出荷基準・検収基準等採用する会計方針に従って計上する必要があり，特に決算日前後の売上について適切な期に計上されているかに留意が必要である。

- 販売費及び一般管理費等は，請求書に基づいて計上することが多いが，決算日後に到着した請求書であっても，当期に提供を受けたサービスに係るもの等は当期に費用計上することになるので，費用の計上漏れになっていないか等に留意する必要がある。

- 期間の経過に応じて収益・費用になる項目について，未収収益，前払費用，前受収益，未払費用を計上し，正しく期間帰属させる必要がある。

オ 仮勘定の整理

期中の段階では，一旦，仮勘定（仮払金，仮受金等）で処理する場合があるが，決算時にはこれら仮勘定（仮払金，仮受金等）を適切な勘定科目に振り替える処理が必要となる。

◇◇留意点◇◇

- 期中の段階では，一旦，支払について仮払金勘定で処理したり，入金について仮受金勘定で処理している場合もあるが，決算時にはこれらの内容を適切に調査し，適切な勘定科目に振り替える処理が必要となる。

カ　期中の処理誤り等の点検

　例えば，各勘定科目の明細表を作成し，その内容をチェックすること等を通じて，あるいは，上記の実在性チェックを通じて，期中の段階での処理誤り等が発見され，修正処理を決算に反映する処理が行われる。

◇留意点◇

- 例えば，各勘定科目の明細表を作成し，その内容をチェックすること等を通じて，あるいは，上記の実在性チェックを通じて，期中の段階での処理誤り等が発見されれば，修正処理を決算に反映する処理を行う必要がある。

キ　減価償却計算

　固定資産は，定額法，定率法等の減価償却計算を行って，使用期間を通じて費用処理される。決算時には個々の固定資産について減価償却計算が行われることになる。

◇留意点◇

- 固定資産は購入時に一括して費用計上するものではなく，使用する期間を通じて減価償却計算を実施し費用化していくことになる。
  　決算時に減価償却計算を行い，減価償却費を計上する必要がある。この減価償却計算が正しく行われているかが留意ポイントとなる。

ク　引当金の計算

　債権の回収可能性を踏まえた貸倒引当金の計上，支給見込額等に基づく賞与引当金の計上，退職給付引当金の計上等，決算においては引当金計算が行われる。

◇留意点◇

- 引当金の計算は見積りの計算であるので，恣意的な処理が行われないように注意する必要がある。

ケ　税金計算，税効果会計の計算

　上記のような決算処理を反映させた上で，決算時には当期の課税所得に基

づいて税金計算が行われる。また、税効果会計に基づいて繰延税金資産等の計上額の計算、繰延税金資産の回収可能性の検討等が行われる。

◇留意点◇

- 決算修正処理を反映させた上で、決算時には当期の課税所得に基づいて税金計算が行われる。課税所得の計算と、税額計算がそれぞれ正しく行われることが留意ポイントである。
    * 法人税、住民税及び事業税、未払法人税等
- 税効果会計に基づいて繰延税金資産等の計上額の計算、繰延税金資産の回収可能性の検討等が正しく行われているか留意が必要である。

コ 1年基準による流動・固定振替処理（貸借対照表項目）、営業外損益・特別損益の振替処理（損益計算書項目）等

貸借対照表では、1年基準により流動・固定区分（流動資産と固定資産の区分、流動負債と固定負債の区分）の振替をする勘定項目については、流動・固定振替の処理が行われる。また、損益計算書では、臨時・異常な損益項目については、特別利益、特別損失に計上する振替処理が行われる。

なお、決算の過程では各勘定の明細表が作成され、内容の点検が行われる。

◇留意点◇

- 貸借対照表では、1年基準により流動・固定区分（流動資産と固定資産の区分、流動負債と固定負債の区分）の振替をする項目について、流動・固定振替の処理が正しく行われているか留意が必要である。
    * （例示）短期貸付金、長期貸付金
    * （例示）売掛金、破産更生等債権
    * （例示）短期借入金、長期借入金
- 損益計算書では、臨時・異常な損益項目については、重要性を考慮の上、特別利益、特別損失に計上する振替処理が正しく行われているか留意が必要である。
    * （例示）営業外収益……受取配当金、受取利息
    * （例示）営業外費用……支払利息
    * （例示）特別利益……固定資産売却益、投資有価証券売却益
    * （例示）特別損失……固定資産売却損、投資有価証券売却損

・ 決算の過程で作成される各勘定の明細表について，貸借対照表，損益計算書の各残高と一致しているか，また，前期末の明細と比較して異常性がないか留意が必要である。

(5) 残高試算表と貸借対照表・損益計算書

決算整理後の残高試算表が作成されると，その結果に基づいて最後に決算書が作成される。このように帳簿記録をもとに決算書を作成し，その中で利益を算出する方法を誘導法という。■図表15では，決算整理後試算表をもとに貸借対照表と損益計算書が作成される関係を図示している。

残高試算表は，決算書作成のための資産・負債・純資産の期末残高，収益・費用の期中発生額が集計された状態となる。そのうち，資産，負債，純資産の部分が貸借対照表に，費用，収益の部分が損益計算書となる。

■図表15　決算整理後試算表と貸借対照表・損益計算書

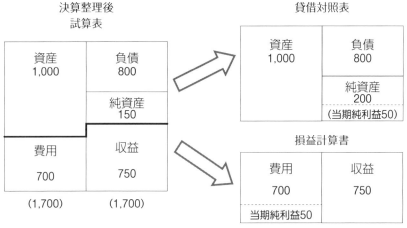

【山添　清昭】

3 決算書の仕組みと見方のポイント

(1) 決算書の仕組みとねらい

基本的な決算書である貸借対照表，損益計算書及び株主資本等変動計算書のそれぞれの仕組みについて，以下にそれぞれの決算書の全体像を示している。

貸借対照表

資　産	負　債
	純資産

- 貸借対照表は，期末時点の財政状態をあらわす。
- 資産の合計額は，負債と純資産の合計額に一致する。

損益計算書

- 損益計算書は，1事業年度の経営成績をあらわす。
- 収益と費用の差額で当期純利益を計算する。

株主資本等変動計算書

- 株主資本等変動計算書は，貸借対照表の純資産の部の1年間の増加・減少をあらわす。

(2) 貸借対照表（■図表16）の仕組みと見方のポイント
ア 貸借対照表の基本的な仕組み

貸借対照表は，■図表16に示す勘定式（左右対称でT勘定で示す方式）で示されるのが通常である。貸借対照表は，資産，負債，純資産の3区分から構成される。

(ア) 資産の部

資産の部に記載してある科目と金額は，調達した資本を何にどのくらい投入しているかをあらわしている。資産の部は，①流動資産，②固定資産，③繰延資産の3つに区分され，固定資産は，①有形固定資産，②無形固定資産，③投資その他の資産に区分される。

流動資産は，1年以内に現金になるとされる資産であり，固定資産は1年を超えて資本が固定されて，1年以上たたないと現金にはならない資産を集めてある。この区分は経営分析には，重要な区分である。また，繰延資産は，費用の繰り延べであって，現金にはならない資産である。

有形固定資産は，建物，機械のように形のあるものであり，無形固定資産は，権利など形のない資本投入形態をあらわす。投資その他の資産は，1年以上固定される投資関係の資本投入である。

(イ) 負債の部

負債の部には，企業外部からの借入によって調達した資本を記載してある。これはいずれ返済しなければならないものであるが，どのような形で，どのくらいの金額を借りたのかわかるような科目で記入してある。負債は，①流動負債と②固定負債に区分してある。この区分の基準は，資産での区分の場合と同じであって，流動負債は，1年以内に返済する負債，固定負債は，1年以上たってから返済してよい負債と分けてある。この区分も，企業の借入の返済状況を考えるときに重要な区分になる。

(ウ) 純資産の部

純資産の部は，①株主資本，②評価・換算差額等，③新株予約権の3つに区分される。①株主資本での資本金は，企業の所有物としての資本の額をいう。したがって，返済する必要性のない資本の調達形態をあらわしている。

■図表16　貸借対照表

貸借対照表
平成＊年＊月＊日　　　　　　　（単位：百万円）

区分		科目	金額	区分		科目	金額
流動資産		現金預金	**	負債	流動負債	支払手形	**
		受取手形	**			買掛金	**
		売掛金	**			短期借入金	**
		有価証券	**			未払費用	**
		商品及び製品	**			未払法人税等	**
		原材料及び貯蔵品	**			前受金	**
		仕掛品	**			賞与引当金	**
		前渡金	**			その他	**
		前払費用	**		固定負債	社債	**
		未収収益	**			長期借入金	**
		繰延税金資産	**			リース債務	**
		その他	**			退職給付引当金	**
		貸倒引当金	△**			その他	**
固定資産	有形固定資産	建物	**		負債合計		***
		構築物	**	純資産		Ⅰ 株主資本	
		機械装置	**			資本金	**
		車両運搬具	**			資本剰余金	
		工具，器具及び備品	**			資本準備金	**
		土地	**			その他資本剰余金	**
		リース資産	**			利益剰余金	
		建設仮勘定	**			その他利益剰余金	
		その他	**			××積立金	**
	無形固定資産	特許権	**			繰越利益剰余金	**
		ソフトウェア	**			自己株式	△**
		のれん	**			Ⅱ 評価・換算差額等	
		その他	**			その他有価証券評価差額金	**
	投資その他の資産	投資有価証券	**			繰延ヘッジ損益	**
		関係会社株式	**			土地再評価差額金	**
		長期貸付金	**			Ⅲ 新株予約権	**
		出資金	**				
		繰延税金資産	**				
		その他	**				
		貸倒引当金	△**				
繰延資産			**		純資産合計		***
資産合計			***	負債純資産合計			***

イ 貸借対照表の見方のポイント

貸借対照表の基本区分の構造を図示すると■図表17のようになる。

右側は、資本の調達状態を示し、左側は、調達した資本の運用状態をあらわしている。このような状態をあらわしていることを「貸借対照表は財政状態をあらわす」という。

貸借対照表は、その構造から考えて、タテにみると調達と運用それぞれの構成がつかめ、ヨコにみると調達と運用の調和の様子がつかめることになる。

① タテのバランス
 (i) 右側 → 資本調達の構成の妥当性を見る。
   ・ 仕入債務の大きさ
   ・ 借入金の大きさや長期・短期の割合
   ・ 自己資本の割合
   ・ 自己資本のなかの資本金・各剰余金の割合

■図表17　貸借対照表の基本区分の構造

貸借対照表

運用の構成状態	左側（借方）			右側（貸方）			調達の構成状態
	資金の運用			資金の調達			
	資産	流動資産	1年以内に回収される資産	1年以内に返済すべき負債	流動負債	負債（他人資本）	
		固定資産	1年を超えてからでないと回収されない形で運用されている資産	1年を超えてから返済してよい負債	固定負債		
		繰延資産	支出額の繰延であり現金にならない資産	自己所有の資本で返済の必要のない資本	純資産（自己資本）		

資本の使いみち	資本のでどころ

(ⅱ) 左側 → 資本運用の構成状況を見る。
・ 流動資産と固定資産のバランス
・ 流動資産のなかでの売上債権,たな卸資産,当座資産の割合
・ 貸倒引当金,減価償却累計額の設定状況
・ 実態のない資産の大きさ
② ヨコのバランス（活用状況と安全状況）
(ⅰ) 右から左 → 調達した資本が効率的に運用されているかを見る。
(ⅱ) 左から右 → 負債での調達資金の返済が決められたとおりにきちんとできるような状況で資本運用が行われているかを見る。

タテとヨコのバランスについては，返済の期間を念頭に置きながら，より効率的な運用をはかるためのヨコのバランス判断が重要な分析となる。

(3) 損益計算書（■図表18）の仕組みと見方のポイント
ア 損益計算書の基本的な仕組み

■図表18に示すように，損益計算書は，報告式の損益計算書（一番上に売上高を表示し，順次各段階の利益を計算表示する方法）で示すことになる。このように，売上高から始めて，それぞれの性質に応じて収益と費用をいれていき，最終の当期純利益の額を明確に計上することになる。経常利益算出までの計算は，企業に毎期，継続的に反復して発生する損益の区分であり，今後もこのようなかたちで損益が発生するであろうと予測できる区分であるといえる。したがって，未来を念頭に置いた経営分析はこの区分を対象にすることになる。

イ 損益計算書の見方のポイントについて

損益計算書を読む場合には，全体的な損益の流れをつかんだ上で，各区分の効率を判断していく。そのときにまず見るポイントは，5つの利益である。最初にある売上総利益から検討を始めて，営業利益，経常利益と検討を行う。これらのすべての利益に問題がないときには，当期純利益もよい数字になっている。どれかの利益の段階で前の利益に比べて急激に悪化しているときには，その利益の区分に関連のある収益，費用の内容を検討する。

■図表18　損益計算書

損益計算書
平成＊年4月1日～平成＊年3月31日　　（単位：百万円）

科　目	金額
売　　　　　上　　　　　高	＊＊＊
売　　　　　上　　　　　原　　　　　価	＊＊＊
売　　上　　総　　利　　益	＊＊
販　売　費　及　び　一　般　管　理　費	＊＊
営　　業　　利　　益	＊＊＊
営　　業　　外　　収　　益	
受　取　利　息・配　当　金	＊＊
そ　　　　　の　　　　　他	＊＊
営　　業　　外　　費　　用	
支　　払　　利　　息	＊＊
そ　　　　　の　　　　　他	＊＊
経　　常　　利　　益	＊＊
特　　別　　利　　益	＊＊
特　　別　　損　　失	＊＊
税　引　前　当　期　純　利　益	＊＊
法　人　税、住　民　税　及　び　事　業　税	＊＊
法　人　税　等　調　整　額	＊＊
当　　期　　純　　利　　益	＊＊

　利益や収益の良否を判断するには，利益・費用を売上高で割って，対売上高比率を求め，その程度によって判断する。当然，実数でも見ていくが，同時に売上高を100として各比率の計算も行う。これは，最初の収益としてどのような割合で利益が含まれているか，その利益を獲得するために，どのくらいの割合の費用を使ったかを検討するためである。この方法が収益性分析の見方になる。

【損益計算書の各段階利益】

損益計算書の各区分の利益が収益と費用のどの項目から算出されるか見ること，各段階の利益が何をあらわしているかを■図表19に示している。

■図表19 損益計算書の各段階利益について

収益項目 ＋	費用項目 △	利益項目 ＋		何をあらわすか
売上高	売上原価			
		売上総利益	⇒	売上総利益は，粗利益とも呼ばれ，販売商品の強さと販売力の優位性などをあらわす。
	販売費及び一般管理費			
		営業利益	⇒	営業利益は，販売効率の良否をあらわす。
営業外収益	営業外費用			
		経常利益	⇒	経常利益は，企業の基本的な収益力を示す業績指標である。
特別利益	特別損失			
		税引前当期純利益	⇒	税引前当期純利益は，税金を控除する前の利益をあらわす。
	法人税、住民税及び事業税	当期純利益	⇒	当期純利益は，最終段階の利益をあらわす。既存の株主に最終的に帰属する利益計上額である。

(4) **株主資本等変動計算書（■図表20）**
ア **株主資本等変動計算書の基本的な仕組み**

株主資本等変動計算書は，貸借対照表の純資産の部の各項目について，前期末残高，当期の変動額（増減額）及び当期末残高を明らかにする報告書で

■図表20　株主資本等変動計算書

株主資本等変動計算書
平成＊年4月1日～平成＊年3月31日　　　（単位：百万円）

	株主資本						評価・換算差額等			新株予約権	純資産合計
	資本金	資本剰余金		利益剰余金		自己株式	その他有価証券評価差額金	繰延ヘッジ損益	土地再評価差額金		
		資本準備金	その他資本剰余金	利益準備金	その他利益剰余金						
					××積立金 / 繰越利益剰余金						
当期首残高	**	**	**	**	** **	△**	**	**	**	**	**
当期変動額											
新株の発行	**	**									**
剰余金の配当				**	△**						△**
当期純利益					**						**
自己株式の処分						**					**
＊＊＊＊＊											
株主資本以外の項目の当期変動額（純額）							**	**	**	**	**
当期変動額合計	**	**	－	**	－ **	**	**	**	**	**	**
当期末残高	**	**	**	**	** **	**	△**	**	**	**	**

ある。その作成目的は，貸借対照表の純資産の部の一期間中の変動額のうち，主として株主に帰属する部分である株主資本の各項目の変動事由を報告することにある。

　株主資本等変動計算書には，貸借対照表の純資産項目の変動事由が記載されるので，資本金，資本剰余金，利益剰余金及び自己株式などの株主資本，その他有価証券評価差額金，土地再評価差額金及び繰延ヘッジ損益などの評

価・換算差額等並びに新株予約権の前期末残高，当期変動額及び当期末残高が記載される。

　株主資本等変動計算書には，①「純資産の各項目を横に並べる様式」と②「純資産の各項目を縦に並べる様式」の2種類がある。

　財務諸表等規則等では，「純資産の各項目を横に並べる様式」のみ示されている。財務諸表等規則では所定の様式に従うことが義務付けられているため，「純資産の各項目を横に並べる様式」だけしか採用できない。会社計算規則では，特に様式は示されていないが，公正な会計慣行をしん酌することとされているため（会社計算規3条参照），株主資本等変動計算書に関する会計基準の適用指針に示される上述①②のいずれかの様式に従うことになると考えられる。

　株主資本等変動計算書における当期変動額についての表示方法は，株主資本と株主資本以外の項目（評価・換算差額等，新株予約権）で異なる。前者の株主資本については総額で表示することとされており，後者の株主資本以外の項目については，原則として純額で表示（総額表示も容認）することとされている。株主資本以外の項目については，純額表示が原則とされているため，必ずしも変動事由を報告するわけではないので，株主資本等変動計算書に関する会計基準では，「主として，株主資本の各項目の変動事由を報告する。」とされている。

　なお，期中における純資産の部の各項目の変動額を表示するため，株主資本等変動計算書には，純資産の部の項目ごとに前期末残高，当期変動額及び当期末残高を記載することになる。

イ　株主資本等変動計算書の見方のポイント

　株主資本等変動計算書の見方のポイントについて，■図表21にまとめている。

【山添　清昭】

■図表21　株主資本等変動計算書の見方のポイント

勘定科目	見方のポイント
「株主資本」 「評価・換算差額等」 「新株予約権」	・「株主資本」と「評価・換算差額等」・「新株予約権」との間で当期変動額の欄の記載の仕方が異なっているので注意が必要である。 ・「株主資本」→各変動事由ごとに変動額及び変動事由を明らかにする。 ・「評価・換算差額等」・「新株予約権」→差額について明らかにする。この場合主要な変動額について変動事由を明らかにすることも可となっている。
「資本金」の増加・減少	・「資本金」の増加・減少があれば，その内容に注目する必要がある。 ・当期変動額→増加は（増資），減少は（減資）が考えられる。
「繰越利益剰余金」の増加・減少	・剰余金の配当，当期純利益などの内容がすべてこの列に記載されるので，増減の内容に注目する必要がある。 ・ただし，剰余金の配当は，事業年度内に行われた配当等を示しており，当事業年度の株主総会で行われる配当は，反映されない。したがって，株主総会の議案も合わせて見る必要がある。 ・また，「繰越利益剰余金」より「利益剰余金」，「××積立金」等への振り替えにも注意する必要がある。
「その他有価証券評価差額金」の変動額，残高	・「その他有価証券評価差額金」の変動額は，「その他有価証券」の当期の評価益，評価損の発生状況を示している。 ・残高は，「その他有価証券」の簿価と時価の差額についての税効果適用後残高である。会社が保有している「その他有価証券」の含み損益がいくらあるのかがわかる。決算書を分析する際には，重要な指標である。
「繰延ヘッジ損益」の変動額，残高	・「繰延ヘッジ損益」は，デリバティブ取引（金融派生商品：先物取引，スワップ取引，オプション取引等）について，ヘッジ会計を採用した場合の対応勘定である。将来のリスク要素（為替変動，金利変動等）に備えて，デリバティブ取引の契約を行っているか否か，どの程度の金額のヘッジ会計を行っているかが判別できる。
「新株予約権」の変動額，残高	・ストックオプション制度を採用している場合の対応勘定である。会社が会社法に従った新株予約権の付与を行っているか否かが判別できる。詳細については，事業報告の新株予約権の記載や，ストックオプション関係の注記で内容を確認する必要がある。

4 監査の基礎知識とその手順等

(1) 公認会計士の監査実施の手順について

　公認会計士が実施する会計監査が実際にどのような手順で行われるかを説明する。ここでは，会社法監査や金融商品取引法監査を前提に述べているが，学校法人監査のような他の法定監査についても同様に考えることができる。

　まず，公認会計士は，監査契約の締結に際して，監査実施の基礎条件（経営者の誠実性，監査人の独立性，内部統制の整備状況など）を確かめるために，まず，パイロット・テストを実施する。その結果，監査を引き受けることになると，監査契約を締結する。監査は，公認会計士と会社との間で取り交わす監査契約に基づいて行われる。

　監査契約締結後，監査に着手することになるのであるが，監査の手順は，大きく分けて期中監査と期末監査との2つに分けることができる。この分け方は事業年度を基準とするもので，年度中の監査が期中監査であり，年度終了後に行われる監査が期末監査であるといえる。

　期中監査では，まず「固有リスクの評価」等を行うとともに年間の「監査計画」の策定を行う。さらに，その監査計画に従って，主に「統制リスクの評価」を行う。

　また，期末監査では，主に財務諸表に対する「実証手続」を行い，「監査意見」を形成し，それを「監査報告書」として提出することで一事業年度の監査が終了する。

　このような監査実施の手順を図示すると■図表22のようになる。

　期中監査や期末監査の過程でなんらかの誤りを発見した場合には，監査人は，そのつど修正を求めることになる。しかし最終的に，なんらかの事情で

■図表22　公認会計士の監査実施の手順

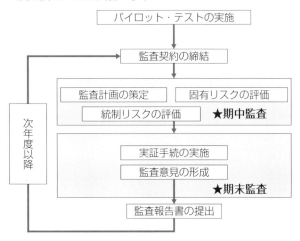

受け入れられない事項が残った場合に，それらが財務諸表全体にどのような影響を及ぼしているかの検討を行う。

　そして，どのような監査意見を表明すべきか熟慮し，監査事務所内の審査機構にも諮り，その結果を監査報告書上で明らかにする。「監査意見の形成」とは，期末監査以後，監査報告書作成までの全過程を総称したものである。

　次年度以降，監査人は，毎期，監査契約の継続について検討する。しかし，これは会社側も同様であるが，なんらかの事情で契約継続を受け入れることができないと判断した場合は，監査人の側から契約の終了の申し出を行うこともある。そのようなこともなければ，ふたたび期中監査と期末監査とが繰り返されていく。継続した監査契約の会社の場合は，それまでの経験から，どこに重点を置いた監査を行えばよいか大体理解できている。しかし，初めて監査契約を締結した会社の場合は，手落ちのないよう事前に手順を綿密に検討しなければならない。

　また，監査の円滑な実施には相互の理解や協力も欠かせない。監査計画ひとつにしても，監査人側からの一方的な都合だけで決めてしまえるものではなく，特に監査日程については，会社側の要望も聞き，相互に打ち合わせを

しながら決めていくことになる。

(2) 公表されている監査の基準

　財務諸表監査において，監査人が遵守すべき規範として監査基準等が設定されている。公表されている監査基準のうち主要なものとしては，■図表23に示すものがある。

　これら監査基準等は，監査実務の中に慣習として発達したものの中から，一般に公正妥当と認められたところを帰納要約した原則であって，職業的監査人は，財務諸表の監査を行うにあたり，法令によって強制されなくとも常に遵守しなければならないものであり，「一般に公正妥当と認められる監査の基準」といわれるものである。

　この「一般に公正妥当と認められる監査の基準」は，監査人が監査を進めるにあたり，準拠することが求められるものであり，経営者が連結財務諸表等を作成する際に準拠することが求められる「一般に公正妥当と認められる企業会計の基準」とは異なるものである。なお，「一般に公正妥当と認められる企業会計の基準」は，監査人が，連結財務諸表，財務諸表等が，適正に表示されているか否かの監査意見を表明する際の判断基準となる。

　財務諸表監査制度において監査基準が必要とされるのは，財務諸表監査の社会的信頼性を維持し，監査制度に確固たる基盤を与え，その円滑な運営に資するためである。

　また，財務諸表監査の目的は，監査人が財務諸表の適正性に関する意見表明を行うことにより，公表される財務諸表に社会的信頼性を付与することにある。そのためには，なによりもまず，財務諸表監査自体が，社会的に信頼されていなければならない。財務諸表監査の社会的信頼性を確保するためには，監査の目的，監査人の資格など，監査を規制する基準が必要となる。なぜなら，能力や経験に差異のある監査人による主観的な監査では，社会的な信頼性が得られず，制度として成り立ち得ないからである。そこで，監査人の行為基準としての監査基準が，必要となるのである。

　監査人にとって監査基準は，監査人としての最低限の任務の範囲を明示していることから，監査業務を行う上での行為基準であると同時に，監査人の

■図表23　公表されている監査基準等

基準の名称	公表日	公表者	内　容
監査基準	平成26年2月18日最終改正	金融庁，企業会計審議会	・ 監査基準は，公認会計士が監査を実施する場合に遵守が求められるものであり，①監査の目的，②一般基準，③実施基準，④報告基準より構成される。 ・ 監査基準では，原則的な規定が定められ，監査基準を具体化した実務的・詳細な規定は，日本公認会計士協会の「監査実務指針」に委ねられている。
監査に関する品質管理基準	平成17年10月28日公表	金融庁，企業会計審議会	・ 監査に関する品質管理基準は，財務諸表の監査を実施する監査事務所及び監査実施者に監査業務の質を合理的に確保することを求めるものである。 ・ 本基準は，監査基準と一体となって運用される。
監査における不正リスク対応基準	平成25年3月26日公表	金融庁，企業会計審議会	・ 監査における不正リスク対応基準は，法令により準拠が求められている場合は，監査基準及び品質管理基準と一体となって運用される。 ・ 監査における不正リスク対応基準の内容は，後述しているので，そちらを参照のこと。
中間監査基準	平成23年6月30日最終改正	金融庁，企業会計審議会	・ 中間監査特有の取扱いが示されている。①中間監査の目的，②実施基準，③報告基準より構成される。
監査実務指針	平成28年1月26日最終改正	日本公認会計士協会	・ 監査実務指針は，監査基準を具体化した実務的・詳細な規定として，日本公認会計士協会より公表されている。 ・ 監査基準（法令により準拠が求められている場合には，監査における不正リスク対応基準を含む）を実際に適用するために規定されているものである。

責任範囲を明確にできるという役割を果たす。一方で，この監査基準によって，監査人の自己の任務の限界を明らかにすることができる。

被監査会社にとって，監査基準は，一般的な監査業務の枠組みを明示していることから，監査の受入体制や協力体制を整えるという役割を果たしている。利害関係者にとって，監査基準は，監査人としての適格性要件と業務上の要件を明示していることから，監査の結果に対する社会一般の信任を得るという，監査に対する信頼性の付与という役割を果たしている。

(3) 「監査における不正リスク対応基準」について
ア 「監査における不正リスク対応基準」のねらいと全体像

平成25年3月26日付けで，企業会計審議会より，「監査基準の改訂及び監査における不正リスク対応基準の設定に関する意見書」が公表され，「監査基準」が一部改訂されるとともに，「監査基準」とは別に「監査における不正リスク対応基準」（以下「不正リスク対応基準」という）が，公表され，平成26年3月決算に係る財務諸表の監査から適用されている。

この「不正リスク対応基準」が導入された背景としては，当時，証券取引等監視委員会の課徴金納付命令勧告，あるいは告発事件が少なからず発生し，虚偽記載事案が生じているにもかかわらず，それらが監査で問題がないとされてしまっていたことがあること，また，発生した会計不正事案の発生を受けて，日本市場の信頼性に疑念がいだかれる状況になっているのではないかとの意見が生じていた。特に，日本のコーポレート・ガバナンス，あるいは，財務諸表の正確性，監査の妥当性という点について，疑問をもたれる状況があったことが「不正リスク対応基準」導入の背景である。

「不正リスク対応基準」は，①職業的懐疑心の強調，②不正リスクに対応した監査の実施，及び③不正リスクに対応した監査事務所の品質管理の3つから構成されている。また，「不正リスク対応基準」には，付録が2つ，「付録1　不正リスク要因の例示」と「付録2　不正による重要な虚偽の表示を示唆する状況の例示」が添付されている。

■図表24に，「不正リスク対応基準」で取り上げられている項目を示している。

■図表24 「不正リスク対応基準」の全体像

不正リスク対応基準	
第一	職業的懐疑心の強調
第二	不正リスクに対応した監査の実施
第三	不正リスクに対応した監査事務所の品質管理
付録1	不正リスク要因の例示 ①動機・プレッシャー，②機会，③姿勢・正当化
付録2	不正による重要な虚偽の表示を示唆する状況の例示 ①不正に関する情報，②留意すべき通例でない取引等，③証拠の変造，偽造又は隠蔽の可能性を示唆する状況，④会計上の不適切な調整の可能性を示唆する状況，⑤確認結果，⑥経営者の監査への対応，⑦その他

イ 職業的懐疑心の強調

「不正リスク対応基準」では，監査人には，不正リスクの評価，評価した不正リスクに対応する監査手続の実施及び監査証拠の評価の各段階において，職業的懐疑心を発揮することが求められている。さらに，監査手続を実施した結果，不正による重要な虚偽の表示の疑義に該当するかどうかを判断する場合や，不正による重要な虚偽の表示の疑義に該当すると判断した場合には，職業的懐疑心を高めて監査手続を実施することも求めている。監査人は，本基準に基づいて監査の各段階で必要とされる職業的懐疑心を保持又は発揮し，具体的な監査手続を実施することが求められることになっている。

ウ 不正リスクに対応した監査の実施

「不正リスク対応基準」では，重要な虚偽表示のリスクの検討に際し，不正リスク要因の検討や不正リスクを把握するために必要な手続が規定されている。

監査人は，入手した情報が不正リスク要因の存在を示しているかどうかを検討し，それらを財務諸表全体及び財務諸表項目の不正リスクの識別において考慮しなければならないこととされた。その上で，監査人は，識別・評価した不正リスクに応じた監査計画を策定することが求められる。

不正リスク要因とは，不正を実行する動機やプレッシャーの存在を示し，

不正を実行する機会を与え，又は不正を実行する際にそれを正当化する事象や状況を指し，典型的な不正リスク要因は「付録1　不正リスク要因の例示」に例示されている。

また，「不正リスク対応基準」では，監査実施の過程において，付録2に例示されているような「不正による重要な虚偽の表示を示唆する状況」を識別した場合には，「不正による重要な虚偽の表示の疑義」が存在していないかどうかを判断するために，適切な階層の経営者に質問し説明を求めるとともに，追加的な監査手続を実施しなければならないこととしている。なお，付録2はあくまで例示であるとされているが，監査人が，監査実施の過程においてそのような状況に遭遇した場合に，「不正による重要な虚偽の表示を示唆する状況」として追加的な監査手続が求められることになる。

エ　監査役等との連携

「不正リスク対応基準」では，監査人は，監査の各段階において，監査役等との連携を図らなければならないことが明記されている。監査人は，不正による重要な虚偽の表示の疑義があると判断した場合や経営者の関与が疑われる不正を発見した場合には，取締役の職務の執行を監査する監査役や監査委員会と適切に協議する等，連携を図ることが有効である。

【山添　清昭】

第4

会計基準に違反する会計処理

1 不適切会計(*1)と法的責任

(1) 民法上の責任

　会社が，故意又は過失に基づいて，会計書類（計算書類等・財務諸表等・確定申告書等）において虚偽の会計処理を行い，その記載内容を信頼して，当該会社の株式や社債を購入したり，当該会社と契約を締結した者がいた場合，当該会社は，その者に対して，不法行為に基づく損害賠償責任（民709条）を負う可能性がある。また，会社だけでなく，そのような虚偽記載に関与した会社関係者（取締役，会計参与，監査役，執行役，又は会計監査人（以下「役員等」という）や従業員等）個人においてもまた，故意又は過失といった要件を充たす限り，不法行為に基づく損害賠償責任を負う可能性がある。

　いずれにおいても，会社や会社関係者個人が賠償責任を負う損害範囲は，虚偽の会計処理と相当因果関係のある損害である。この点，A社が，有価証券報告書等において親会社であるB社の持株数等について虚偽の記載を行っていたところ，当該虚偽記載を公表した時点においてA社株式を保有していた個人投資家ら，又は機関投資家ら及びその財産の信託を受けた信託銀行らが，それぞれ，A社，B社を吸収合併したC社，及びA社の代表取締役らに対し，不法行為等に基づく損害賠償を求めた事案において，最高裁は，「……有価証券報告書等に虚偽の記載がされている上場株式を取引所市場において

（*1）　虚偽の会計処理は，「不適切会計」のほか，「粉飾決算」や「粉飾会計」，「不正会計」などと呼ばれることも多い。実務上，これらの用語が明確に使い分けられているわけではないが，特に明確な意図をもって虚偽の会計処理が行われた場合は，「粉飾決算」や「粉飾会計」，「不正会計」の用語が使われることが多いと思われる。以下では，必ずしも明確な意図による虚偽の会計処理とまではいえない場合も含めて「不適切会計」と総称することとする。

取得した投資者が，当該虚偽記載がなければこれを取得することはなかったとみるべき場合，当該虚偽記載により上記投資者に生じた損害の額，すなわち当該虚偽記載と相当因果関係のある損害の額は，上記投資者が，当該虚偽記載の公表後，上記株式を取引所市場において処分したときはその取得価額と処分価額との差額を，また，上記株式を保有し続けているときはその取得価額と事実審の口頭弁論終結時の上記株式の市場価額（上場が廃止された場合にはその非上場株式としての評価額。以下同じ。）との差額をそれぞれ基礎とし，経済情勢，市場動向，当該会社の業績等当該虚偽記載に起因しない市場価額の下落分を上記差額から控除して，これを算定すべきものと解される。」と判示している[*2]。これは，有価証券報告書等において虚偽記載がなければ株式を取得することはなかったとみるべき場合において，取得自体損害説（相当因果関係を有する損害の範囲について，取得価格と処分価額の差額を損害額とみる考え方）に依拠したものである。

　他方で，D社の株式を取得した原告らが，D社が提出し公衆の縦覧に供された各有価証券報告書及び四半期報告書につき虚偽の記載があったことにより損害を被ったと主張して，不法行為等に基づく損害賠償を求めた事案において，大阪地裁は，本件で原告らは当該虚偽記載がなかったとしてもなおD社株式を取得していたとして，本件が虚偽記載がなければD社株式を取得しなかったという取得自体損害のケースであることを否定した上で，「本件は，原告らが，各株式取得時点において，D社の株式を取得するために本件虚偽記載がなかった場合の株式の価値を超える余分な金銭等を支出したことによって損害を被ったといういわゆる高値取得ケースである。高値取得ケースにおける株主は，虚偽記載がなかった場合の株式の価値を超える余分な金銭等の支出を強いられることで損害を被ったといえるから，高値取得ケースにおける株主の損害額は，当該株主が現に支出したものを前提に考えるべき

（＊2）　最判平23・9・13民集65巻6号2511頁（個人投資家らの請求にかかるもの）。最判平23・9・13判タ1361号114頁（機関投資家ら及びその財産の信託を受けた信託銀行らの請求にかかるもの）も同旨である。なお，それぞれの差戻控訴審として，東京高判平26・1・30判時2222号105頁，及び東京高判平26・8・28資料版商事法務367号20頁がある。

であり，当該株式取得のために実際に支出した金銭等の額(a)と虚偽記載がなかったとした場合の取得時点での当該株式の価値(b)との差額が損害となるというべきである（以下，(a)-(b)の額を「高値取得額」という。）。なお，虚偽記載がなかったとした場合の取得時点での当該株式の価値(b)とは，取得時点での市場価額から，虚偽記載によって取得時点で嵩上げされた株式の価値（以下「嵩上げ額」という。）自体を控除するのみならず，虚偽記載がされた株式を取得したことによって将来被るおそれのある価額下落（虚偽記載の発覚に伴う会社の信用毀損，ろうばい売り等）のリスクを取得時点で金銭評価した額をも控除した金額であると解すべきである。」と判示した[*3]。また，控訴審も，「本件においては，一審原告らは，基本的に各株式取得時点において，D社の株式を取得するために本件虚偽記載がなかった場合の株式の価値を超える余分な金銭等を支出したことによって損害を被ったと認めるのが相当である。そうすると，虚偽記載がされている株式の価値は，真実の情報の反映されていないことによって不当に価値が高く評価されているから，この嵩上げされた株式価値相当分が損害となることは明らかである。さらに加えて，虚偽記載が何らかの形で発覚することについても予見可能性があるというべきところ，虚偽記載の発覚という事実から信用毀損等が生じ，さらに投資家の過剰反応（いわゆるろうばい売り等）が生じることは一般的であるからまた予見可能である。そうすると，これら信用毀損や過剰反応から生じる株価下落についても虚偽記載という不法行為によって通常生ずる損害というべきある。したがって，株主の損害の額については，当該株主が現に支出した金銭等との差額を原則に考えるべきであるが，本件虚偽記載と相当因果関係に立つ全損害が含まれる以上，虚偽記載によって取得時点で嵩上げされた株式の価値（以下「嵩上げ額」という。）自体に限られず，虚偽記載がされた株式を取得したことによって被る価額下落（虚偽記載の発覚に伴う会社の信用毀損，ろうばい売り等）……も損害として考慮されるべきである。これに対して，一審被告は，損害の発生時が株式の取得時点であるから損害の評価も株式の取得時点とすべきであると主張するが，不法行為の損害の額は口頭弁論終結時までの事情に基づき

（*3）　大阪地判平27・7・21金判1476号16頁。

評価されるべきである。」とした(*4)。これらは、有価証券報告書等に虚偽の記載がなかったとしても株式を取得していたとみるべき場合における相当因果関係を有する損害の範囲について、いわゆる高値取得説（仮に有価証券報告書等の記載が正確であれば成立したであろう予想価格と取得額の差額を損害額とみる考え方）に依拠したものといえる。また、これらの判決が、虚偽記載がされた株式を取得したことによって将来被るおそれのある価額下落のリスクについても損害の算入対象に含めている点も着目される。

民法709条に基づく損害賠償請求権は、被害者が損害及び加害者を知った時から3年間の時効期間、及び不法行為の時から20年間の除斥期間により消滅する（民724条）(*5)。

ところで、会社自身においては不法行為責任が成立しなくとも、その役員等（ただし、「被用者」（民715条）に該当しない「代表取締役その他の代表者等」は除く）や従業員において不法行為責任が成立する場合、当該会社は、損害を被った者に対し使用者責任（民715条1項本文）を負う可能性がある（なお、代表取締役その他の会社を代表する者の行為については、後述する会社法350条が適用される）。当該会社が使用者責任に基づく損害賠償義務を履行した場合、実際に不法行為を行った役員等や従業員は、当該会社から求償請求（民715条3項）を受ける可能性がある。民法715条に基づく損害賠償請求権は、あくまで不法行為を行った者自身の不法行為責任を代位するものであるから、その時効期間及び除斥期間により消滅する。

(2) 会社法上の責任
ア 任務懈怠責任（会社423条1項）
(ア) 任務懈怠責任の全体像

会社法423条1項は、役員等が、その任務を怠ったときは、株式会社に対

(*4) 大阪高判平28・6・29金判1499号20頁。
(*5) なお、民法724条後段は、民法の一部を改正する法律（平成29年6月2日法律第44号）により、不法行為の時から20年間行使しないときには時効によって消滅すると改められる（改正民724条2号）。

し，これによって生じた損害を賠償する責任を負うことを規定する。任務懈怠責任に基づく損害賠償請求権は，10年間の時効期間（民167条1項(*6)）により消滅する(*7)。

　役員等の任務懈怠責任に関しては，これまで様々な事例の積み重ねがあるが，その中でも特に不適切会計の事案が多い。会社の会計処理は，役員等の一定の関与や承諾がなければできないため，その会計処理が後に不適切会計と評価され，それによって会社に損害が発生した場合，関与ないし承諾した役員等が任務懈怠責任を追及される例が多いからであろう。そこで，以下では，まず，不適切会計の事案において最も多く俎上にのぼる任務懈怠責任について，その全体像や善管注意義務違反と法令違反の区別等，現在の任務懈怠責任に関する法理や解釈を整理する。その上で，不適切会計の事案を任務懈怠責任の成否においてどのように処理すべきかについて述べることとする。

　不適切会計の事案において，役員等の任務懈怠責任が成立するためには，役員等において，会計書類(*8)の作成に関し，その任務を怠ったこと，すなわち，任務懈怠があったと認められなければならない。そもそも，任務懈怠の類型は，具体的な法令違反が問題となる場合（法令違反型）と，善管注意義務（会社330条，民644条）及び忠実義務（会社355条）（以下「善管注意義務」と総称する）の違反が問題となる場合（善管注意義務違反型）に大別される。そし

（*6）　なお，民法167条は，民法の一部を改正する法律（平成29年6月2日法律第44号）により，債権者が権利を行使することができることを知った時から5年間行使しないとき，又は権利を行使することができる時から10年間行使しないときは，時効によって消滅すると改められる（改正民166条1項）。
（*7）　最判平20・1・28民集62巻1号128頁。
（*8）　会社法上の計算書類等における不適切会計はもちろん，金商法や法人税法上作成を義務づけられている会計書類における不適切会計への関与についても，役員等は，金商法や法人税法に固有の責任とは別に，会社法上の任務懈怠責任（会社423条1項・429条）が問われ得る。なぜなら，金商法や法人税法は，会社に対し会計書類の作成を義務づけている以上，役員等は，その業務を行うに際してこれらの法律を遵守すべき義務があり，したがって，金商法や法人税法は，後述する法令違反型にいう「法令」に含まれることになるからである。

て，善管注意義務違反の類型は，さらに，業務執行に関する注意義務違反と監視・監督義務違反の類型に分けられる(*9)。

(*9) ところで，任務懈怠責任全体を善管注意義務違反の枠組みとして捉えた上で，個別具体的な法令違反があった場合も，善管注意義務違反の一種とする考え方がある（以下「一元説」という）。しかし，一元説の立場に対しては，理論上及び実務上の観点から，次のとおり疑問がある。
　第1に，一元説の立場は，会社法423条1項の前身である旧商法266条1項5号における解釈論に明らかに反する。すなわち，旧商法266条1項5号は「法令又ハ定款ニ違反スル行為ヲ為シタルトキ」に取締役が会社に対して損害賠償責任（任務懈怠責任）を負うと規定していたため，ここにいう「法令」にはどのような法令が含まれるのかという議論がかつて存在した。この点，旧商法266条1項5号にいう「法令」には取締役の善管注意義務を定める法令が含まれるという点においてはほぼ異論がなかったため，取締役が善管注意義務に違反した場合には，そのような法令に違反したものとして，旧商法266条1項5号に基づく任務懈怠責任が成立すると解されていた。ここで，一元説の理解によると，個別具体的な法令違反の場合も当該違反により直ちに任務懈怠となるわけではなく，それがさらに取締役の善管注意義務を定める法令への違反を構成することにより，初めて，任務懈怠と評価されることになる。しかし，旧商法時代においてそのような解釈論が一般的に採用されていたわけではなかったし，実際に旧商法時代における判例においても「……会社が法令を遵守すべきことは当然であるところ，取締役が，会社の業務執行を決定し，その執行に当たる立場にあるものであることからすれば，会社をして法令に違反させることのないようにするため，その職務遂行に際して会社を名あて人とする右の規定を遵守することもまた，取締役の会社に対する職務上の義務に属するというべきだからである。したがって，取締役が右義務に違反し，会社をして右の規定に違反させることとなる行為をしたときには，取締役の右行為が一般規定の定める義務に違反することになるか否かを問うまでもなく，本規定にいう法令に違反する行為をしたときに該当することになるものと解すべきである。」と述べられている（最判平12・7・7判タ1046号92頁）。そこでは，具体的法令違反があれば，その役員等の行為が善管注意義務に違反するかどうかを問うまでもなく，任務懈怠となり，反対に，具体的法令違反に該当しない場合に初めて，善管注意義務違反を問題にすべきとの立場がとられていたのは明らかである。会社法の制定によって，旧商法266条1項5号に基づく損害賠償責任は会社法423条1項に改められたが，この改正によってそれまでの任務懈怠責任についての理解が変更されたとは考えられない。というのは，そもそも旧商法266条1項の前身である昭和25年改正前商法266条1項は「取締役ガ其ノ任務ヲ怠リタルトキハ其ノ取締役ハ会社ニ対シ連帯シテ損害賠償ノ責ニ任ズ」と規定していたところ，会社法の規定はこの規定ぶりに立ち返ったものにすぎず，また，上記判例の法理も会社法制定後において変更されておらず，さらに，仮に任務懈怠責任＝善管注意義務違反

(イ) 善管注意義務違反型
  a 善管注意義務

　善管注意義務は，当該会社の規模・業態・経営状況・当該役員等の地位や職務分掌・執行される行為の性質・相手方の性質等を総合的に勘案して，取引業界の通念上一般的に要求される程度において要求されるものである。基本的に，この善管注意義務の程度は，個々の役員等の属人的・主観的事情（当該役員等がある分野のプロフェッショナルであるなど）により，影響は受けない(*10)。

　善管注意義務違反があるか否かの判断に関しては，判例上，取締役の判断に広範な裁量を認める「経営判断原則」と呼ばれるルールが確立されている。すなわち，ビジネス（経営）には失敗のリスクが常に潜在しているところ，仮に日常的に取締役等経営者がその判断の適否について訴訟等を提起される危険にさらされるのであれば，その経営活動を過度に萎縮させることに

と捉えることが改正の意図なのであれば，同法423条1項の規定は「善管注意義務に違反したとき」と規定すべきであるにもかかわらず，実際には「その任務を怠ったとき」と規定されているからである。

　第2に，第1の点とも関連するが，一般に，法令違反の場合には，善管注意義務違反の判断に際して用いられる経営判断原則や信頼の法理等が適用されないと解されている。しかし，法令違反の場合を善管注意義務違反の類型に入れ込んでしまうと，その辺りの体系的理解が混乱し，役員等において法令に違反することについての裁量さえも認められる（法令違反の行為もなお役員等の任務に属する場合がある）といった誤解を招くおそれがある。第1で述べたように，そのような裁量が役員等に存するとは考えられない。

　以上から，任務懈怠責任を法令違反型と善管注意義務違反型の2類型に分けておくのが理論的に適切であり，かつ，思考経済的にも有益であると思われる。

(*10) この点，役員等の属人的・主観的事情は，その者に要求される善管注意義務の程度に影響を与えるという見解がある。確かに，例えば，未成年者である取締役については，その判断能力の未熟さなどが考慮されて，要求される善管注意義務の程度が低下するという見解も成り立ち得ないわけではない（岩原紳作編『会社法コンメンタール(9)機関(3)』236頁〔森本滋〕）。しかし，役員等の属人的・主観的事情の偏重は，当該役員等の業務執行の適切さの判断を困難にさせる可能性がある。したがって，役員等の属人的・主観的事情は，善管注意義務の程度の測定においては，あくまで補充的な要素として捉えるべきであろう。

なる。他方で、経営判断は経営者による専門的かつ総合的な観点から行われるものである。そこで、わが国の判例上、取締役の行動を萎縮させるような事後的な評価は差し控えるべきという観点から、経営判断における取締役の広い裁量が認められてきた。それが「経営判断原則」であり、①判断の前提となった事実の調査・検討に特に不注意な点がなく、②当該業界の通常の経営者の経営上の判断として特に不合理・不適切がなかった場合には、経営者において裁量の逸脱（善管注意義務違反）は認められないという定式が一般化している[*11]（第2の3(1)(*11)も参照）。不適切会計の事案ではないが、近時のリーディングケースとして、ある会社を完全子会社化する事業再編計画に伴い、当該会社の株式の取得方法や価格の決定方法が問題になった事案において、最高裁は、「取締役において株式の評価額のほか、取得の必要性、参加人の財務上の負担、株式の取得を円滑に進める必要性の程度等をも総合考慮して決定することができ、その決定の過程、内容に著しく不合理な点がない限り、取締役としての善管注意義務に違反するものではないと解すべきである。」[*12]との判断枠組みを示しており、これは経営判断原則を採用したものといえよう。

　また、取締役は、情報収集・調査・検討等に関する体制が十分に整備されている限り、当該業務を担当する他の取締役や従業員が行った情報収集・調査・検討等が誠実に行われたとの前提に立つことができ、業務執行の決定や業務の執行につき当然に躊躇を覚えるような不備・不足があるなどの特段の事情がない限り、その結果に依拠して経営を行えば足りる（仮に経営に失敗しても善管注意義務違反とならない）と解されている[*13]。このように、他人の活動の適正さを信頼した上で会社に生じてしまった損害について、一定の範囲で、取締役の善管注意義務違反を否定する考え方は一般に「信頼の権利」又は「信頼の原則」と呼ばれている。信頼の権利は、特に大規模な会社では、

(*11)　落合誠一「アパマンショップ株主代表訴訟最高裁判決の意義」商事法務1913号7頁参照。
(*12)　最判平22・7・15判時2091号90頁。
(*13)　東京地判平14・4・25判時1793号140頁、東京高判平20・5・21判タ1281号274頁等。

内部統制システムの構築との関係で議論されることが多い。

上記の議論は，取締役の善管注意義務を中心に発展してきたものであるが，指名委員会等設置会社においては，執行役が，取締役会の決議によって委任を受けた業務（会社416条4項）の執行の決定（会社418条1号）及び業務の執行（同条2号）を行い，従来の取締役の役割部分を担っている。したがって，指名委員会等設置会社において，執行役は，従来の取締役と同様に経営者の立場にある者といえる。よって，執行役の行動が善管注意義務に違反するか否かの判断についてもまた，上記と同様の判断枠組み（経営判断原則・信頼の権利）が適用されると解される。

　　b　監視義務

会社法は，取締役会の各取締役の職務執行に対する監督義務を定めており（会社362条2項2号），その取締役会を構成する各取締役についても，他の取締役の業務執行を監視し，必要があれば，取締役会を自ら招集し，あるいは招集することを求め，取締役会を通じて業務執行が適正に行われるようにする等の義務（監視義務）を負うと解されている[*14]。また，会社法は，特に指名委員会等設置会社について，取締役会の執行役及び取締役（会計参与設置会社にあっては，執行役，取締役及び会計参与）に対する監督義務を定めており（会社416条1項2号），その取締役会を構成する各取締役もまた，執行役に対して監視義務を負うと解される（ただし，その監視は主として会社の内部統制システムを利用して行われることが予定されており，内部統制システムの構築とその効果的運用に配慮しつつ，執行役の業務執行を全般的に監督していれば足りると解されている[*15]）。取締役は，不適切な行為の実行行為者でなくとも，このような監視義務に違反することにより，善管注意義務違反と評価される可能性がある[*16]。なお，監視義務は，厳密には，社内における問題を調査する義務とその問題を解決する義務により構成されているが，実務上よく問題になるのは前者（取締役はどこまで知るべきであったか）であり，「監視義務の範囲」として議論される時に想定されているのは，前者の問題であることが多い。

(*14)　最判昭48・5・22民集27巻5号655頁参照。
(*15)　森本・前掲（*10）270頁。

各取締役が，どのような範囲について，他の取締役や執行役の業務執行に対して監視義務を負うかについては，個別の案件ごとに，個別具体的に見ていく必要がある。ただ，特に比較的大規模な会社では，取締役が他の取締役・執行役や従業員の行動のすべてを監視することは現実的に不可能である。そこで，権限分配が合理的であり，権限の適切な行使を確保する内部統制システムが構築され，それが有効に機能しているときは，取締役は，原則として，当該業務を担当する他の取締役・執行役や従業員が行った情報収集・調査・検討等が誠実に行われたものと信頼することができ，その限りにおいて，監視義務違反とは認められない（信頼の権利）[*17]。例外的に，他の取締役・執行役の業務執行や従業員の業務遂行において問題のある行為（法令違反行為や内規違反等の不正行為）を知ったにもかかわらずそれを放置したり，報告を受ける中で問題のある行為の存在を具体的に疑うべき事情を察知したにもかかわらずそれを放置した場合には，監視義務違反となる。もっとも，ここにいう「放置」というのも，個別具体的な事実に対する総合評価の結果

(*16) なお，会社の業務の執行は，実際には従業員が取締役の指示を受け遂行するものであり，従業員が適切に業務を遂行しているかどうかについて，取締役が監視義務を負うことは当然である。この従業員の行為に対する監視義務についても，基本的に，他の取締役や執行役の業務執行に対する監視義務と同様の判断枠組みで，その違反を判断すればよい。もっとも，この場合の監視義務は，他の取締役や執行役の業務執行を監督する義務（その根拠が会社362条2項2号や会社416条1項2号である）というよりは，むしろ，業務執行者としての地位自体に由来するものである。つまり，本来自ら遂行すべき業務執行を従業員に労務として担わせていることから生ずる監督責任であって，自己の業務執行の一環にほかならず，従業員の行為の監視を怠り業務執行が不適切となった場合には，結局は，自らの業務執行が不適切であったことを意味する。ただし，職務分掌により，各業務執行取締役や各執行役が委任を受けた業務執行範囲が細分化されている場合は，自身が担当する業務執行の範囲内において従業員の行為を監視すれば十分であり，他者が担当する業務執行に関与する従業員の行為についてまで監視する義務はないと考えられる。

(*17) 信頼の権利は，会社の内部の者の判断・意見に依った場合だけでなく，弁護士や公認会計士（監査法人），税理士等の専門家や公的機関の判断・意見に依った場合にも，その適用が認められ得る。監査法人の指導及び税務当局の回答に従ってなされた等の事情があるときは，取締役の忠実義務違反は成立しないとする裁判例として，札幌地決昭54・5・8判タ397号145頁。

であり，個別の案件ごとに判断する必要がある(*18)。なお，監視義務違反が問題となる場合は，経営判断が問題になっているわけではないので，経営判断原則は適用されない。ちなみに，大阪地裁平成12年9月20日判決（以下「大阪地裁平成12年判決」という）(*19)は，具体的な内部統制システムの構築義務の履行についても，取締役は監視義務を負うという理解をとる。

　他方で，執行役は，他の執行役に対し，一般的な監視義務を負わない。これは，指名委員会等設置会社の機関構成上，執行役は，担当する職務の範囲を定められた上で取締役会によって選任され，その業務執行の監督は取締役会（各取締役）及び監査委員会（各監査委員）によって行われることが予定されるため（会社404条2項1号・416条1項2号），自己以外の執行役に対する一般的な監視義務は想定されていないからである。ただし，執行役も，取締役会が定めた職務分掌・指揮命令関係上，自己の指揮系統下に入る執行役に対しては，当該担当職務に含まれている範囲において，業務執行の一環として，監視義務を負う。その場合，監視義務の範囲や程度は，従来の取締役の監視義務の議論を援用できると考えられる。

　監査委員は，当然取締役としての善管注意義務を負っている上，特にその地位に基づき，執行役及び取締役（会計参与設置会社にあっては，執行役，取締役及び会計参与）の職務の執行について監視義務を負っている（会社404条2項1号参照）。監査委員の監視は，適法性にとどまらず，妥当性（効率性）までがその対象となる。もっとも，監査委員会が設置されるような会社は比較的大規模な組織が予定されており，監査委員であっても，会社の業務を網羅的に監視することは現実的には不可能である。そこで，監査委員は，基本的には，内部統制システムの合理性・有効性を監視し，それが確認されたならば，当該内部統制システムに基づく調査結果を信頼してよく，その限りにおいて，監視義務違反とは認められない（信頼の権利）。例外的に，取締役・執行役の

(*18)　学説の中には，取締役が問題を発見した場合には，問題点につき弁護士に相談する，事実を公表すると代表取締役を脅す，あるいは辞任する等しなければ監視義務を履行したとはいえず，任務懈怠となる場合もあり得るとする見解もある（江頭憲治郎『株式会社法〔第6版〕』467頁）。

(*19)　大阪地判平12・9・20判タ1047号86頁。

業務執行や従業員の業務遂行において問題のある行為（法令違反行為や不正行為）を知ったにもかかわらずそれを放置したり，報告を受ける中で問題のある行為の存在を具体的に疑うべき事情を察知したにもかかわらずそれを放置した場合には，監視義務違反となる[*20]。

なお，平成26年に新しく導入された監査等委員会設置会社においては，取締役会の取締役に対する監督義務を定めており（会社399条の13第1項2号），その取締役会を構成する各取締役もまた，取締役に対して監視義務を負うと解される。そして，監査等委員は，取締役（会計参与設置会社にあっては，取締役及び会計参与）の職務の執行について監視義務を負っている（会社399条の2第3項1号参照）。監査等委員も，指名委員会等設置会社における監査委員と同様

[*20] こうしてみると，指名委員会等設置会社における取締役と監査委員の監視義務の相違はほとんどないように思える。実際，監査委員独自の監視義務の範囲が実務上議論されることは少ない。これは，監査委員は，取締役である以上当然に取締役としての監視義務を負っており，実務上は取締役としての監視義務違反を追及すれば十分であることが多いことから，両者を殊更区別して議論することに実益が見出しにくいためであろう。この点，中村直人編『取締役・執行役ハンドブック〔第2版〕』204頁〔西本強ほか〕は，「……各監査委員が自ら帳簿をめくって違法を発見する監査ではなく，監査委員会が，内部統制システムの有効性を監視し，これに依拠して監査する方法が予定されている」と述べ，江頭憲治郎『株式会社法〔第6版〕』561頁も「……内部統制システムが適切に構成・運営されているかを監視し，必要に応じて内部統制部門に対し具体的指示をなすことが，監査委員会の任務である」と述べる。このような解説も参考にすると，監査委員の本来の役割は内部統制システムの合理性・有効性の確認であり，経営の細部にまでわたる監視までは求められてはいないといえる。ただ，指名委員会等設置会社においては，後述するとおり，執行役が善管注意義務の一内容として具体的な内部統制システムの構築義務を負い，取締役会（を構成する取締役）がその構築義務の履行につき監視義務を負っている。つまり，取締役もまた，執行役による内部統制システムの構築については，内部統制システムの合理性・有効性の監視の役割を担っているのである。そうすると，結局，監査委員の監視義務と取締役の監視義務の間に違いを見出そうとするならば，どちらも内部統制システムの合理性・有効性の監視をその内容とするもの以上，監視対象ではなく，その監視程度に違いを見出すしかないであろう。要するに，監査委員は，特に内部統制システムの合理性・有効性に問題がないかの調査，及び問題があった場合にはその是正のそれぞれについて，取締役には存しない権限を行使して，取締役よりも積極的に行動しなければならないという意味での高度の監視義務を負っていると考えられる。

に，取締役の中から選任されるので，取締役としての監視義務も有している。監査等委員独自の監視義務がどのようなものかについては，制度導入から間もないことから未知数なところがあるが，その解釈においては，指名委員会等設置会社における監査委員の監視義務に関する議論が参考になるであろう。

　c　内部統制システム構築義務

　大阪地裁平成12年判決は，「健全な会社経営を行うためには，目的とする事業の種類，性質等に応じて生じる各種のリスク，例えば，信用リスク，市場リスク，流動性リスク，事務リスク，システムリスク等の状況を正確に把握し，適切に制御すること，すなわちリスク管理が欠かせず，会社が営む事業の規模，特性等に応じたリスク管理体制（いわゆる内部統制システム）を整備することを要する。そして，重要な業務執行については，取締役会が決定することを要するから（商法260条2項），会社経営の根幹に係わるリスク管理体制の大綱については，取締役会で決定することを要し，業務執行を担当する代表取締役及び業務担当取締役は，大綱を踏まえ，担当する部門におけるリスク管理体制を具体的に決定するべき職務を負う。この意味において，取締役は，取締役会の構成員として，また，代表取締役又は業務担当取締役として，リスク管理体制を構築すべき義務を負い，さらに，代表取締役及び業務担当取締役がリスク管理体制を構築すべき義務を履行しているか否かを監視する義務を負うのであり，これもまた，取締役としての善管注意義務及び忠実義務の内容をなすものと言うべきである。」と述べた。このような判決を初めとする多くの裁判例により，今日では，善管注意義務の一環として，内部統制システム構築義務の存在が認められている。会社法も，大会社，監査等委員会設置会社，及び指名委員会等設置会社において，取締役又は取締役会が，取締役又は執行役の職務の執行が法令及び定款に適合することを確保するための体制その他株式会社の業務の適正を確保するために必要なものとして法務省令で定める体制等，すなわち，内部統制システムの整備の決定を義務づけている（会社348条3項4号・4項，会社施規98条，会社362条4項6号・5項，会社施規100条，会社399条の13第1項1号ハ・2項，会社施規110条の4第2項，会社416条1項1号ホ・2項，会社施規112条2項）。

ただ、それらの規定はあくまで内部統制システムの整備の決定義務（決議義務）を定めるものであって[*21]、取締役会やその構成員たる各取締役に、内部統制システムの構築義務を課しているわけではない。そこで、具体的な内部統制システムを構築する義務が誰に存するかについては解釈によるところとなる。この点、大阪地裁平成12年判決は、取締役会設置会社においては、内部統制システムの大綱については取締役会で決定することを要し、業務執行を担当する代表取締役及び業務担当取締役は、大綱を踏まえ、担当する部門における内部統制システムを具体的に決定すべき職務を負い、それらの業務執行者が内部統制システム構築義務を果たしているかについても、取締役会の構成員として各取締役が監視義務を負うと解している。この点、指名委員会等設置会社では執行役が業務執行を行うため、取締役会設置会社における代表取締役及び業務担当取締役の役割は執行役の役割に置換される[*22]。そこで、指名委員会等設置会社について上記分担を置き換えると、指名委員会等設置会社における内部統制システムについては、①取締役会がその大綱について決定する義務があり、②大綱が定められた後、執行役が善管注意義務の一内容として具体的な内部統制システムの構築義務を負い、③取締役会（を構成する取締役）がその構築義務の履行につき、監視義務を負うと解されることになる[*23]。なお、どのような内部統制システムを構築するかについては、当該会社の規模、業務形態等や経営の効率性との兼ね合いなど諸事情を総合考慮の上決定されるべきであり、善管注意義務の場合と同様、経営判断原則が適用される。そして、先に述べたように、仮に何らかの不正行為やその結果が会社に発生したとしても、そのような経営判断の結果として一般に合理的であると判断される内部統制システムを構築し、それが有効に機能していると判断されるときは、取締役は、原則として、当該業務

(*21) したがって、内部統制システムの整備の決定義務を怠った場合には法令違反となるから、善管注意義務に違反するかどうかを問うまでもなく、任務懈怠を構成する。
(*22) 中村直人編『取締役・執行役ハンドブック〔第2版〕』456頁〔澤口実＝近澤諒〕。
(*23) もっとも、③については、前述したように、指名委員会等設置会社においては監査委員が内部統制システムの合理性・有効性を監視する義務を負っているから、（監査委員以外の）取締役による監視と監査委員による監視が重複する。

を担当する他の取締役・執行役や従業員が行った情報収集・調査・検討等が誠実に行われたものと信頼することができ，その限りにおいて，監視義務違反とは認められない（信頼の権利）。

　内部統制システムは，会社の規模，営業の内容等によって異なるものであり，その内容について経営判断原則が適用されるため，普遍的なモデルを提供できるものではない。もっとも，内部統制システム構築義務の限界を考察するにあたり有益な示唆を与えてくれる判例として，最高裁平成21年7月9日判決[*24]が存在する。事案としては，ソフトウェアの開発及び販売等を業とするシステムコンサル会社であるE社の従業員らが営業成績を上げる目的で架空の売上を計上した結果，有価証券報告書に不実の記載がなされ，その後当該事実が公表されて同社の株価が下落したため，公表前に同社の株式を取得して公表後に売却した株主が，同社代表取締役において従業員らの不正行為を防止するための内部統制システムを構築すべき義務に違反したとして損害賠償を請求したというものである。この事案において，最高裁は「……本件不正行為当時，上告人は，〔1〕職務分掌規定等を定めて事業部門と財務部門を分離し，〔2〕F事業部について，営業部とは別に注文書や検収書の形式面の確認を担当するBM課及びソフトの稼働確認を担当するCR部を設置し，それらのチェックを経て財務部に売上報告がされる体制を整え，〔3〕監査法人との間で監査契約を締結し，当該監査法人及び上告人の財務部が，それぞれ定期的に，販売会社あてに売掛金残高確認書の用紙を郵送し，その返送を受ける方法で売掛金残高を確認することとしていたというのであるから，上告人は，通常想定される架空売上げの計上等の不正行為を防止し得る程度の管理体制は整えていたものということができる。そして，本件不正行為は，……通常容易に想定し難い方法によるものであったということができる。また，本件以前に同様の手法による不正行為が行われたことがあったなど，上告人の代表取締役であるXにおいて本件不正行為の発生を予見すべきであったという特別な事情も見当たらない。さらに，……売掛金債権の回収遅延につきYらが挙げていた理由は合理的なもので，販売会社との

[*24]　最判平21・7・9裁時1487号6頁。

間で過去に紛争が生じたことがなく，監査法人も上告人の財務諸表につき適正であるとの意見を表明していたというのであるから，財務部が，Ｙらによる巧妙な偽装工作の結果，販売会社から適正な売掛金残高確認書を受領しているものと認識し，直接販売会社に売掛金債権の存在等を確認しなかったとしても，財務部におけるリスク管理体制が機能していなかったということはできない。」と述べ，内部統制システム構築義務違反を否定した。このように，最高裁は，内部統制システムは，通常想定し得る不正行為に対応する管理体制が整えられていることが必要であるという理解を前提に，①職務分掌規定上，事業部門と財務部門が分離されていたこと，②営業部とは別に営業事務を取り扱う部門を設けた上で財務部に売上報告がされる体制がとられていたこと，③監査法人と財務部が定期的に残高確認をしていたこと，④不正行為を予見すべき特別の事情も見当たらなかったこと，及び⑤監査法人も適正意見を表明していたことから，リスク管理体制が機能していなかったとはいえないと結論した。このような諸点，特に，職務分掌規定において事業部門と財務部門が分離されていた点が，内部統制システム構築義務違反の有無を判断するときに有用であると考えられる。

　　　ｄ　まとめ
　以上の判断枠組みを整理すると，次のとおりである。
　①　自らが業務を執行した場合（業務執行を決定した場合を含む），経営判断原則や信頼の権利といった判断枠組み・法理によって，その善管注意義務の違反の有無が判断される。
　②　①以外の場合（意思決定や業務執行に直接には関与していない役員等の責任が問題となっている場合）については，善管注意義務の一種である監視義務違反が問題となる。監視義務の履行については，経営判断原則は適用されない。ただし，合理的な内部統制システムが整備されていれば，原則として，当該業務を担当する他の取締役や執行役，従業員が行った情報収集・調査・検討等が誠実に行われたと信頼することができ，その信頼に基づいた行動について，監視義務違反が否定される（信頼の権利）。
　③　①②に先行して内部統制システムの構築自体が義務となり得る。内部統制システムの構築については経営判断原則が適用されるものの，経営判断

の限界を超え，一般的に不合理であると判断される内部統制システムを構築した場合，構築義務違反となる。

　㈬　法令違反型

　法令違反型の場合には，法令違反[*25]が認められれば，その役員等の行為が善管注意義務に違反するかどうかを問うまでもなく，直ちに任務懈怠となる。そして，法令違反型の場合には，善管注意義務違反型の判断過程で用いられている経営判断原則の適用を受けることもない。なぜなら，役員等において法令違反行為を行う裁量など元より存しないからである。もっとも，法令違反により任務懈怠が認められたとしても，直ちに損害賠償義務（任務懈怠責任）が生ずるわけではない。すなわち，任務懈怠責任は過失責任であり[*26]，役員等に法令違反の任務懈怠が認められても，それに加えて，法令に違反する可能性のある行為の決定・実施等に際して，故意又は過失が認められない場合には，任務懈怠責任は成立しない[*27]。この故意・過失の判断にあたっては，個々の事実を具体的に検討するほかないが，近時では，

（＊25）　ここにいう「法令」とは，会社を名宛人とし，会社がその業務を行うに際して遵守すべきすべての法令を指し（最判平12・7・7判タ1046号92頁），会社法はもちろんのこと，独占禁止法や金商法，法人税法，刑法等が含まれる。なお，例えば，刑法のように会社自身を直接の名宛人としていないものであっても「法令」に含まれると解されるのは，刑法規範が役員等において職務を執行するにあたり従うべき法規範の一環をなすと考えられるからであり（東京地判平6・12・22判時1518号3頁参照），広く法令といっても，完全に無限定というわけではない。

（＊26）　最判昭51・3・23金法798号36頁。この点，会社法の立案担当者は，任務懈怠と過失は別個の概念であり，取締役の任務のうち法律によって定められているものについては，客観的にその違反が認められる場合には違法と評価せざるを得ないため，別途過失の有無を判断すべきであるとしており（相澤哲編著「立案担当者による新・会社法の解説」別冊商事法務295号117頁以下），このように，任務懈怠と過失を区別し，個別的法令違反の場合と善管注意義務違反の場合の判断構造を分ける見解は二元説と呼ばれることがある。実際，旧商法自体の判例であるが，最判平12・7・7判タ1046号92頁も「……取締役が，法令又は定款に違反する行為をしたとして，本規定に該当することを理由に損害賠償責任を負うには，右違反行為につき取締役に故意又は過失があることを要するものと解される（最高裁昭和四八年（オ）第五〇六号同五一年三月二三日第三小法廷判決・裁判集民事一一七号二三一頁参照）。」と述べ，二元説をとっている。

経営判断原則（と類似の考え方）を用いることにより，その成立範囲を限定することが理論上において志向されている。そこで，法令違反＝任務懈怠が認定されたとしても主観的要件（故意・過失）を欠くとして任務懈怠責任が否定されるのはどのような場合かにつき，場面を分けて述べることとする。

まず，判例上違法であることが確立している場合など法令の解釈・運用が明白であり，役員等がそれらを当然認識していると考えられる場合，それにもかかわらず違法行為を行った時は，特段の事情がない限り，当該役員等において過失が認められると解される。そのため，そのような場合，裁判例においても，過失の有無について特に言及されないことが多い[*28]。

次に，法令の解釈・運用について見解が現状分かれていたり，研究や事例の少ない法律問題であるために当局の解釈・運用を推測することが困難であるために，行為時において法令違反であるか否かが明確でない場合には，主観的要件を判断することは容易ではない。法令違反を認定しながら過失を否定した判例としては，まず，最高裁平成12年7月7日判決[*29]が挙げられるが，同判決は，損失補填が独占禁止法に違反するか否かが問題となった事案に関し，関係当局や公正取引委員会も違法性の認識を有していなかったなど種々の事実を認定した上で，取締役が損失補填を行った当時において，独占禁止法に違反するとの認識を有するにいたらなかったことにはやむな

(*27)　なお，善管注意義務違反型も任務懈怠責任の一類型である以上，過失責任である。そのため，善管注意義務違反型においても，善管注意義務違反（＝任務懈怠）の認定とは別に，理論的には過失の認定も必要となる。ただ，善管注意義務はいわゆる手段債務であり，その認定過程は過失の認定過程そのものであるか，あるいは，実質的にほとんど同一であるから，善管注意義務違反の類型においては，善管注意義務違反＝任務懈怠が認められながら過失が否定される余地はほとんどない。したがって，実務上は，善管注意義務違反に基づく任務懈怠責任が認められる場合には，端的に善管注意義務違反を検討・認定し過失については特に言及しないもの（過失の認定は善管注意義務違反の認定の中に暗黙の裡に吸収されている）や，過失の有無を検討・認定した上で「過失により善管注意義務・監視義務に違反した」といったように善管注意義務違反・監視義務違反の認定を省略するものが裁判例の大勢を占めている。
(*28)　例えば，東京地判平6・12・22判時1518号3頁。
(*29)　最判平12・7・7判タ1046号92頁。

い事情があり認識を欠いたことにつき過失があったとはいえないとして，その責任を否定した。また，類似の損失補塡が問題となった事案においても，東京地裁及び東京高裁は，同様の理由により過失を否定している（最高裁も原告側の上告又は上告受理申立を棄却又は不受理としている）(*30)。さらに，裁判例ではあるが，卸売市場で青果卸売業を営む会社の取締役らが，卸売市場法及び名古屋市条例に違反して集荷対策費を支出したとして，株主が，当該取締役らに対して任務懈怠責任を追及した代表訴訟において，名古屋地裁は，それらの法令違反の事実を認定した上で，取締役らにおいて自身の行為が違法であることの認識を欠いたことにつき過失があったかどうかについては，①集荷対策費の支出は，青果卸売会社を経営するには必要不可欠であり，仮にこれを行わないとすると，当該会社を経営し，収益を上げることは事実上不可能であること，②当該会社のみならず，各地の同業他社も，名称は異なることがあっても，同様の支出を行っていたこと，③当該会社は，1年に1度，名古屋市により検査を受けていたが，この際，名古屋市からは，集荷対策費を支出している事実について把握されていたにもかかわらず，「支出の適正化に努めること。」などの勧告を受けるにとどまっていたことなどの事実から，取締役らが集荷対策費の支出を決定し実施した当時，卸売市場法及び市条例等に違反するという認識を有するにいたらなかったとしてもやむを得なかった面があるというべきであるとして，過失を否定している(*31)。

(*30) 東京地判平9・3・13判時1610号116頁，東京高判平11・2・23判タ1058号251頁，最決平12・10・10金判1105号15頁。特に，東京地裁判決が，「……右過失は違法の認識に関するものであるが，過失があるとするためには，一般的，抽象的に違法の認識の可能性があるというだけでは足りず，具体的な法令違反についての認識の可能性がなければならないと解すべきである。なぜなら，右過失は，独占禁止法19条違反の成否に関するものではなく（この場合は，一般的，抽象的な違法の認識の可能性で足りよう），取締役の損害賠償責任の成否に関するものであって，右のように解しないと，法令違反があれば殆ど常に過失があることになり，取締役に会社に対する損害賠償責任を負わせることが過酷と感じられる場合にまで，右責任が認められることになってしまうからである。」と述べており，このように，「具体的な法令違反についての認識の可能性」がなければ任務懈怠責任上の過失は認められないとした点は，法令違反に関して任務懈怠責任上要求される過失の内容・程度に言及するものとして，意義を有している。

なお，不適切会計事件ではないが，最高裁平成18年4月10日判決[*32]は，融資する理由もなく返済される見込みもない融資を行うことは外形的に善管注意義務違反となるとしつつも，脅迫行為を放置すれば，会社の優良イメージが崩れ，会社そのものが崩壊するなどと考え，これを防ぐためやむを得ず利益供与をしたのであって，取締役らに過失があったとはいえないとした高裁判決[*33]を破棄し，脅迫行為に対して警察に届け出るなどの適切な対応をすることが期待できないような状況にあったとはいえず，やむを得なかったとして過失を否定することはできない旨述べ，原審に差し戻している。このような判決により，最高裁は，法令遵守の姿勢を強め，今後，裁判上において法令違反について過失が否定されるのはレアケースとなると予測する向きもある[*34]。もっとも，そのような予測が，不適切会計事件についても同様に妥当するかは不明である。

ところで，近時の学説によれば，取締役が専門家の意見を聴取するなどして法的リスクを確認し，法令違反のリスクをとることにより予想されるメリットが予想されるデメリットを上回る場合には，法令違反のリスクをとることは許容されるべきであり，そのような場合は帰責事由（過失）が否定されるべきであるとする見解がある[*35]。このような見解は，本来法令違反型においては経営判断原則は適用されないと解されているところ，過失の認定のレベルにおいては経営判断原則（と類似した考え方）を用いて，その成立を制限することを志向するものといえよう。今後実務においてこのような見解が採用されるかは不透明であるが，このような見解を推し進めると，会社の利益のためであるならば，法令違反行為もなお役員等の任務に属する場合

(*31) 名古屋地判平13・10・25判時1784号145頁。
(*32) 最判平18・4・10民集60巻4号1273頁。
(*33) 東京高判平15・3・27判タ1133号271頁。
(*34) 江頭憲治郎ほか編『会社法大系(3)機関・計算等』231頁〔松山昇平＝門口正人〕。
(*35) 大杉謙一「役員の責任——経営判断の原則の意義とその射程」江頭憲治郎編『株式会社法大系』316頁。類似の見解として，川村正幸「判批」判タ948号149頁以下，田中亘「利益相反取引と取締役の責任(下)——任務懈怠と帰責事由の解釈をめぐって」商事法務1764号10頁。

1　不適切会計と法的責任　147

（役員等において法令に違反することについての裁量も認められるという場合）があることを承認することになりかねないのではないかという懸念がある。つまり、法令違反＝任務懈怠の認定段階では用いなかった経営判断原則を過失の認定において事後的に用いることにより、結局、法令違反＝任務懈怠の認定段階において経営判断原則を用いるのと同じ結果になるのではないかという懸念である。したがって、一般的に法令違反型においては経営判断原則は適用されないと考えられている現在の実務としては、このような見解の採用には消極的とならざるを得ないであろう。

(エ)　不適切会計における任務懈怠責任の成否

実務上、不適切会計事件が発生した場合、問題となった会計処理が公正妥当と認められる企業会計の慣行、公正妥当と認められる企業会計の基準、又は公正妥当と認められる会計処理の基準（以下便宜上、これらを総称して「公正なる会計慣行」という）に違反するか否かが中心として問題とされることが多く、不適切会計事件における任務懈怠責任の全体構造は今一つ判然としないところがある(*36)。しかし、不適切会計を承認又は放置したケース(*37)や、不適切会計により分配可能額を超えた配当や自己株式取得を行ったケー

(*36)　これまで不適切会計事件において裁判上大きく争われた論点は、当該会計処理の不適切性（公正なる会計慣行に違反するか）のほかは、不適切会計を承認又は放置した役員等の善管注意義務違反ないし監視義務違反の有無がほとんどである。

(*37)　不適切会計を承認又は放置したケースでは、そのような不作為が問題になる取締役については、不適切会計（＝違法行為）に直接関与していないため、法令違反型ではなく、不適切な会計処理の存在を前提に（ただし、この点自体は当然争点にはなり得る）、そのような会計処理を承認したこと又は放置したことにつき監視義務違反を問えば足りる（要するに、善管注意義務違反型として捉えれば足りる）。すなわち、他の役員等や従業員が、①不適切会計（＝違法行為）を行うことを知っていた場合は、取締役会を招集するなどして当該行為を阻止するための対応をとらなければならないという内容の監視義務（善管注意義務）を負っているとして、その監視義務違反の有無を検討すればよいし、②不適切会計を行っていたこと自体を知らなかった場合や、そういう会計処理の存在自体は知っていたがそれが違法だとまでは認識していなかった場合は、それについての監視義務（善管注意義務）違反の有無を検討すれば良い。①の例は実務上それほど多いわけではないが、②の例はこれまで多くの裁判例の蓄積がある。例えば、会社が長年にわたり損失を隠して利益を計上していたことから、取締役が旧商法266条の

ス^(*38)はともかくとして，不適切会計の実行行為者（実際に会計書類に虚偽記載を行った者だけでなく，指示や計画立案等により積極的に不適切会計に関与・加担した者を含む）の責任追及においては，不適切会計の実行行為自体の任務懈怠性

3第1項に基づく損害賠償責任を問われた事案で，取締役会において計算書類承認の手続がなされないとすれば，計算書類承認のための取締役会の招集，又は招集権者に招集を求め，取締役会において，右計算書類の適正について検討すべき職務上の義務があり，これを重大な過失により怠ったとした裁判例がある（東京地判昭58・2・24判タ492号166頁）。ただし，同裁判例では，重過失による監視義務違反が認められながらも，不適切会計は極秘裡に行われ，かつ，極めて巧妙な手段が用いられたことなどから，仮に当該取締役が，取締役としての職務を遂行し，取締役会で右計算書類が検討されたとしても，当該取締役において，右計算書類が虚偽であることを探知し得たとは考えられないので，取締役としての職務違反と発生した損害の間には相当因果関係がないとしている判断も注目される（なお，不正行為が巧妙に行われていた場合には監視義務違反自体が認められないとした裁判例として，東京地判平6・12・20判タ893号260頁がある）。また，不適切会計を行っていた会社が，自社においてその疑惑があることを公表したことを契機として株価が下落したことについて，虚偽記載の計算書類を信用して株式を購入した株主らが，旧商法266条の3第1項等に基づき，同社の取締役らに対し，株価低落にともなう損害賠償を請求した事件において，大分地裁は，各決算の不適切会計該当性を検討した上，不適切会計にかかる過失の有無について，「……被告Aは，最初に前渡金を資産計上することになった8月26日の取引に関する請求書及び納品書の作り替えを依頼するB管理部長からのメールを受け取っており，また，被告Cに対し，前渡金として処理する支払及び前渡金を外注費に振り替える指示を行っていたし，被告Cから前渡金の問題について疑問を投げかけられていたこともあり，被告CやB管理部長とともに，被告Dに対して，前渡金の増加が問題であり，利益目標達成のためには前渡金がさらに増加することになると訴えていたのであるから，前渡金の増加が粉飾決算になるとの認識を持っていたか，少なくともそのおそれがあるとの認識を持っていたと認められる。」とし，「そうすると，被告Aが供述するように，それが被告Dの指示によるものであったとしても，被告Aは取締役としての代表取締役の業務執行を監視・監督する職務を懈怠して，前渡金増加に伴う決算上の問題点を取締役会に諮り，それを是正するなどの措置を取ることなく，被告Dの指示に従い，故意に，そうでなくとも上記認定事実によれば重大な過失に基づき，被告Cに対し，前渡金増加（粉飾決算）となる外注費振り替え時期の指示を行っていたのであるから，原告らに対して，商法266条の3第1項に基づく損害賠償責任を負うといわざるを得ない。」と結論した（大分地判平20・3・3金判1290号53頁）。同裁判例は，不適切会計に関与した各取締役に過失があるか否かにつき具体的事実をとり上げて判断している点で参考になる。

を直接的に問題にせざるを得ない。そして、一般に法令違反型においては経営判断原則等の適用を受けないとされていることや、法令違反型の場合は過失の立証責任が原告側に存しない（被告側において無過失を立証する責任がある）という点[*39]など、その分類を行うことは判断上及び立証上において意義を有している。そこで、そのような類型分けの観点から、不適切会計事件における任務懈怠責任の全体構造を見てみる。

　まず、不適切会計の実行行為は、「会計書類において公正なる会計慣行に違反する虚偽の会計処理を行うこと」である。具体的には、会社法上の会計書類（計算書類等）であれば、会社法431条が規定する「一般に公正妥当と認められる企業会計の慣行」に違反して虚偽の会計処理を行うことであり、金商法上の会計書類（財務諸表等）であれば、金商法193条・財務諸表等規則1条1項、連結財務諸表規則1条1項等が規定する「一般に公正妥当と認められる企業会計の基準」に違反して虚偽の会計処理を行うことであり、また、法人税法上の会計書類（確定申告書等）であれば、法人税法22条4項が規定する「公正妥当と認められる会計処理の基準」に違反して虚偽の会計処理を行うことである。いずれにしても、不適切会計の実行行為の本質は、当該会計処理が公正なる会計慣行に違反するものかどうかという点にある。そして、公正なる会計慣行に準拠することを求める各法令の条項が法規範性を有するという結論自体には現在ほとんど争いがない[*40]。とすると、公正なる会計慣行に違反することは、すなわち、会社法431条や金商法193条といった個別具体的な法令に違反するものであるから（要するに「会社法431条違反」などと

(*38) 不適切会計により分配可能額を超えた配当を行った事案では、会社法423条1項の任務懈怠責任を問題にするまでもなく、業務執行者等に対して、会社法462条1項に基づく損害賠償責任を問えば足りよう（なお、同条2項）。

(*39) 正確には、善管注意義務違反型の場合であっても、理論的には無過失の立証責任は被告側にある。しかし、既に述べたとおり、善管注意義務違反型の場合、善管注意義務違反の立証の過程で過失の存在を同時的に立証することになってしまうため、実際上は被告側における無過失の抗弁はほとんど機能しない。それに対して、法令違反型の場合は、原告側としては、当該会計処理が違法であること（不適切会計であること）さえ立証できれば、理論上だけでなく実際上も過失の不存在につき相手方に立証責任を負わせることができることになる。

表現できるということである)，不適切会計事件は，理論的には法令違反型として把握すべきことになりそうである。

しかし，そうすると，経営判断原則は，一般に，役員等において具体的な法令違反行為があった場合にはその適用がないと解されているので，不適切会計事件の場合においても，その適用はないと考えざるを得なくなる。つまり，役員等は，確定した公正なる会計慣行が存在する場合においては，何らかの要素の考慮・衡量によりそれに従わないという選択肢を取り得る裁量は認められないということである。

もっとも，公正なる会計慣行の具体的な基準として，企業会計審議会や企業会計基準委員会が発表した会計の諸基準（企業会計基準）が用いられるとしても，その会計基準自体が不明確であったり，あるいは，会計基準のアップデートによる混乱が生じることがあるため，その具体的事例への適否が問題となる場面が発生することがある。つまり，不適切会計事件においては，（法）規範であるところの公正なる会計慣行が不明確な場合があるという特殊性がある（例えば，刑199条（殺人罪）の法規範が明確であるのとは対照的である）。判例上，役員等が選択した基準自体や適用方法が公正なる会計慣行に合致するか否かが今日まで頻繁に争われてきたのは，そのような特殊性があるためである。この（法）規範としての特殊性（不明確性）ゆえに，個々の具体的な会計処理の場面において，どの基準をとるべきか，どのような適用方法をとるべきかという選択・判断を迫られる。そして，そのような選択・判断を行う必要がある以上，その過程で人為的な考慮・衡量の余地が生じるわけである（例えば，刑199条（殺人罪）の法規範においては，人を殺してはならないという規範の解釈やその履践自体に人為的な考慮・衡量が入り込む余地はない）。要するに，（法）規範である公正なる会計慣行に従わないという選択・判断の自由は認められ

(*40) 種々の会計基準それ自体に法規範性が存在するわけではない。ある会計基準が公正妥当なものであると認められた場合（例えば，会社431条に適合すると判断された場合），法規範性を有する会社法431条が媒介することによって，間接的に，当該事案に関してのみ当該会計基準が法規範性を獲得することになるわけである。本文において「（法）規範性」と記載している部分は，そのような公正なる会計慣行の間接的な法規範性を意味するものである。

ないが，どの会計基準に従うか，どう適用するかという範囲内においては，ある程度の選択・判断の自由が生じる可能性があるわけである。こうした点を踏まえると，不適切会計事件を純然たる法令違反型として割り切ることもまたできなさそうである。

　近時の裁判例の中にも，類似した考え方に依拠していると思われるものがあり，例えば，大阪地裁平成24年9月28日判決(*41)（以下「大阪地裁平成24年判決」という）が好例であろう。大阪地裁平成24年判決については，既に第2の3⑴で詳しく分析されているので，詳しくはそちらに譲るが，同判決においては，回復可能性の判断（数字的評価）という会計処理にあたって，善管注意義務違反の認定における経営判断原則（と類似の判断枠組み）が採用されており，ある会計処理が適法であるか否かを判断するにあたって考慮すべき要素の選択やその程度等について，経営者の選択・判断の介在（裁量）を許容する方向性を示すものである。

　このような裁判例も踏まえると，法令違反の場合には経営判断原則は適用されないという命題が効力を有するとしても，そもそも，公正なる会計慣行という（法）規範の場合には，その具体的基準は何か，それをどのように事例に適用するかという点が常に確定しているわけではないため，その判断過程において経営判断原則（と類似の判断枠組み）が適用される可能性があるといえよう。

　まとめると，次のとおりである。まず，（法）規範性を有する公正なる会計慣行への違反という意味では，不適切会計事件は法令違反型に分類される。他方で，法令（公正なる会計慣行）違反があったかどうかを検討する段階では，公正なる会計慣行という（法）規範自体が画一的なものではないので，その具体的基準は何か，それをどのように事例に適用するかという選択・判断が必要となる場合がある。そのような場合においては，大阪地裁平成24年判決が示唆したように，経営判断原則（と類似の判断枠組み）が適用されて，公正なる会計慣行の具体的基準や具体的適用方法につき経営者の選択・判断の介在（裁量）が認められる可能性があり，その意味では，不適切

(*41)　大阪地判平24・9・28判タ1393号247頁。

会計事件を純粋たる法令違反型と割り切ることもできない。

　ただし——大阪地裁平成24年判決の射程の問題とも重なるところであるが——公正なる会計慣行の具体的基準やその適用方法につき経営者の選択・判断の介在（裁量）が認められ得るのは，あくまで，個々の具体的な会計処理の場面において，公正なる会計慣行として，どの基準をとるべきか，どのような適用方法を行うべきかという選択の余地がある場合のみである。そうでない場合，例えば，実態を伴わない架空取引を繰り返し架空の利益計上を行うといった事案の場合は，そのような行為は，企業会計基準の中核たる企業会計原則が定めるところの「真実性の原則」に真っ向から違背するものであり，明らかに公正なる会計慣行に違反している。真実性の原則（架空計上してはならないという会計基準）は，それ自体として明確な（法）規範であるので，そのような基準を選択しないといったような裁量は役員等には認められない。したがって，架空計上については——無論「架空」かどうかの認定は別途要するものの——架空計上することが会社の経営維持の観点からは適切であったというような弁明は一切通用せず，架空計上と認められれば直ちに公正なる会計慣行違反として認定されることとなる。このように，公正なる会計慣行の中でも特に明確なものへの違反については，経営者の選択・判断の介在（裁量）が認められず，直ちに公正なる会計慣行違反となるという点には注意が必要である。もっとも，実際には，会計慣行は決して網羅的ではなく，不明確な場合の方が多いとはいえよう。

　　(オ)　不適切会計の認定プロセス

　上記の議論を踏まえると，不適切会計が認定されるプロセスは以下のとおりである。

　①　不適切会計の認定——当該会計処理が公正なる会計慣行の範囲内かどうかの検討を行う。事案によっては，会計処理の具体的基準は何か，それをどのように事例に適用するかという選択・判断を行う必要がある。そのような場合，経営者の選択・判断の介在（裁量）を認める判断枠組み（大阪地裁平成24年判決等）も斟酌して，当該具体的基準及び具体的適用方法が公正なる会計慣行の範囲内かどうかを検討する。他方で，明らかに公正なる会計慣行に違反する場合は，そのような考慮を行う必要はない。なお，不適切会計であ

るかどうかの認定は，会社の会計処理が公正なる会計慣行の範囲内かどうかという客観的な基準によってなされるものであり，公正なる会計慣行の具体的基準や具体的適用方法につき経営者の選択・判断の介在が認められる場合を除いて，関与者の主観的な要素は考慮しない。

② 役員等の関与の区分――不適切会計が認められたとして，それについて，役員等がどのような形で関与したかを検討する。すなわち，不適切会計の実行行為者（指示するなどにより積極的に不適切会計に関与・加担した者を含む）であるか，あるいは，不適切会計の実行行為を承認ないし放置した者であるかを区別する。

③-1 不適切会計の実行行為者の場合――法令違反型としての任務懈怠責任の検討を行う。すなわち，役員等において，当該会計処理が公正なる会計慣行に違反することについて認識していたかどうか（故意の有無），認識していなかったとしてもそれについて過失があるかどうかを検討する。

③-2 不適切会計を承認ないし放置した者の場合――善管注意義務（監視義務）違反型としての任務懈怠責任の検討を行う。すなわち，他の役員等や従業員が不適切会計を行うことを知っていた場合は，取締役会を招集するなどして当該行為を阻止するための対応をとらなければならないという内容の監視義務（善管注意義務）を負っているとして，その監視義務違反の有無を検討する。また，不適切会計を行っていたこと自体を知らなかった場合や，会計処理の存在自体は知っていたがそれが違法だとまでは認識していなかった場合は，それについての監視義務（善管注意義務）違反の有無を検討する。監視義務の内容については，問題となっている者の立場・役割の整理を前提に個別に検討するほかないが，個別具体的な監視はもとより不可能であるから，当該会社でどのような内部統制システムが構築されていたか，それは一般に合理的か，合理的であるとしてそれは有効に機能していたかを検討することに重点が置かれることになる（信頼の権利の適用）。

イ 第三者に対する損害賠償責任（会社429条1項）

会社法429条1項は，役員等がその職務執行につき任務を懈怠した場合に，任務懈怠につき悪意又は重大な過失があったときは，当該役員等は，これによって第三者に生じた損害を賠償する責任を負うことを規定する。

これは，民法709条の不法行為責任とは異なる特別の法定責任である。会社法429条1項に基づく責任の最大の特徴は，主観的要件が悪意又は重過失に限定されていることを前提に，第三者（請求者）は，自己に対する加害に関する役員等の悪意・重過失を証明しなくても，役員等の会社に対する任務懈怠についての悪意・重過失を証明すれば足りるという点で証明の負担が軽減されていることである[*42]。

役員等における任務懈怠の存否に関しては，会社法423条1項における議論がそのまま妥当する。

会社法429条1項に基づく損害賠償請求権は，10年間の時効期間（民167条1項）により消滅する[*43]。

ウ 第三者に対する損害賠償責任（会社429条2項）

会社法429条2項は，取締役・執行役が，会社法上の計算書類及び事業報告並びにこれらの附属明細書並びに臨時計算書類に記載し，又は記録すべき重要な事項についての虚偽の記載又は記録を行った場合（同項1号ロ），会計参与が，計算書類及びその附属明細書，臨時計算書類並びに会計参与報告に記載し，又は記録すべき重要な事項についての虚偽の記載又は記録を行った場合（同項2号），監査役，監査等委員及び監査委員が，監査報告に記載し，又は記録すべき重要な事項についての虚偽の記載又は記録を行った場合（同項3号），及び会計監査人が，会計監査報告に記載し，又は記録すべき重要な事項についての虚偽の記載又は記録を行った場合（同項4号）において，それらによって第三者に生じた損害を賠償する責任を各人が負う旨規定している。

これらの責任は，一般的には，429条1項と同じく法定の特別責任であると解されている。もっとも，その者が当該行為をすることについて注意を怠らなかったことを証明したときは，当該責任は成立しないとされており（会社429条2項柱書但書），このように過失（429条1項と異なり軽過失も含む）の立証責任が転換されているなどといった点において，後述する金商法上の民事責

(*42)　最判昭44・11・26民集23巻11号2150頁。
(*43)　最判昭49・12・17民集28巻10号2059頁。

任と類似している面もある（このような類似性から，これらの責任の本質を不法行為責任とみる見解もある）。ただし，これらの責任を負うのは，あくまで各号に列挙された者であり，かつ，当該各号に定める行為の決定に直接関与した者である。したがって，各号に定める行為の決定に直接関与していない者においては，善管注意義務（監視義務）違反として429条１項によりその責任が捕捉され得るものの[*44]，同条２項の責任が発生することはない。つまり，同項の責任は，不適切会計の実行行為者についてのみ適用され得る規定であり，この点で金商法上の民事責任と異なる[*45]。

「重要な事項」の該当性は，虚偽記載が行われた事項が当該会社の財務状況の反映にどのような影響を及ぼすかという観点から判断される。例えば，貸借対照表に商品残高を過大計上した会社において，その代表取締役等について旧商法266条の３第２項（現会社法429条２項）に基づく損害賠償責任が問われた事案で，東京地裁は，貸借対照表における商品在庫の残高の記載は，当該会社のような小売業においては，その商品在庫の残高が財務状況に大きく影響し，資産の中でも大きな割合を占めるものであることなどに照らせば，そのような数字の虚偽記載は貸借対照表の重要事項の虚偽の記載にあたるというべきである旨判示している[*46]。このように，虚偽記載が行われた事項が重要な事項かどうかは，当該会社の業態等との相対的関係性において判断されるべきものである。もっとも，虚偽記載の対象となった金額（数額）が著しく実体とかけはなれたものである場合は，直ちに，重要な事項について虚偽記載があったものと認める裁判例も多い。

また，虚偽記載と請求者において生じた損害の間には，相当因果関係があることが必要である。会社の振り出した約束手形の割引の際に，当該会社の財務状態について会社四季報を閲覧したにすぎない者が被った損害は，旧商法266条の３第２項の規定による保護の範囲外とした裁判例があるが[*47]，

(*44) そのような例として，横浜地判平11・６・24判タ1039号224頁。
(*45) 金商法上の民事責任においては，監視義務違反に基づく責任が発生し得る。
(*46) 東京地判平19・11・28金法1835号39頁。
(*47) 名古屋高判昭58・７・１判タ510号193頁。

他方で、建設業者がある会社からの下請工事を受注するか否かを決定するにあたり、取引先銀行に当該会社の信用状態の調査を依頼したところ、当該銀行からは、不適切会計が行われた計算書類に依拠した帝国データバンク作成の調査報告書等に基づいて、当該会社の信用状態に問題がない旨の回答を得たので、これを信用して下請工事を受注したという事案では、本件不適切会計と当該建設業者が下請工事を受注したこと及び請負代金の支払を受けられず代金相当額の損害を被ったこととの間には、相当因果関係があるとした裁判例もある[*48]。

429条2項に基づく損害賠償請求権は、10年間の時効期間（民167条1項）により消滅する[*49]。

エ　代位責任（会社350条）

会社法350条は、会社が、代表取締役その他の代表者がその職務を行うについて第三者に加えた損害を賠償する責任を規定する。これは、代表取締役その他の代表者が不法行為責任を負った場合に、それを会社が代位して、損害を賠償する責任を定めたものである。

まず、「代表取締役その他の代表者」には、指名委員会等設置会社における代表執行役や業務執行取締役（当該業務執行取締役の業務執行権限の範囲において業務執行を行った場合）、表見代表取締役（会社354条）が含まれる。代表取締役その他の代表者に該当しない者（単なる従業員等）の不法行為については、本条の適用はなく、民法715条が適用される。次に、「その職務を行うについて」の意義については、いわゆる外形理論（外形上職務執行と認められるもの）が適用されると解される[*50]。さらに、会社法350条が適用されるためには、代表取締役その他の代表者において不法行為責任が成立しなければならない。ここにいう不法行為責任には、民法709条や同法719条に基づく損害賠償責任が含まれるが、会社法429条1項及び2項に基づく損害賠償責任は、一般に不法行為責任ではないと解されているため、含まれない。なお、会社

（*48）　横浜地判平11・6・24判タ1039号224頁。
（*49）　最判昭49・12・17民集28巻10号2059頁参照。
（*50）　民法715条に関するものであるが、最判昭32・7・16民集11巻7号1254頁参照。

法350条に基づき会社に損害賠償責任が成立する場合，それは，代表取締役その他の代表者において成立する不法行為責任とは不真正連帯債務の関係に立つ。

会社から代表取締役その他の代表者に対する求償関係が問題となるが，会社法350条は，民法715条3項に規定されるような求償規定を有していない。もっとも，会社が会社法350条に基づき第三者に対して損害を賠償した場合には，そのような事態を招いたこと自体が会社に対する善管注意義務違反となり，代表取締役その他の代表者に対して求償を行うことができると解される。

会社法350条に基づく損害賠償請求権は，あくまで不法行為を行った者自身の不法行為責任を代位するものであるから，一般不法行為による損害賠償請求権の消滅時効に関する民法724条が適用され，被害者が，損害を被ったこと及び代表取締役その他の代表者が加害者であることを知った時から3年間の時効期間，及び不法行為の時から20年間の除斥期間により消滅する。

オ　役員等の解任

会社法上，役員（取締役，会計参与及び監査役）及び会計監査人は，いつでも，株主総会の決議によって解任することができるものの（同法339条1項），解任された者は，その解任について正当な理由がある場合を除き，株式会社に対し，解任によって生じた損害の賠償を請求することができるとされている（同条2項）。ここで，不適切会計又は不適切会計に問疑されるもの（結論において不適切会計とは評価されないもの）への関与が解任の正当な理由に該当するかが問題になるが，一般的に，その職務の執行に関し不正の行為又は法令若しくは定款に違反する重大な事実があった場合には，解任の正当な理由が認められることからすると（同法854条1項柱書参照），不適切会計も法令違反である以上，それへの関与は解任の正当な理由を構成すると考えられる。また，不適切会計に問疑されるものへの関与についても，その会計処理の内容や関与の程度によっては，不正の行為ないし法令違反行為に準じるものとして，解任の正当な理由を構成し得る。

158　第4　会計基準に違反する会計処理

(3) 金商法上の責任
ア　民事責任
(ア)　発行開示書類等（特に有価証券届出書及び目論見書[*51]）に関する民事責任

a　会社の責任

　有価証券の発行者たる会社においては，有価証券届出書に，その重要な事項について虚偽の記載があり，又は記載すべき重要な事項若しくは誤解を生じさせないために必要な重要な事実の記載が欠けているとき[*52]（以下「虚偽記載等」という）は，当該有価証券を当該募集又は売出しに応じて取得した者に対し，損害賠償責任を負う（金商18条1項本文）。ただし，当該有価証券を取得した者がその取得の申込みの際，当該虚偽記載等があることを知っていたときは，この責任を負わない（同項但書）。この損害賠償責任は，無過失責任である。また，その損害額については，請求権者が当該有価証券の取得について支払った額から損害賠償請求時における市場価額（市場価額がないときは，その時における処分推定価額），又は既に当該有価証券を処分している時は当該有価証券の処分価額を差し引いた額と法定されている（金商19条1項）。もっとも，請求権者が受けた損害の額の全部又は一部が，有価証券届出書に

(*51)　金商法上，「発行開示書類」とは，有価証券届出書，訂正届出書，発行登録書・その添付書類，訂正発行登録書，及び発行登録追補書類・その添付書類をいうとされている（同法172条の2第3項）。したがって，厳密には目論見書は発行開示書類に分類されてはいないことになるが，目論見書は，有価証券の募集又は売出しのために投資者等の相手方に提供する文書であって，その内容もほとんど有価証券届出書と同一であり，また，金商法上においても有価証券届出書にかかる条項を準用することが多いことから，便宜上，発行開示書類の項目中においてとり上げることとする。

(*52)　一般的に，投資者の投資判断に影響を与えるような事項が「重要な事項」に該当すると解されている。そして，会社法におけるのと同様に，虚偽記載かどうか（不適切会計かどうか）の認定は，会社の会計処理が一般に公正妥当と認められる企業会計の基準の範囲内かどうかという客観的な基準によってなされるものであり，意図的かどうかなど，関与者の主観的な要素は考慮しない。したがって，不適切会計により，その会社の財務状態について投資家の判断を誤らせるおそれがある程度に達する額の差が生じていれば「重要な事項についての虚偽の記載」があったものといえる。以下「虚偽記載」が問題になる場合について同様である。

おける虚偽記載等以外の何らかの原因により生じた値下りによるものであることを証明した場合においては，会社は，その分について損害賠償責任を負わない（同条2項）。目論見書における虚偽記載等についても，会社は，有価証券届出書におけるのと同様の責任を負う（金商18条2項）。このような損害賠償責任については，短期消滅時効の定めが金商法上設けられており，請求者が有価証券届出書又は目論見書のうちに虚偽記載等があることを知った時又は相当な注意をもってこれを知ることができる時から3年間の時効期間，及び当該有価証券の募集又は売出しにかかる届出がその効力を生じた時又は当該目論見書の交付があった時から7年間の除斥期間により消滅する（金商20条）。

　以上は，発行市場における民事責任であるが，有価証券届出書の虚偽記載等に関しては，上記に加えて，流通市場における民事責任も存在する。会社は，有価証券届出書に虚偽記載等がある場合，当該書類が公衆の縦覧に供されている間に当該会社が発行者である有価証券を募集又は売出しによらないで取得した者又は処分した者に対し，金商法19条1項の規定の例により算出した額を超えない限度において，損害賠償責任を負う（金商21条の2第1項）。ただし，当該有価証券を取得した者又は処分した者がその取得又は処分の際虚偽記載等を知っていたときは，この限りでない（同項但書）。この損害賠償責任は，発行市場における責任とは異なり，過失責任であるが，証明責任が転換されている（同条2項）。また，当該書類の虚偽記載等の事実が公表されたときは，当該虚偽記載等の事実の公表がされた日前1年以内に当該有価証券を取得し，当該公表日において引き続き当該有価証券を所有する者は，当該公表日前1か月間の当該有価証券の市場価額（市場価額がないときは，処分推定価額）の平均額から当該公表日後1か月間の当該有価証券の市場価額の平均額を控除した額を，当該書類の虚偽記載等により生じた損害の額とすることができるとして，損害額の推定規定が設けられている（同条3項）。もっとも，会社は，同項の規定による推定額の全部又は一部が，当該書類の虚偽記載等によって生ずべき当該有価証券の値下り以外の事情により生じたことを証明したときは，その分について損害賠償責任を負わない（同条5項）。さらに，会社自身においてそのような事情の存在を証明することが困難な場合も

あることから，同条3項の場合において，その請求権者が受けた損害の全部又は一部が，当該書類の虚偽記載等によって生ずべき当該有価証券の値下り以外の事情により生じたことが認められ，かつ，当該事情により生じた損害の性質上その額を証明することが極めて困難であるときは，裁判所は，口頭弁論の全趣旨及び証拠調べの結果に基づき，賠償の責めに任じない損害の額として相当な額の認定をすることができる（同条6項。なお，民訴248条も参照）。流通市場における会社の民事責任の消滅時期については，金商法20条の規定が準用され（同法21条の3），2年間の時効期間，及び当該書類が提出された時から5年間の除斥期間により消滅する。

　　b　個人の責任

　有価証券届出書に虚偽記載等があった場合，有価証券届出書の提出時における会社の取締役，会計参与，監査役又は執行役又はこれらに準ずる者（以下「役員」という）や有価証券届出書の財務諸表について監査証明をした公認会計士又は監査法人等についても，有価証券を募集又は売出しに応じて取得した者に対し，損害賠償責任を負う（金商21条1項本文）。ただし，当該有価証券を取得した者がその取得の申込みの際，当該虚偽記載等があることを知っていたときは，この責任を負わない（同項但書）。この損害賠償責任は，発行市場において会社が負う責任とは異なり，過失責任であるが，証明責任が転換されている（同条2項）。この点，会社法429条2項の損害賠償責任とこの責任は類似しているといえるが，会社法429条2項の損害賠償責任と異なり，この責任は，行為に直接関与した者に限定されない。つまり，役員は監視義務違反によっても，この責任を負う。また，損害額については，金商法19条のような特別の規定が設けられていないため，請求権者は自ら損害額を立証しなければならない。目論見書における虚偽記載等についても，役員及び売出人は，有価証券届出書におけるのと同様の責任を負う（金商21条3項）。個人の民事責任の消滅時期については，金商法上特別の短期消滅時効の定めが存しないため，一般不法行為による損害賠償請求権の消滅時効に関する民法724条が適用される。すなわち，被害者（有価証券取得者）が損害及び加害者を知った時から3年間の時効期間，及び不法行為の時から20年間の除斥期間により消滅する。

以上は，発行市場における民事責任であるが，有価証券届出書の虚偽記載等に関しては，上記に加えて，流通市場における民事責任も存在する。すなわち，有価証券届出書に虚偽記載等があった場合，会社の役員及び監査証明を行った公認会計士又は監査法人は，当該虚偽記載等を知らないで，有価証券を募集又は売出しによらないで取得した者又は処分した者に対し，損害賠償責任を負う（金商22条1項）。この責任も立証責任が転換された過失責任である（同条2項・21条2項）。流通市場における個人の民事責任の消滅時期についても，金商法上特別の短期消滅時効の定めが存しないため，一般不法行為による損害賠償請求権の消滅時効に関する民法724条が適用され，被害者（有価証券取得者）が損害及び加害者を知った時から3年間の時効期間，及び不法行為の時から20年間の除斥期間により消滅する。

(イ) 継続開示書類に関する民事責任

　　a　会社の責任

　会社は，継続開示書類（有価証券報告書，四半期報告書，半期報告書，内部統制報告書，臨時報告書）に虚偽記載等があった場合，当該書類が公衆の縦覧に供されている間に有価証券を募集又は売出しによらないで取得した者又は処分した者に対し，金商法19条1項の規定の例により算出した額を超えない限度において，損害賠償責任を負う（金商21条の2第1項）。ただし，当該有価証券を取得した者又は処分した者がその取得又は処分の際虚偽記載等を知っていたときは，この責任を負わない（同項但書）。この損害賠償責任は，証明責任が転換された過失責任である（同条2項）。また，当該書類の虚偽記載等の事実の公表がされたときは，当該虚偽記載等の事実の公表がされた日前1年以内に当該有価証券を取得し，当該公表日において引き続き当該有価証券を所有する者は，当該公表日前1か月間の当該有価証券の市場価額（市場価額がないときは，処分推定価額）の平均額から当該公表日後1か月間の当該有価証券の市場価額の平均額を控除した額を，当該書類の虚偽記載等により生じた損害の額とすることができるとして，損害額の推定規定が設けられている（同条3項）。もっとも，会社は，同項の規定による推定額の全部又は一部が，当該書類の虚偽記載等によって生ずべき当該有価証券の値下り以外の事情により生じたことを証明したときは，その分について損害賠償責任を負わない

(同条5項)。さらに，会社自身においてそのような事情の存在を証明することが困難な場合もあることから，同条3項の場合において，その請求権者が受けた損害の全部又は一部が，当該書類の虚偽記載等によって生ずべき当該有価証券の値下り以外の事情により生じたことが認められ，かつ，当該事情により生じた損害の性質上その額を証明することが極めて困難であるときは，裁判所は，口頭弁論の全趣旨及び証拠調べの結果に基づき，賠償の責めに任じない損害の額として相当な額の認定をすることができる（同条6項。なお，民訴248条）。会社の民事責任の消滅時期については，金商法20条の規定が準用され（同法21条の3），2年間の時効期間，及び当該書類が提出された時から5年間の除斥期間により消滅する。

　　　　b　個人の責任

　有価証券報告書に虚偽記載等があった場合，会社の役員及び監査証明を行った公認会計士又は監査法人は，当該記載虚偽等を知らないで，有価証券を取得した者又は処分した者に対し，損害賠償責任を負う（金商24条の4・22条1項）。この責任も立証責任が転換された過失責任である（金商24条の4・22条2項・21条2項）。内部統制報告書，四半期報告書，半期報告書，及び臨時報告書における虚偽記載等についても，同様の損害賠償責任が定められている（金商24条の4の6・24条の4の7第4項・24条の5第5項）。個人の民事責任の消滅時期については，一般不法行為による損害賠償請求権の消滅時効に関する民法724条が適用され，被害者（有価証券取得者）が損害及び加害者を知った時から3年間の時効期間，及び不法行為の時から20年間の除斥期間により消滅する。

　　イ　行政上の責任（課徴金）

　　　(ｱ)　発行開示書類等（特に有価証券届出書及び目論見書）に関する課徴金

　　　　a　会社の責任

　重要な事項につき虚偽の記載があり，又は記載すべき重要な事項の記載が欠けている発行開示書類を提出した会社が，当該発行開示書類に基づく募集又は売出し（当該会社が所有する有価証券の売出しに限る）により有価証券を取得させ，又は売り付けたときは，当該会社は，①当該発行開示書類に基づく募集により有価証券を取得させた場合には，当該取得させた有価証券の発行価

額の総額の2.25％（当該有価証券が株券等である場合にあっては4.5％），②当該発行開示書類に基づく売出しにより当該会社が所有する有価証券を売り付けた場合には，当該売り付けた有価証券の売出価額の総額の2.25％（当該有価証券が株券等である場合にあっては4.5％）の課徴金を負う（金商172条の2第1項）。重要な事項につき虚偽の記載があり，又は記載すべき重要な事項の記載が欠けている目論見書を使用した会社が，当該目論見書にかかる売出しにより当該会社が所有する有価証券を売り付けた場合についても，同項が準用されている（同条4項）。会社に対する課徴金賦課の要件は，重要な事項につき虚偽の記載があるか，又は記載すべき重要な事項の記載が欠けているかという客観的な要素で決まるものであり，関与者が虚偽の記載であることを認識していたかどうか，あるいは認識しなかったことについて過失があるかどうかなどの主観的な要素は考慮されない。

　　b　個人の責任

　重要な事項につき虚偽の記載があり，又は記載すべき重要な事項の記載が欠けている発行開示書類を提出した会社の役員等（当該会社の役員，代理人，使用人その他の従業者をいう。以下同じ）であって，当該発行開示書類における重要な事項につき虚偽の記載があり，又は記載すべき重要な事項の記載が欠けていることを知りながら，当該発行開示書類の提出に関与した者が，当該発行開示書類に基づく売出しにより当該役員等が所有する有価証券を売り付けたときは，当該役員等は，当該売り付けた有価証券の売出価額の総額の2.25％（当該有価証券が株券等である場合にあっては，4.5％）の課徴金を負う（金商172条の2第2項）。重要な事項につき虚偽の記載があり，又は記載すべき重要な事項の記載が欠けている目論見書を使用した会社の役員等であって，当該目論見書における重要な事項につき虚偽の記載があり，又は記載すべき重要な事項の記載が欠けていることを知りながら，当該目論見書の作成に関与した者が，当該目論見書にかかる売出しにより当該役員等が所有する有価証券を売り付けた場合についても，同項が準用されている（同条5項）。このように役員等の個人に対する課徴金賦課の要件としては，会社に対する課徴金とは異なり，重要な事項につき虚偽の記載があるか又は記載すべき重要な事項の記載が欠けているかという客観的な要素に加え，そのような事情があるこ

とを知っていたという役員等の主観的な要素も必要となる。
　(イ)　継続開示書類に関する課徴金
　重要な事項につき虚偽の記載があり、又は記載すべき重要な事項の記載が欠けている有価証券報告書・添付書類・訂正報告書を提出した会社は、600万円、又は当該会社が発行する算定基準有価証券（株券、優先出資法に規定する優先出資証券その他これらに準ずるものとして政令で定める有価証券をいう。以下同じ）の市場価額の総額の10万分の6のいずれか高い金額の課徴金を負う（金商172条の4第1項）。また、重要な事項につき虚偽の記載があり、又は記載すべき重要な事項の記載が欠けている四半期報告書・半期報告書・臨時報告書・訂正報告書を提出した会社は、300万円、又は算定基準有価証券の市場価額の総額の10万分の3のいずれか高い金額の課徴金を負う（同条2項）。発行開示書類等の場合と異なり、重要な事項につき虚偽の記載があるか、又は記載すべき重要な事項の記載が欠けている継続開示書類の提出行為自体が課徴金賦課の要件となっており、その提出行為の結果、第三者に有価証券を取得させることは必要ではない。
　なお、発行開示書類等の場合と異なり、役員等への課徴金制度は存在しない。これは、課徴金制度が、違反行為により得られた経済的利得の剥奪を1つの目的とするものであるところ[*53]、発行開示書類等の場合の課徴金制度は、虚偽の記載等に関与した役員等が自身の保有する株式を売り付けたことによる不当な利得の保持を問題視するものであるのに対し、継続開示書類の場合はあくまで流通市場での有価証券の取得に対する影響を問題視するものであり、役員等自身が保有する株式を売り付ける場面ではないので、役員等において直接的な利得が発生するわけではないからである。
　ウ　刑事責任
　有価証券届出書（その訂正届出書を含む）、発行登録書、訂正発行登録書、発行登録追補書類、又は有価証券報告書（その訂正報告書を含む）であって、そ

(*53)　課徴金制度の目的には「違法行為の抑止」も含まれており、特に近年では、こちらの目的の方が主要なものと理解される傾向にある。課徴金制度の目的については、(4)**イ**で詳しく述べることとする。

の重要な事項につき虚偽の記載のあるものを提出した者は、10年以下の懲役若しくは1000万円以下の罰金に処され、又はこれを併科される（金商197条1項1号）。法人（法人でない団体で代表者又は管理人の定めのあるものを含む。以下この項目において同じ）の代表者又は法人若しくは人の代理人、使用人その他の従業者が、当該法人又は人の業務又は財産に関し、このような違法行為を行ったとき、当該法人においては、7億円以下の罰金が科される（同法207条1項1号）。

有価証券届出書（その訂正届出書を含む）、発行登録書、訂正発行登録書、発行登録追補書類、有価証券報告書（その訂正報告書を含む）、内部統制報告書（その訂正報告書を含む）、四半期報告書（その訂正報告書を含む）、半期報告書（その訂正報告書を含む）、又は臨時報告書（その訂正報告書を含む）の各書類の写しの提出又は送付にあたり、重要な事項につき虚偽があり、かつ、写しの基となった書類と異なる内容の記載をした書類をその写しとして提出し、又は送付した者は、5年以下の懲役若しくは500万円以下の罰金に処され、又はこれを併科される（同法197条の2第2号）。次に、有価証券報告書の添付書類（その訂正報告書を含む）、内部統制報告書（その訂正報告書を含む）、四半期報告書（その訂正報告書を含む）、半期報告書（その訂正報告書を含む）、臨時報告書（その訂正報告書を含む）、又は親会社等状況報告書（その訂正報告書を含む）について、その重要な事項につき虚偽の記載のあるものを提出した者は、5年以下の懲役若しくは500万円以下の罰金に処され、又はこれを併科される（同条6号）[*54]。さらに、発行開示書類（その添付書類及び訂正書類を含む）、継続開示書類（その添付書類及び訂正書類を含む。なお、確認書を除く）の写しの公衆縦覧にあたり、重要事項に虚偽があり、かつ、写しの基となった書類と異なる内容の記載をした書類をその写しとして公衆の縦覧に供した者は、5年以下の懲役若しくは500万円以下の罰金に処され、又はこれを併科される（同条7号）。そして、法人の代表者又は法人若しくは人の代理人、使用人その他の従業者が、当該法人又は人の業務又は財産に関し、このような違法行為を行ったと

（*54）　同法197条の2第2号と同条6号の関係が問題となるが、原本及び写しに同一の虚偽が認められる場合には、同条6号の罰則が適用されると解される。

き，当該法人においては，5億円以下の罰金が科される（同法207条1項2号）。

(4) 虚偽の会計処理につき役員等が賠償責任を負う損害の範囲について
ア 信用毀損による損害，弁護士に対する報酬，調査委員会にかかる費用等

虚偽の会計処理が行われた場合において，役員等[*55]が任務懈怠に基づく賠償責任（会社423条1項）を負う損害の範囲は，民法の一般原則と同様，虚偽の会計処理と相当因果関係のある損害である。したがって，その範囲は，不法行為に基づく損害賠償責任におけるものと重なり得ると考えられる。

もっとも，（株主代表訴訟の場合であっても）任務懈怠に基づく賠償はあくまで会社に生じた損害を填補するものであるから，株主や会社債権者がその利益を侵害されたとして損害賠償を請求する場合とは賠償すべき損害の範囲が異なる。例えば，虚偽の会計処理が対外的に発覚したことにより生じた株価の下落は直ちには会社に生じた損害とはならないが，虚偽の会計処理が発覚したことにより会社が被った信用毀損による損害や，当局対応や調査のために起用した弁護士に対する報酬，実体解明のために設置した第三者委員会・責任追及委員会等の特別の調査委員会にかかる費用等が，役員等において賠償責任を負う損害に含まれるかどうかが問題となる。

虚偽の会計処理が発覚したことにより会社が被った信用毀損については，その金銭的評価が困難なところがあるものの，民事訴訟法248条により，裁判所が合理的な範囲内で算定することは可能である。この点，近時の裁判例において，虚偽の会計処理の存在を疑われた際の対応（当該疑惑を指摘した代表取締役を解職した行為）が，同代表取締役が指摘していた疑惑を隠蔽するためになされたとの見方をされてもやむを得ないものであること，実際に同代

(*55) 本項では，会社法上の任務懈怠責任の成否を中心に検討するため，会社法423条1項の定義に則り，取締役，会計参与，監査役，執行役又は会計監査人を「役員等」と呼称する。なお，金商法では，取締役，会計参与，監査役若しくは執行役又はこれらに準ずる者が「役員」と呼称されている（同法21条1項1号）。

表取締役の解職を受けて，会社の経営の混乱や迷走，コーポレートガバナンスの体制や法令遵守の姿勢の欠如を指摘する多数の新聞報道がされ，会社は，各種プレスリリースや本件第三者委員会の設置等の対応を強いられたことなどから，当該解職行為によって会社において信用毀損による損害が生じたと認定した上で，民事訴訟法248条を適用して，損害額を算定した例がある[*56]。

　他方で，当局対応や調査のために起用した弁護士に対する報酬，実体解明のために設置した第三者委員会・責任追及委員会等の特別の委員会にかかる費用については，即座にそれらと虚偽の会計処理の間に因果関係を認めることには疑問がある[*57]。というのは，弁護士を起用することや調査委員会を設置するかどうかは，法律上の義務ではなく，会社において，報道等の外的要因や株主や会社債権者からの要求等，会社を取り巻く様々な状況を勘案して，その時点の判断として起用や設置を決定するものであり，まさしく経営判断と言うべきものである。仮に弁護士や調査委員会の調査によって虚偽の会計処理の存在が認定された場合，その費用を役員等に転嫁することが可能となってしまうと，役員等において弁護士を起用したり調査委員会を設置することに対して抑制的又は萎縮的な姿勢をとらざるを得なくなり，畢竟，事態の解決が困難になる可能性もある。その意味で，虚偽の会計処理と弁護士の起用や委員会にかかる費用の間に因果関係を認めることは相当とはいえない。また，そもそも，調査の結果虚偽の会計処理の存在が認定されたとしても，文字通りそれは結果論であって，虚偽の会計処理が存在していたから調査委員会が設置されたという因果関係（条件関係）は実は存在していないようにも思える。したがって，虚偽の会計処理と弁護士の起用や委員会にかかる費用の間に因果関係を認めることは適当ではないと考える。

(*56)　東京地判平29・4・27資料版商事法務400号119頁。
(*57)　なお，当局対応や調査のために起用した弁護士に対する報酬については，特段の事情が認められない限り，虚偽の会計処理と弁護士報酬の間に因果関係が認められるとした裁判例として，大阪地判平12・9・20判タ1047号86頁。

イ　会社法と金商法の横断問題（課徴金等の役員等への転嫁可能性）

　役員等の違法行為により，会社に金商法上の課徴金が課された場合，その課徴金相当額を会社の損害とみて，役員等に対し，会社法上の任務懈怠責任に基づく損害賠償（会社423条１項）を請求することはできるだろうか。この点，会社法の規定だけを見ると，同法は役員等が任務懈怠責任を負うべき損害の範囲については限定を行っていないので，形式的には，課徴金相当額を損害賠償の範囲から除外すべき理由は存在しない。裁判例を見ても，金商法上の課徴金に関するものではないが，航空等の航行や飛翔に関連するシステム，機器，部品の開発，製造，販売等を目的とする会社が，不正輸出を行い，米国の武器輸出管理法・国際武器取引規則違反による特別課徴金（邦貨換算額合計24億8030万円）及びわが国の関税法・外為法違反による罰金500万円を負った事案において，特別課徴金の４割にあたる９億9212万円及び罰金500万円相当額につき，取締役に任務懈怠責任に基づく損害賠償義務の成立が認められている[*58]。また，ニューヨークに支店を有する銀行の行員が無断取引等により約11億ドルの損害を発生させたにもかかわらず，当該銀行はその事実を米国当局に隠匿していたなどとして，米国において刑事訴追を受け，有罪答弁を行い，最終的に罰金３億4000万ドルを支払った事案において，その一部につき，代表取締役や取締役に任務懈怠責任に基づく損害賠償義務の成立が認められている[*59]。

　他方で，金商法上の課徴金の趣旨を考えたとき，会社に課された課徴金につき役員等に損害賠償義務を負わせることには問題があるように思われる。すなわち，金商法上の課徴金の趣旨は立法当初から「違法行為の抑止」にあり，独占禁止法上の課徴金とは異なり[*60]，（不当利得の剥奪を通じた）社会的公正の確保を直接の目的とはしていない[*61]。確かに，金商法上の課徴金の算定方法については経済的利得相当額が基準とされてはいるものの，これは，立法段階において，金商法上の課徴金は新制度であるから，違法行為の抑止にとって必要最小限の水準として経済的利得相当額を一応の基準として

(*58)　東京地判平８・６・20判時1572号27頁。
(*59)　大阪地判平12・９・20判タ1047号86頁。

設定するという保守的な発想がとられたからであり，金商法上の課徴金の趣旨を社会的公正の確保に求めたことの演繹的帰結ではない。つまり，不当利得相当額の金銭的負担というのは，金商法上の課徴金の意義としては機能的なものにすぎない（目的的意義ではない）[*62]。さらに，近年においては，課徴金額が引き上げられる方向で金商法が改正されており，その結果，金商法上の課徴金は，違法行為の抑止のための「制裁」としての意味をより強めていると指摘されている[*63]。このように，金商法上の課徴金の趣旨が「制裁」にあるのだとすれば，そのような制裁は，会社の姿勢を正すためのものとして，名宛人たる会社自身がこれを終局的に負担すべきであり，この負担を任務懈怠責任の形で役員等に転嫁することは本質的に許されないのではないかという見方もできる[*64]。

ところで，金商法上の課徴金の趣旨が不当利得の剥奪を通じた制裁にあるとして，その制裁としての実効性がどれだけ発揮されるかは，それによる経

(*60) 金商法上において課徴金制度を導入するにあたって参考にしたと思われる独占禁止法上の課徴金制度は，カルテルによる経済的利得を国が違反行為者から徴収することで，社会的公正を確保すると同時に，違法行為の抑止を図り，カルテル禁止規定の実効性を確保するための行政上の措置であると伝統的には説明されてきた。すなわち，独占禁止法上の課徴金の趣旨は「社会的公正の確保」と「違法行為の抑止」とされているのである。ここにいう「社会的公正の確保」とは，法令に違反して得た不当な利益の保持を許すことは他の法令遵守者との関係で不公正であり，そのような不公正は是正されるべきであるという意味であり，このような趣旨を強調すると，課徴金額の限度は，不当な経済的利得相当額にとどまる。他方，「違法行為の抑止」とは，文字どおり，違反者に積極的な経済的不利益を課すことであり，違法行為を行ったことに対する反動作用（制裁）としての意味を有している。そこで，違法行為の抑止の趣旨を強調すると，その実効性を担保できる程度の金額を確保することが望ましいということになる（杉村和俊「金融規制における課徴金制度の抑止効果と法的課題」金融研究34巻3号151頁以下参照）。

(*61) 杉村・前掲（*60）151頁以下，岸田雅雄監修『注釈金融商品取引法(3)行為規制』208頁，210頁〔田中利彦〕。

(*62) 田中・前掲（*61）207頁以下，三井秀範編『課徴金制度と民事賠償責任——条解証券取引法』13頁参照。

(*63) 神田秀樹ほか編『金融商品取引法コンメンタール(4)不公正取引規制・課徴金・罰則』208頁〔石田眞得〕，田中・前掲（*61）208頁，210頁。

済的負担を負う者に対して，どれだけの抑止効果を有しているかによって定まるものである。この点，会社に課された課徴金による経済的負担は，最終的には会社の株主が負うことになる。本来，株主には，取締役や監査役の選解任や違法行為の差止請求等によって会社の行動を最終的に制御する責任があり，株主が選任した取締役や監査役による経営や監視体制のもとで会社が違法行為を行ってしまった場合には，その損害については最終的には会社の所有者たる株主自らが負担すべきであると考えられる。したがって，制裁金たる課徴金による経済的負担は，原則として，株主がこれを負うべきであるといえる。それにもかかわらず，課徴金相当額について，取締役に対し任務懈怠責任に基づく損害賠償を請求することは，原則として株主が負担すべき課徴金による経済的負担を役員等へ転嫁するということを意味する。このように，課徴金の転嫁可能性の問題は，株主と役員等のどちらに経済的負担を負わせることが合理的か，また，それが許容されるかという問いである。そこで，以下転嫁肯定説と転嫁否定説の主張をそれぞれ見てみよう。

　まず，転嫁肯定説の見解をまとめると，大要，次のようなものである。所有と経営が分離された株式会社においては，会社の意思決定や日常の業務執行の監督を行うのは，株主ではなく，取締役をはじめとする役員等である。そのような状況において，課徴金を課すことによって会社の違法行為の抑止を図ろうとするならば，実際に会社を経営する役員等にも課徴金を分担させる方が，抑止効果の最大化を期待できる。このことは，役員等が会社利益の最大化や会社損失の最小化ではなく，自己の利益を最大限守るべく行動するというモラルハザードの問題を考えてみると，より強く妥当する[*65]。すなわち，そのような会社への忠誠心に欠ける役員等においては，会社が課徴金によって損失を被ることについて無関心なのであり，課徴金回避（違法行為回避）のために行動するインセンティブが存在しないことになる。そうすると，課徴金の制裁としての実効性を発揮するためには，課徴金の最終的分

(*64)　このような議論の嚆矢として，上村達男「日本航空電子工業代表訴訟判決の法的検討(下)」商事法務1434号13頁，池田幸司「会社に対する罰金・課徴金等の制裁と取締役の個人責任」東洋信託銀行・代行リポート118号14頁以下が挙げられる。

担を株主だけではなく役員等にも負わせる方が（分担させる方が）合理的（効果的）ということになる(*66)。そして，転嫁肯定説は，会社に課された課徴金の経済的負担について，それを株主と役員等の間でどのように「分担」するかという点は，民事的解決に委ねれば足り，役員等が巨額の課徴金額の損害賠償を負う可能性がもたらす「過剰抑止」の懸念についても，任務懈怠責任はそもそもそれほど容易に成立が認められるものではなく，その成立要件を慎重に吟味すればよいとし(*67)，さらに，それでも残る過剰抑止の懸念は会社役員等賠償責任保険（D&O保険）の活用により緩和することができるとする(*68)。裁判例においても，近時，金商法違反により会社が負担した罰金又は課徴金について，取締役の損害賠償責任を認めるものが現れている(*69)。

　これに対し，転嫁否定説の見解をまとめると，大要，次のようなものである。課徴金の負担が他者に転嫁されれば，本来の名宛人・被制裁者たる会社（株主）の姿勢・態度は矯正されず，また，違法行為の結果得られた不当な利

(*65)　このような「法人の構成員は自己の利益を最大化するために利己的に行動するものである」という仮定は経済学上は通常のモデルとされており（藤田友敬「サンクションと抑止の法と経済学」ジュリ1228号34頁），会社への忠誠心のような自己犠牲的概念はそこでは現れない。佐伯仁志『制裁論』146頁も，わが国では会社と経営者及び従業員の一体感が強いことが特徴とされてきたが，しかし，会社とその経営者及び従業員の利益が一体化しているということは，逆にいえば，会社の利益のためというのは自分自身の利益のためであることを意味し，会社のために自分を犠牲にしているように見えてもそれは短期的に見た場合であって，長期的に見れば当該個人の利益になっていると指摘している。

(*66)　杉村・前掲（*60）164頁，168頁。松井秀征「会社に対する金銭的制裁と取締役の会社法上の責任」黒沼悦郎＝藤田友敬編『江頭憲治郎先生還暦記念──企業法の理論(上)』579頁以下も参照。

(*67)　杉村・前掲（*60）169頁。特に，森本滋「会社法の下における取締役の責任」金法1841号21頁は，相当因果関係論や損益相殺・過失相殺，寄与度等の知恵を絞って損害賠償額を合理的な範囲に抑える努力をする必要があると説く。

(*68)　杉村・前掲（*60）169頁。

(*69)　仙台地判平27・1・14公刊物未登載，東京地判平29・4・27資料版商事法務400号119頁。

得を除去することもできないことになってしまうので，課徴金の転嫁を認めるべきではない。また，転嫁肯定説への根本的な疑問として，金商法上の課徴金の趣旨である制裁効果（違法行為抑止効果）の最大化を図るのであれば，なぜに金商法は端的に役員等に対して直接課徴金を課さずに会社に課す形態をとっているのか，転嫁肯定説の立場からは説明がつかない。すなわち，転嫁肯定説の立場からは，会社に不当な利益が帰属する類型の場合，そもそも立法の段階で，課徴金を役員等だけに対して課すのか，あるいは，役員等及び会社の両方に対して課すのかというどちらかの方法がとられるべきはずである。しかし，実際，現行の金商法はそのような建付となってはいないのである[*70]。このような金商法の建付を重視すると，そのような会社の負担を役員等に負わせることは否定されるべきである。金商法上の課徴金に関するものではないが，部下に指示して法人税法違反行為を行い自らも処罰された代表取締役が，両罰規定の適用により会社に科された罰金に関し，会社から旧商法266条1項5号に基づいて損害賠償を請求された事案において，東京地裁は，「原告に科せられた本件の2億円の罰金は，……原告に取締役会等の機関を通じて被告の選任，監視その他の違反行為を防止するために必要な注意を尽くさなかった過失があったと認定されて科されたものであり，直接的には原告の過失に基づいて科されたものというべきである。また，同条項は，一定の法人税法違反行為を有効適切に防止するためには直接の行為者だけでなく法人の責任を問うことが必要不可欠であるとして，行為者のほかに法人に対しても罰金刑を科すことにしたものであるから，当該罰金を法人から行為者に転嫁することは，右のような立法趣旨に反するもので原則とし

(*70)　なお，発行開示書類等に関する課徴金については，当該会社の役員（取締役，会計参与，監査役若しくは執行役又はこれらに準ずる者），代理人，又は使用人その他の従業者に対しても課される場合がある。しかし，これは，金商法の課徴金が第一次的に利益が帰属する者に課される建付になっていることから，それらの者において不当な利益の獲得があった場合について当該個人自身から剥奪を行おうとするにすぎない（インサイダー取引規制も同様である）。つまり，発行開示書類等に関する課徴金が役員等に課されることがあるという建付は，会社において不当な利得があった場合においてその剥奪を会社と個人のどちらから行うかという本稿の問題とは連関しない。

て許されないと解するのが相当である。そして，右のような事情に，被告が自己の違反行為に対して別に刑罰を科されていること等の事情を総合すると，本件罰金により原告が被った損害を被告に転嫁することは公平の原則に反し許されないというべきである。」として，代表取締役の損害賠償義務を否定したものがある(*71)。このような裁判例の存在にも鑑みると，同じく制裁としての性質を有している金商法上の課徴金についても，同様の論理により，その転嫁を否定することは不可能ではない(*72)。

(*71) 東京地判平4・10・27公刊物未登載（池田・前掲（*64）22頁以下参照）。
(*72) 転嫁を否定した裁判例として，ほかに大阪地判平15・3・12労判851号74頁がある。医薬品等の製造販売及び輸出入を主たる目的とするG社では，昭和54年以降，同業他社とともに，米国において，チーズや菓子の防腐に使用される化学薬品の価格をつり上げるカルテル行為を継続していた。原告は，G社に雇用された者であり，当時，化学薬品営業部門の責任者の地位にあり，かつ，同時に同社の取締役の地位も兼任していたところ，平成元年12月から，カルテル行為に関与するようになった。米国当局は，平成10年3月，シャーマン法違反容疑で，G社の現地法人に対する捜査を開始し，G社は，平成13年1月，米国当局に対し，罰金1100万ドルを支払う旨の司法取引に応じた。原告はG社を退社したが，同社は原告に退職金を支払わなかったため，原告が，同社に対して，①退職金の支払，②違法な業務命令に従うことを余儀なくされたことにより被った精神的苦痛に対する慰謝料の支払，及び③G社の代表取締役がその業務執行の際に原告の名誉を段損する発言を行ったことにより被った精神的苦痛に対する慰謝料の支払を求める訴えを裁判所に提起した（甲事件）。これに対して，G社は，原告が取締役在任中，違法なカルテル行為を独自の判断に基づいて行ったことにより，同社が罰金1100万ドルを支払わなければならなくなったとして損害賠償請求訴訟を提起した（乙事件）。乙事件に関し，大阪地裁は，「……本件カルテルは，被告会社の業務の一環として，被告会社の了解のもとに行われていたものであって，原告の独断で行われたものということはできない。確かに，原告は，取締役として，忠実義務ないし善管注意義務を負っていたのであるから，本件カルテルの違法性を認識した時点で，これを阻止する何らかの手段を採ることも不可能ではなかったと考えられるが，被告会社は，本件カルテルを容認し，その業務を原告に行わせていたのであるから，被告会社に損害が生じたとしても，それは被告会社が自ら招いたものであって，その損害を原告に転嫁することはできないといわなければならない。したがって，被告会社の原告に対する請求は排斥を免れない。」として請求を棄却した。本裁判例は，会社が支払うことになった米国当局への罰金の役員等への転嫁が否定されたものとして興味深いが，その論理は，汚れた手をもつ者は自らの権利を行使できないという，いわゆるクリーンハンズの原則から，損害賠償請求の主張を制限したものとして理解されている（労判851号75頁コメント部分参照）。

以上，両説について説明を加えてきたが，こうしてみると，両説の対立点は，金商法上の課徴金の趣旨が制裁にあるかどうかではなく（転嫁肯定説も金商法上の課徴金の趣旨が制裁にあることは前提としている），そのような制裁の効果を最大化するための合理性の観点を重視するのか，又は法の建付を重視するのかという点にこそあるといえよう。もっとも，本来，この問題は国家の立法政策にかかるものであって，国家において違法行為抑止の効果を最大化するための最適の負担分配を設計すべきである。国家が下す制裁の最終的負担者を解釈論に委ねるべきではない。この問題については早期の立法上での解決が待たれる。

なお，この転嫁可能性の問題は，金商法上の課徴金だけのものではない。法人税法や関税法といった各法上の罰金や重加算税，独占禁止法上の課徴金，さらには，諸外国で科される種々の制裁金・罰金についても同様の問題が潜在している。議論の方向性を示しておくと，罰金については，その趣旨が制裁であることに異論はなく，その本質上代納は認められないことに加えて，憲法が定める二重処罰の禁止との関係も特に問題になるので[*73]，転嫁は否定される方向に議論は傾斜するだろう。課徴金については，その趣旨が「違法行為の抑止のための制裁」にあるのか「社会的公正の確保」のどちらを重視しているかによって議論が左右されよう（「違法行為の抑止のための制裁」にその趣旨があるのならば，そのような制裁の効果を最大化するための合理性の観点と法の建付のどちらを重視するのかによって転嫁肯定説か転嫁否定説かに傾斜し，他方で，「社会的公正の確保」にその趣旨があるのならば，法令に違反して得た不当な利益を保持している会社からその利益を剥奪することが目的となるので，役員等に対する転嫁に

(*73) 罰金の場合には，二重処罰の問題が特に顕著に現れる。例えば，法人税法は，逋脱犯について，当該行為者を罰するほか（同法159条1項），その者が従事する法人も罰しており（同法163条1項），いわゆる両罰規定の形態をとっている。このような建付の場合，法人が負った罰金が役員等に転嫁されることが肯定されてしまうと，結果的に，役員等が二重に処罰されることになる。法人税法は，行為者と法人の刑事責任を連帯化しているわけではなく，あくまで別個のものとして規定している以上，二重処罰の禁止の観点からも，法人が負った罰金が役員等に転嫁されることは否定されるべきである。

より，いったん剥奪した利益を会社に戻すことは否定されるべきということになる）[*74]。

【安部　立飛】

(*74)　独占禁止法上の課徴金について，佐伯教授は，「……違法利益の剥奪を通じた制裁という課徴金の制度目的を無視して，違法利益の帰属していない者への制裁にこれを転用することは不当であろう。もし取締役に対する制裁を高める必要があるのであれば，取締役に対する刑罰を強化するのが筋であり，実際にも，そのような可能性がないとはいえないことは，近時の独占禁止法の運用が示しているように思われる。」（佐伯・前掲（*65）161頁）として，その転嫁を否定する。池田・前掲（*64）16頁も，独占禁止法上の課徴金の趣旨を不正な経済的利得の剥奪とみる立場から，類似の見解を述べている。松井・前掲（*66）579頁も参照。

2　評価的要素と会計基準違反（民事関係）

(1)　公正妥当と認められる企業会計の慣行

　1では，会計基準に違反する会計処理がなされた場合の責任について，民法上の責任，会社法上の責任及び金商法上の責任の3つに分けて概観した。本項では，そのうち会計基準に違反する会計処理を行った場合の役員及び会社自身の会社法上の民事責任に焦点を当てて，ややくわしく述べる。

　会社法は，「株式会社の会計は，一般に公正妥当と認められる企業会計の慣行に従うものとする」と規定する（会社431条）。会社計算規則は，「一般に公正妥当と認められる企業会計の基準その他の企業会計の慣行をしん酌しなければならない」と定め（会社計算規3条），企業会計の慣行の一例として「企業会計の基準」を掲げている[*1]。このように，会社法は，株式会社の会計にかかる基準について包括規定を設けているにすぎず，会計処理に関する具体的な規範が法律レベルで定められているわけではない。また，会社法は，公正妥当と認められる企業会計の慣行として特定の会計基準を指定しておらず，また，それを策定する主体として特定の会計基準設定主体を指定することもしていない。そのため，会計基準の違反に基づく会社法上の責任についても，刑事責任の場合と同様，規範の不明確性が問題となる。

　昭和49年の商法改正により，商業帳簿の作成に関する規定の解釈について，公正なる会計慣行を斟酌すべきものと定める規定が導入された。会社法431条は，平成17年の会社法制定に際し，若干の文言の修正を経て旧商法の規定を承継したものである。すなわち，平成17年改正前商法は，「斟酌スベシ」と表現されていたが，「従うものとする」という表現振りに改められ

(＊1)　相澤哲＝岩崎友彦「株式会社の計算等」商事法務1746号27頁。

た。しかし，「斟酌スベシ」という文言の下でも企業会計の慣行に従わない会計処理を容認することまでを意味するものではないと解されていたため，用語の変更によって実質的な規定内容が変わるものではないと説明されている(*2)。

「公正なる会計慣行」及び「公正妥当と認められる企業会計の慣行」の意義については，昭和49年の商法改正当時からほぼ理解が一致しており，商人の営業上の財産及び損益の状態を明らかにする目的に合致する会計慣行であると解されてきた(*3)。具体的には，企業会計審議会の作成・公表した企業会計原則をはじめとする会計基準が公正妥当と認められる企業会計の慣行であると解され，又は少なくともそのように推定されると解されている(*4)。

「慣行」の意義について判例は，慣行性が強い場合には，公正性がある程度弱くても公正妥当な会計慣行であると認めてきたとされ，公正性と慣行性の間には相関関係が認められると分析されている(*5)。すなわち，「慣行」と評価されるためには一般的には反復継続性が必要であるが，一般に公正妥当と認められる企業会計の基準であれば反復継続性が弱くても「企業会計の

(*2) 立案担当者の説明として，相澤＝岩崎・前掲(*1)26頁参照。
(*3) 田邊明「商法の一部を改正する法律案要綱案について」商事法務517号3頁，矢沢惇「要綱案に関連する改正問題——監査制度改正をめぐる諸問題〔下・2〕」商事法務524号2頁。裁判例として，東京地判平17・5・19判時1900号3頁参照。平成17年改正前商法32条1項は，「商人ハ営業上ノ財産及損益ノ状況ヲ明カニスル為会計帳簿及貸借対照表ヲ作ルコトヲ要ス」と定めていた。
(*4) 岸田雅雄「公正な会計慣行」岩原紳作＝小松岳志編『会社法施行5年——理論と実務の現状と課題』202頁，神田秀樹『会社法〔第19版〕』281頁以下注1），江頭憲治郎『株式会社法〔第7版〕』637頁。なお，(2)イ参照。そのほか，企業会計審議会や企業会計基準委員会が公表した基準が当然に企業会計の基準と解釈できるものでもないという一般的な指摘や（稲葉威雄『会社法の解明』522頁），もしのれんの償却を要求しない，あるいはそれを禁止する会計基準が策定されたとしても，のれんの規則的償却が「一般に公正妥当と認められる企業会計の慣行」であると解する余地があるという議論もある（弥永真生「のれんの償却——会社法の観点から」商学論究63巻3号221頁）。
(*5) 久保大作「『一般に公正妥当と認められる企業会計の慣行に従う』ことの意味」浜田道代＝岩原紳作編『会社法の争点』176頁。

慣行」にあたるという考え方が基本的にとられてきたのである[*6]。換言するならば、「企業会計の慣行」における慣行性は、反復継続性という要素のみならず、実務的処理の時点において当該会計基準が公正妥当なものであるかという要素をともに考慮することによって判断されてきたのである。

　企業会計審議会及び企業会計基準委員会の作成・公表した会計基準が唯一の公正妥当と認められる企業会計の慣行であるわけではなく複数存在する可能性があることも、広く認められている[*7]。さらに、一般に公正妥当と認められる企業会計の慣行が、業種、業態、規模等によって異なる可能性もあるとされる[*8]。とりわけ、非上場会社の会計基準については、企業会計審議会又は企業会計基準委員会が作成・公表した企業会計の基準が唯一の「一般に公正妥当と認められる企業会計の慣行」であるとは認められない可能性がある[*9]。

(2) 「公正妥当と認められる企業会計の慣行」の意義
ア　緒　　論

　公正妥当と認められる企業会計の慣行に従わずに株式会社の会計がなされた場合には、会社法431条違反となり、その職務を行った取締役等に任務懈怠に基づく損害賠償責任（会社423条1項）や、違法な計算書類に基づき分配

（*6）　弥永真生『会計基準と法』921〜922頁。なお、久保・前掲（*5）176頁をも参照。東京高判平18・11・29判タ1275号245頁は、ある会計基準が「その基準時点とされる時点以後、ある業種の商人の実務において広く反復継続して実施されることがほぼ確実であると認められるときには、例外的に、その会計処理方法が同条項（注：旧商法32条2項）にいう『会計慣行』に該当する場合がある」と判示する。ただし、裁判例の中には、反復継続性を重視するものもある。例えば、東京地判平17・5・19判時1900号3頁は、「『会計慣行』の意義・内容については、その文言に照らし、民法92条における『事実たる慣習』と同義に解すべきであり、一般的に広く会計上のならわしとして相当の時間繰り返して行われている企業会計の処理に関する具体的な基準あるいは処理方法をいうと解すべきである」と判示する。
（*7）　味村治『会社決算の法律と実務』11頁、弥永・前掲（*6）927頁。裁判例として、京都地判平15・9・24判時1863号119頁参照。
（*8）　弥永・前掲（*6）927頁。
（*9）　『非上場会社の会計基準に関する懇談会　報告書』（平成22年8月30日）3〜6頁。

可能額を超えて剰余金の配当等を行った場合の民事責任（同法462条1項）などが生じ得る（(3)参照）。最終的に，ある会社が採用した会計基準が一般に公正妥当と認められる企業会計の慣行であるかどうかは，裁判所によって判断される(*10)。以下において，裁判例で問題となった基準や指針について概観する。

イ　企業会計審議会・企業会計基準委員会の会計基準

企業会計審議会及び企業会計基準委員会が作成・公表した企業会計原則をはじめとする会計基準が原則として「公正なる会計慣行」に該当することは前述したとおりである(*11)。もっとも，当然に公正なる会計慣行にあたるとする考え方と(*12)，「一応それに当たると推定される」とする考え方とに分かれている(*13)。企業会計審議会・企業会計基準委員会の作成・公表した企業会計原則をはじめとする会計基準が公正妥当と認められる企業会計の慣行であると推定されるとする説が通説であるとされる(*14)。下級審の裁判例には，「少なくとも証券取引法の適用がある株式会社においては，企業会計原則に違反しない会計処理をしている以上，特段の事情がない限り，『公正ナル会計慣行』に違反していないものと解するのが相当である」と判示するものがある(*15)。

ウ　企業会計基準委員会の企業会計基準適用指針

企業会計基準委員会が作成・公表する企業会計基準適用指針は「公正なる会計慣行」にあたるといえるであろうか。「財務諸表等の用語，様式及び作成方法に関する規則」（以下「財務諸表等規則」という）1条3項は，金融庁長官が定めるものについては，同規則1条1項に規定する「一般に公正妥当と

(*10)　江頭憲治郎＝弥永真生編『会社法コンメンタール(10)計算(1)』54頁〔尾崎安央〕，江頭・前掲（*4）637頁参照。
(*11)　企業会計基準委員会が作成・公表している会計基準については，第2の2(1)ア(ウ)の■図表6参照。
(*12)　神田・前掲（*4）281頁以下注1）。
(*13)　江頭・前掲（*4）637頁。
(*14)　尾崎安央「公正な会計慣行(1)」別冊ジュリ214号155頁。
(*15)　大阪地判平15・10・15金判1178号19頁。

認められる企業会計の基準に該当するものとする」と規定する。ところが，金融庁長官により指定されているのは，企業会計基準委員会が作成する企業会計基準のみであって，企業会計基準適用指針は指定されていない[*16]。したがって，金商法上は，企業会計基準と企業会計基準適用指針との間には規範性の程度に差異があると考えられていると理解される[*17]。金商法上「一般に公正妥当と認められる企業会計の基準」として指定されていない企業会計基準適用指針が，会社法上当然に「公正妥当と認められる企業会計の慣行」に該当する，あるいはそれに該当すると推定されるとまではいえないであろう。

エ　日本公認会計士協会の指針

次に，日本公認会計士協会の作成する指針等は，一般に公正妥当と認められる企業会計の基準に該当するであろうか。裁判例には，公認会計士協会の監査委員会報告第66号「繰延税金資産の回収可能性の判断に関する監査上の取扱い」（平成11年11月9日：平成28年1月19日廃止），さらには日本公認会計士協会が監査人のために策定した「税効果会計に関するQ&A」等が公正妥当と認められる会計慣行かどうかが争われた事案がある。宇都宮地裁平成23年12月21日判決[*18]は，これらは「公正なる会計慣行」に当然には該当しないものの，場合によってはそれに該当することがあると述べる。同判決は，企業会計基準委員会が作成した「税効果会計に係る会計基準」は「公正なる会計慣行」を形成していたのに対し，「税効果会計に関するQ&A」は，一問一答方式で税効果会計導入に係る留意点等を解説したものにすぎないことから株式会社がこれに従うことが「公正なる会計慣行」であったと認めることはできないとした。同様に，監査委員会報告第66号も，財務諸表や計算書類等

(*16)　「財務諸表等の用語，様式及び作成方法に関する規則に規定する金融庁長官が定める企業会計の基準を指定する件」（平成21年金融庁告示第70号），及び「連結財務諸表の用語，様式及び作成方法に関する規則に規定する金融庁長官が定める企業会計の基準を指定する件」（平成21年金融庁告示第69号）第1条参照。

(*17)　弥永真生「会計基準と一般に公正妥当と認められる企業会計の慣行——税効果会計を例として」岸田雅雄先生古稀記念論文集『現代商事法の諸問題』1102頁。

(*18)　宇都宮地判平23・12・21判時2140号88頁。

に対する監査を実施する際の判断指針を示すものにとどまり，監査の対象となる財務諸表等の作成者にとっては直ちに遵守すべき規準となるものではないとした。しかしながら，同判決は，同号に基づく監査が繰り返し実施されることにより，その内容が「公正なる会計慣行」を形成する余地があることを認めている。もっとも，監査委員会報告第66号については，税効果会計制度が全面的に導入されてから2年余りが経過したにすぎないことに照らせば，「公正なる会計慣行」であるとは認められないと判示した。同判決が，日本公認会計士協会の作成した指針に基づく監査が繰り返し実施されることにより，その内容が「公正なる会計慣行」となり得ることを認めた点は注目に値する。

オ 税法基準

税法基準によることが公正妥当な企業会計の慣行に従ったものといえるか。税法の規定が企業会計の中に浸透して，それ自体が適正な会計基準の一部になることがあるとし，その例として減価償却の耐用年数について税法に定める法定耐用年数を用いる場合を挙げた上で，中小企業の商法会計において合理的な理由がある場合には，法人税法の規定に基づいて会計処理を行うことも許されると判示する裁判例がある。すなわち，東京地裁平成17年9月21日判決は，会計基準がなく，かつ，法人税法で定める処理に拠った結果が経済実態を概ね適正に表していると認められるとき，又は会計基準は存在するものの法人税法で定める処理に拠った場合と重要な差異がないと見込まれるときなど合理的な理由がある場合には，税法基準に従うことが公正な会計慣行に反するものであるとはいえないと判示する(*19)。

(*19) 東京地判平17・9・21判タ1205号221頁。被告Y_1社の株主である原告Xが監査役Y_2の解任を求めて本件訴えを提起した。共同新設分割により取得した設立会社の株式の評価について，従前の会計方針を変更して税法基準を採用したことが「公正ナル会計慣行」に違反するにもかかわらずY_2が当該決算書類について適法意見を述べたことが監査役の解任事由に該当するかどうかが争われた。判旨は，「税法の規定が企業会計の中に浸透して，それ自体が適正な会計基準の一部となっている例（減価償却の耐用年数について，税法に定める法定耐用年数を用いる等）もあることにも照らせば，中小企業の商法会計において，合理的な理由がある場合には，法人税法の規定に基づいて会計処理を行うことも許されるというべきである。」と判示し，解任事由にはあたらないとした。

カ 小　括

　会社法上，株式会社の会計は，「一般に公正妥当と認められる企業会計の慣行」に従うものとされる（会社431条）。公正妥当な企業会計の慣行は，会社法上明確に規定されておらず，最終的に裁判所において個別の事案ごとに事後的に判断される。**イ～オ**に見たように，判例上，企業会計審議会や企業会計基準委員会が作成した企業会計原則等の会計基準が原則として「一般に公正妥当と認められる企業会計の慣行」に該当することには異論がないものの，例外的な場合もあるとされるほか，税法基準のように企業会計基準委員会等が作成した会計基準ではない基準が公正妥当と認められる企業会計の慣行とされる余地もある。さらに，「一般に公正妥当と認められる企業会計の慣行」が，業種，業態，規模等によって異なる可能性があり，とりわけ非上場会社の「一般に公正妥当と認められる企業会計の慣行」は上場会社のそれと一致しないこともあり得る。このように，「一般に公正妥当と認められる企業会計の慣行」は，規範の拘束力，根拠，適用範囲等について異なる性質を有する複層的な会計基準から構成されていると考えられる。

(3) 会計基準の選択と役員等の民事責任
ア　会社法上の民事責任

　公正妥当と認められる企業会計の慣行に従わずに作成された計算書類は，会社法に違反する違法なものである。その職務を行った取締役等に任務懈怠に基づく会社に対する損害賠償責任（会社423条1項）が生じるほか，虚偽の計算書類等を作成した取締役や虚偽の記載を会計監査報告に記載した会計監査人等は，当該行為をすることについて注意を怠らなかったことを証明した場合を除き，それにより損害を受けた第三者に対し損害賠償責任を負う（同法429条2項1号ロ・2号～4号）。

　昭和56年改正前は，計算書類等の虚偽記載の場合における取締役の第三者に対する責任を旧商法266条の3第1項後段でとくに規定していたこと，及び株式会社における公示の重要性と虚偽表示の危険性を根拠に，虚偽の計算書類等を作成した取締役等の対第三者責任に係る昭和56年改正前商法266条の3第1項後段の規定は無過失責任を定めたものと解されていた[*20]。し

かし，昭和56年改正により，この責任は立証責任の転換された過失責任であることが明確化され，現行法に承継されている（会社429条2項但書）。すなわち，取締役は，責任を免れるためには注意を怠らなかったことを証明しなければならない。注意を怠らなかったとしても虚偽であることを発見し得なかったということを立証しただけでは，責任を免れることはできないと解されている[*21]。

また，違法な計算書類に基づき分配可能額を超えて剰余金の配当等を行った場合には，剰余金の配当等を行った取締役や議案提案取締役など所定の取締役に対し，任務懈怠の立証責任が転換された法定の金銭支払義務が課されている（会社462条1項・2項）。平成17年改正前商法の下では，違法配当に基づく取締役等の責任が無過失責任であるか過失責任であるか見解が分かれており，無過失責任と解する説が通説であった[*22]。会社法の下では，違法配当に基づく責任は無過失の立証を取締役等の側が負う立証責任の転換された過失責任であることが明確になった（同法462条2項）。

会計業務に直接携わっていない取締役や監査役は，会計担当取締役等の任務懈怠について監視義務違反に基づく責任や，内部統制体制構築義務違反に基づく責任を追及される可能性がある。会計に関し内部監査体制及び外部監査体制との連携を含む内部統制体制を構築しそれが機能している場合には，直接の担当者ではない取締役の監視義務違反については，信頼の原則が働く場面が多いと考えられる。信頼の原則とは，専門家の知見を信頼した場合や，他の取締役や使用人等からの情報等については，前者については当該専門家の能力を超えると疑われるような事情があった場合を除き，また，後者についてはとくに疑うべき事情がない限り，それを信頼すれば善管注意義務違反とはならないという原則である[*23]。

(＊20)　大阪谷公雄「取締役の責任」田中耕太郎編『株式会社法講座(3)』1136頁，大隅健一郎『全訂会社法論㈲』149頁等。

(＊21)　上柳克郎＝鴻常夫＝竹内昭夫編『新版注釈会社法(6)株式会社の機関(2)』320頁〔龍田節〕。

(＊22)　学説・判例の状況につき，上柳克郎＝鴻常夫＝竹内昭夫編『新版注釈会社法(6)株式会社の機関(2)』262〜264頁〔近藤光男〕参照。

リスク管理体制の構築義務を負う代表取締役や担当役員の善管注意義務について，最高裁平成21年7月9日判決は，次のように判示し，通常想定される不正行為を防止し得る程度の管理体制が整備されていれば，通常想定し難い方法による架空売上の発生を予見すべき特別の事情がなければ，善管注意義務違反は認められないとした。すなわち，架空売上が計上された会社の代表取締役がリスク管理体制の構築義務に違反したかどうかが争点となった事案において，同判決は，職務分掌規定等を定めて事業部門と財務部門を分離するなど通常想定される架空売上の計上等の不正行為を防止し得る程度の管理体制は整えていたものということができるとした上で，通常想定し難い方法による架空売上であるときは，その発生を予見すべき特別な事情もなく，監査法人も財務諸表につき適正であるとの意見を表明していた場合には，不正行為を防止するためのリスク管理体制を構築すべき義務に違反した過失があるとはいえないと判示した[*24]。

以下①公正妥当と認められる従うべき企業会計の基準が1つだけ存在する場合，②公正妥当と認められる企業会計の基準が複数存在する場合，及び③従うべき会計基準が存在しないか又は不明確である場合の3つに分けて，会計基準の選択とその解釈・適用に係る役員の会社法上の義務及び責任について判例を中心に概観する。

イ 従うべき会計基準が1つしか存在しない場合

有価証券報告書提出会社等については，従うべき会計基準が1つしか存在しない場合があることは，広く認められている[*25]。すなわち，有価証券報告書提出会社等については，企業会計審議会が作成・公表した企業会計の基準及び金融庁が告示[*26]で指定した企業会計基準委員会が公表した企業会計の基準が唯一の「一般に公正妥当と認められる企業会計の慣行」であ

(*23) 江頭・前掲（*4）471頁注(2)参照。

(*24) 最判平21・7・9判時2055号147頁。ただし，本件は，代表取締役がその職務を行うについて第三者に加えた損害を会社が賠償する旨を定める会社法350条が適用された事案である。

(*25) 片木晴彦「公正な会計慣行の法規範性――旧長銀事件を参考に」広島法学37巻1号189頁，弥永・前掲（*6）82頁など。

り，それに従わなければならない場合があることは広く認められている。

　従うべき会計基準が1つしか存在しない場合には，それに従わなかったときは，取締役等は会社法431条の規定に違反して「一般に公正妥当と認められる企業会計の慣行」に従わなかったことになり，任務懈怠に基づく損害賠償責任を負う可能性がある（会社423条1項）。

　とくに問題が生じるのは，会計基準が変更され，かつての会計基準が公正妥当な会計慣行ではなくなり，新たな会計基準が唯一の公正妥当な会計慣行となる場合である。公正な会計慣行に反して作成された計算書類に基づき実際には分配可能額がないのに違法配当がなされたとして，銀行取締役の会社法上の損害賠償責任が問われた事案において，新たな会計慣行が従前の慣行を廃止し，唯一の会計基準であったかどうかが争われた。事案の概要は，以下のとおりである。税法基準によって補充された改正前決算経理基準のもとでの会計慣行によれば，関連ノンバンクに対する貸出金については，銀行が関連ノンバンクへの支援を継続する限り償却・引当は不要であった。関連ノンバンク等への継続的金融支援について支援損として損金算入が認められ，税法基準の下では，銀行の関連ノンバンク等に対する貸出金については，一般取引先に対する貸出金とは異なり，銀行が関連ノンバンク等に対する金融支援を継続する限りは，償却・引当はほとんど行われてこなかった。ところが，平成9年3月5日に旧大蔵省金融検査部長から早期是正措置制度の導入を視野に入れた資産査定に関する通達が発出され，回収不能又は回収に重大な懸念がある貸出金等に関し償却・引当処理を求めることとされた。平成9年7月31日には，旧大蔵省銀行局長から改正決算経理基準が通知された。当該銀行は，関連ノンバンク等に対する貸付債権について税法基準に基づいて財務諸表を作成し，配当を行った。この事件において，平成10年3月期において，新たな慣行が従前の慣行を廃止し，唯一の会計基準であったかどうかが問題となった。

（＊26）　財務諸表等規則1条3項により，金融庁長官が定めるものについては，同規則1条1項に規定する「一般に公正妥当と認められる企業会計の基準に該当するものとする」とされる。金融庁告示の例については，前掲（＊16）参照。

従来の会計慣行を廃止する新たな会計基準が会計慣行として承認され法規範性を取得し唯一の公正な会計慣行になるためには，どのような要素を満たす必要があるか。東京地裁平成17年5月19日判決[*27]は，資産査定通達等によって補充された改正後の決算経理基準が従来の会計基準を排して銀行の不良債権の償却・引当に関する唯一の基準としての公正なる会計慣行となるには，①改正手続が適正であること，②基準の内容が銀行の営業上の財産及び損益の状況を明らかにするという目的に照らして合理的なものであること，③会計慣行の変更に伴って企業会計の継続性の点で支障が生じ，ひいては関係者への不意打ちとなるような場合にはこれに対する必要な手当て（セーフティネット）を講じること，④基準として一義的に明確なものであること，及び⑤関係者に対しこれが唯一の基準となることの周知徹底が図られていることの5つの要件を満たす必要があると判示した。

　この判決の控訴審判決である東京高裁平成18年11月29日判決[*28]は，従前の慣行に従った会計処理を確定的に廃止し，暫定的限時的にも例外的な取扱いを許容しない新たな銀行の不良債権の償却・配当に関する唯一の公正なる会計慣行にあたるためには，次の3つの条件を満たす必要があるとする。第1は，公正性の要件であり，当該銀行の利害関係人らに対し，営業上の財産及び損益の状況を明らかにするという目的に照らし，社会通念上合理的なものであることである。第2は，慣行性の要件であり，基準時点とされる時点以後，ある業種の商人の実務において広く反復継続して実施されることがほぼ確実であると認められることである。なお，旧基準の改正という手続で新基準が策定されるような場合には，手続の適正を要する。第3は，慣行性の要件を兼ねた唯一性の要件である。抵触する従前の慣行に従った会計処理を廃止し，暫定的限時的にも例外的な取扱いを許容しないことが一義的に明

(*27)　東京地判平17・5・19判時1900号3頁。新基準によれば配当可能利益がないのに旧基準によったためそれがあるとしてした配当は違法であるとして，配当決議に賛成した取締役の違法配当に基づく金銭支払責任が追及された事案である。

(*28)　東京高判平18・11・29判タ1275号245頁。本件は，最判平20・7・18刑集62巻7号2101頁で刑事責任が問われた被告人らの民事責任が問われた事案である。刑事事件については，3(1)参照。

確であることが必要である。そうした新たな慣行に基づく会計処理を行うにあたり、次の①～③の場合には、新基準は、一義的に明確であるとはいえない。①本来基準として整備されるべき内容が不明確である場合、②関係者に対する不意打ちとなることがないようにするための必要な手当てに欠けている場合、③関係者に対する周知徹底を欠いているなどの事情がある場合である。これらの場合には、新基準は唯一の公正妥当な会計慣行にはなり得ていないと解されるとする。

　いずれの判決も、平成10年3月期当時、新基準は、「公正なる会計慣行」であったと認めることはできるとしながら、前述した判断基準をあてはめ、従前から繰り返し行われていた公正なる会計慣行である旧基準を一義的明確に廃止するものとは認められない等の理由から、唯一の「公正なる会計慣行」であったとはいえず、本件の損害賠償責任の成否に係る違法性を決する法規範とはなり得ないとした。新基準が当時における唯一の公正なる会計慣行とはいえず、旧基準もなお当時における公正なる会計慣行であったとして、旧基準に従って算出された配当可能利益に基づき実施した配当手続には違法性がないと判示した[*29]。このように、民事事件において、下級審裁判例は、新基準は公正な会計慣行であるものの、平成10年3月期時点においては、確定的に旧基準を廃止したものではないとされる。

　これに対し、刑事事件においては、これとは異なる見方がとられているように思われる。前掲東京地裁平成17年5月19日判決及び前掲東京高裁平成18

(*29)　なお、大阪地判平19・4・13判時1994号94頁は、同一の銀行の株主から半期報告書における虚偽記載に基づく旧証券取引法上の役員等の損害賠償責任が追及された事案において、税法基準により、支援先については原則として償却の対象外とするのが当時の会計慣行であり、行為規範の遵守につき事後的な規範によって判断することはできないとして、旧基準が公正な会計慣行であって、新基準が銀行の不良債権の償却・配当に関する当時の公正な会計慣行であったとは認めることはできないとして原告の訴えを棄却した。同判決は、早期是正措置が導入され、金融機関が自己査定基準に基づいて資産査定を行うようになり、その後税効果会計が導入されて初めて会計慣行として一般性を有するにいたるとして、新基準が公正な会計慣行になったのは、金融検査が金融監督庁の手に委ねられ、金融検査マニュアルに則った改正後の決算経理基準に基づき自己査定を厳格に審査する慣行が定着した後であると判示する。

年11月29日判決の事案において舞台になった銀行と同一の銀行の役員等の刑事責任が問われた事案がある。銀行の関連ノンバンク等に対する貸出金が取立不能と見込まれるのに償却・引当をせず当期未処理損失を圧縮して計上し，それに基づいて違法配当が行われたとして，銀行の取締役等の違法配当罪と虚偽記載有価証券報告書提出罪が問われた。この事件においても，新たな慣行が従前の慣行を廃止し，唯一の会計基準となったかどうかが問題となった。

　第１審判決[*30]及びこれを是認した高裁判決[*31]は，資産査定通達等の示す新基準に基本的に従うことが唯一の「公正ナル会計慣行」であるとして虚偽記載有価証券報告書提出罪及び違法配当罪の成立を認めた。これに対し，最高裁平成20年7月18日判決は，高裁判決を破棄し，被告人を無罪とした。「特に関連ノンバンク等に対する貸出金についての資産査定に関しては，新たな基準として直ちに適用するには，明確性に乏しかったと認められる上，本件当時，関連ノンバンク等に対する貸出金についての資産査定に関し，従来のいわゆる税法基準の考え方による処理を排除して厳格に改正後の決算経理基準に従うべきことも必ずしも明確であったとはいえず，過渡的な状況にあったといえ，そのような状況のもとでは，これまで『公正ナル会計慣行』として行われていた税法基準の考え方によって関連ノンバンク等に対

(＊30)　東京地判平14・9・10刑集62巻7号2469頁。同判決は，資産査定通達等における資産査定の方法，償却・引当の方法等は，金融機関の貸出金等の償却・引当に関する合理的な基準であると認めることができるだけでなく，改正決算経理基準の内容を補充するものとして公正な会計慣行にあたり，その上，金融システムの機能回復を図りその安定化・健全化を図る早期是正措置制度の趣旨に鑑みるならば，それを有効に機能させるために策定された資産査定通達等の趣旨に反する会計処理は許されないと解すべきであって，金融機関の貸出金等の償却・引当に関しては，資産査定通達等が唯一の合理的な基準であったと認定した。

(＊31)　東京高判平17・6・21刑集62巻7号2643頁。同判決は，平成10年3月期の決算時において，大蔵省大臣官房金融検査部長が平成9年3月5日付で発出した資産査定通達等の定める基準「資産査定通達等」の定める基準に基本的に従うことが「公正なる会計慣行」となっていたというべきであり，その反面，「資産査定通達等」の定める基準から大きく逸脱する会計処理は，もはや「公正なる会計慣行」とはいえなくなっていたというべきであると判示した。

する貸出金についての資産査定を行うことをもって，これが資産査定通達等の示す方向性から逸脱するものであったとしても，直ちに違法であったということはできない」と判示した(*32)。判旨は，改正後の決算経理基準が特に関連ノンバンク等に対する貸出金の資産査定に関して明確性に乏しかったとして，改正後の決算経理基準が公正な会計慣行であることは認めつつも，関連ノンバンク等に対する貸出金についてはいわば会計慣行が生成途上のものであって，決算経理基準が，資産評価に関して，税法基準によることを一定の限度において認めている又は税法基準の考え方を取り込んでいると見る余地があるため，税法基準の考え方によって資産評価をしても直ちに違法とはいえない，換言すれば，税法基準の考え方によって評価をしたとしても改正後の決算経理基準によって資産評価をしたものと解されるという前提に立っているものと思われる。というのは，事実問題として，当時の銀行の決算処理は，旧決算経理基準ではなく，平成9年に通知された改正決算経理基準に従ってされたことが前提と思われる。そして，同判決は，平成10年3月期の決算の当時においては，資産査定通達等によって補充される改正後の決算経理基準に基本的に従うことが唯一の公正なる会計慣行となっていたとする原判決の判示部分は否定しておらず，かつ，旧基準が平成10年3月期における公正な会計慣行として存続している旨を明言しているわけでもない。そうすると，同判決は，新基準に基本的に従うことが唯一の「公正ナル会計慣行」であるとした第1審判決及び控訴審判決の考え方を是認した上で，税法基準の考え方によって資産評価をしても直ちに違法とはいえないとして，とりわけ関連ノンバンクに対する貸付債権の資産評価については，相当に広い適用の幅を認めたものとも解される(*33)。

　ここで注目すべきは，補足意見である。補足意見は，法廷意見を支持しつつ次のように指摘した。「業績の深刻な悪化が続いている関連ノンバンクに

(*32)　最判平20・7・18刑集62巻7号2101頁。
(*33)　同判決の評釈・解説として，入江猛・最高裁判所判例解説刑事篇平成20年度573頁，野村稔・判時2045号168頁，津田尊弘・研修733号19頁，岸田雅雄・商事法務1845号26頁，弥永真生・ジュリ1371号46頁等がある。

ついて，積極的支援先であることを理由として税法基準の考え方により貸付金を評価すれば，実態とのかい離が大きくなることは明らかであると考えられ，（当該銀行）の本件決算は，その抱える不良債権の実態と大きくかい離していたものと推認される。このような決算処理は，当時において，それが，直ちに違法とはいえず，また，バブル期以降の様々な問題が集約して現れたものであったとしても，企業の財務状態をできる限り客観的に表すべき企業会計の原則や企業の財務状態の透明性を確保することを目的とする証券取引法における企業会計の開示制度の観点から見れば，大きな問題があったものであることは明らかと思われる。」

　本件は，役員等の有価証券報告書の虚偽記載及び違法配当に係る刑事責任が問われた事案であったが，役員等の善管注意義務違反の有無を判断するならば，企業の財務状態をできる限り客観的に表す会計基準によって計算書類を作成すべき会社役員の注意義務が認められるとすれば，補足意見が指摘するように企業の財務状態の実態から大きく乖離することになる基準を選択した役員の会社法上の任務懈怠が認められる余地はある。もっとも，損害賠償責任が認められるためには，損害の発生及び任務懈怠と損害との間の因果関係の立証がなされる必要があるが，これらの立証は容易ではないであろう。

ウ　公正妥当と認められる会計基準が複数存在する場合

　公正妥当と認められる企業会計の慣行は，複数存在し得る[*34]。複数存在し得る公正妥当と認められる企業会計の慣行の中からどの会計基準を選択するかについて，役員等に責任が生じる場合があるのであろうか，生じるとしたらそれはどのような場合か。公正妥当と認められる複数の会計基準の中からどの会計基準を選択するかは，原則として会社の合理的な裁量の範囲内の問題であり，複数存在する会計基準のいずれかに従うならば特に不合理でない限り，違法な会計処理とは評価されないと解される[*35]。

　もっとも，第1に，1つの会計基準を選択する場合において，選択したとする会計基準に反する処理をすることは許されないのは当然である（第2の

(*34)　前掲（*7）及び（*8）参照。
(*35)　大阪地判平15・10・15金判1178号19頁。なお，同判決については，(5)参照。

1(1)**イ**(ｱ)，第4の3参照）。

　第2に，(1)に述べたように，会社計算の目的の1つは当該会社の営業上の財産及び損益の状態を明らかにすることにあるのであるから，そのような目的に適した会計基準が選択されているかどうかという観点から，役員等の関係者の善管注意義務が判断されることになるとする説がある[*36]。その説によれば，株式会社は，当該企業の財政状況の真実な報告を提供するという企業会計の目的に即して最も適切な会計処理方法を選択すべきであるということになる。公正妥当と認められる企業会計の慣行が複数存在し得る場合に，その中からある会計基準を選択した場合であっても，当該会社の営業上の財産及び損益の状態を明らかにするという会社計算の目的に照らして，その会計基準を選択したことが取締役の善管注意義務違反であると評価される可能性は否定できない。

　とりわけ，公正妥当と認められる企業会計の慣行が旧基準から新基準へと移行したケースにおいて，新旧いずれの会計基準とも公正な会計基準とされる可能性がある。

　イに述べた前掲東京地裁平成17年5月19日判決及び前掲東京高裁平成18年11月29日判決は，前掲最高裁平成20年7月18日判決と同一の銀行が実施した決算配当及び中間配当について，配当可能利益が存しないのに配当を行ったとして，配当の実施に賛成した取締役に対し，配当規制の違反に基づく法令違反を根拠に当該銀行の訴訟引受人である整理回収機構が損害賠償を求めた民事事件であった[*37]。この民事事件においては，両判決ともに，新基準は旧基準を一義的に明確に廃止したものとは認められないとして，旧基準を適用して配当可能利益があるとして行った本件配当には違法性がないと判示した。しかし，この事案は，専ら旧基準に従って配当可能利益を算出し配当したことに基づく違法配当に係る取締役の責任が問われた事案であり，旧基

(*36)　片木晴彦「公正な会計慣行と取締役の責任」ジュリ229号157頁。
(*37)　東京地判平17・5・19判時1900号3頁及び東京高判平18・11・29判タ1275号245頁。原告である銀行の訴訟引受人である整理回収機構は，預金保険機構の完全子会社であり，預金保険機構からの委託等により破綻金融機関等からの貸付金債権等の買取り及びその管理・回収業務等を行う株式会社である。

準の採用に係る善管注意義務違反の有無が問われた事案ではない点に留意する必要がある。すなわち，旧基準に準拠して作成された計算書類には違法性がなく，したがって配当規制に違反した配当はなされなかったと判示したものであって，旧基準を適用したことについて取締役の善管注意義務違反が問われる場合には，責任が認められる可能性は否定できないように思われる。

別の銀行が税法基準を採用し作成した有価証券報告書が公正な会計慣行に反するとして虚偽記載有価証券報告書提出罪の成否が問われた事案において，「公正ナル会計慣行」として行われていた税法基準の考え方によることも許容されるとして，資産査定通達等によって補充される平成9年7月31日改正後の決算経理基準を唯一の基準とした原判決を破棄した最高裁判決[*38]により差し戻された高裁判決[*39]は，次のように判示して，従来の税法基準の考え方を適用する際に，経営者には裁量の余地が働くことを認めた。すなわち，従来の税法基準の考え方による場合について，金融機関が支援している債務者に対する貸出金について，その業況にかかわらず，償却及び引当を回避できるのは，金融機関に支援意思があり，支援が合理性を備えている場合であると解するのが相当であるとした上で，「支援は，金融機関による将来の予測も含めた経営判断によって行われるものであるから，その合理性は，支援先の再建の確実性という画一的な観点から判断されるべきものではなく，裁量性のある金融機関の経営判断として許容範囲内にあるかどうか，という多様性を受容した観点から判断されるべき」であると判示した。貸出金について償却及び引当をすべきかどうかに係る会計基準の適用に際し，裁量性のある経営判断が働き得ることを認めるものであり，そのことは広く認められていることといえよう。

公正な会計慣行に反する会計処理がなされたときは，法令違反となるが，法令違反の行為について経営判断原則は適用されないと一般に解されている[*40]。しかし，一般に公正妥当と認められる企業会計の慣行は，業種，業態，規模等によって異なり得る。とりわけ非上場会社の「一般に公正妥当

(*38) 最判平21・12・7刑集63巻11号2165頁。
(*39) 東京高判平23・8・30判時2134号127頁。

と認められる企業会計の慣行」は,上場会社のそれと一致しないこともあり得る。このように,「一般に公正妥当と認められる企業会計の慣行」は,規範の拘束力,根拠,適用範囲等について異なる性質を有する複層的な会計基準から構成されているものと考えられる((2)カ参照)。また,公正妥当と認められる企業会計の慣行が変容し,あるいは改廃される場合もあり,現在適用される公正妥当な会計基準が複数存在する場合もある。このような状況の下,公正妥当な会計基準を選択せずに計算書類を作成した取締役の善管注意義務違反の有無を判断するに際し,当然に経営判断の原則が適用されないということにはならない可能性がある。他方,選択した会計基準は公正妥当な会計基準の1つであったものの,会社計算の目的に照らしより適切な他の公正妥当な会計基準を選択しなかったことが取締役等の善管注意義務違反になる可能性がある。会計基準の選択・適用と経営判断の原則の関係については,公正な会計慣行の規範性の性質などから,通常の経営判断とは異なる問題が生じると考えられるため,(5)において詳述する。

エ 公正な会計慣行が不明確又は存在しない場合

そもそも一般に公正妥当と認められる会計慣行が不明確又は存在しない場合がある。そのような場合であっても,会計担当者には類似の活動の処理を参考にするなど,その会計基準の基本的な考え方に最も適合した処理をする注意義務があると解される(第2の1参照)。

前掲東京地裁平成17年9月21日判決[*41]は,会計基準がない場合には,税法基準に従って処理した結果が経済実態を概ね適正に表していると認められるときは,税法基準に従うことは公正なる会計慣行を形成していたと判示した。

また,企業会計の基準が未整備の段階で故意にそのことを利用したケースについて,そのような選択自体が企業会計の潜脱であるとする興味深い判示を行った下級審裁判例がある。そこでは,企業会計が十分整備されていない

(*40) 岩原紳作編『会社法コンメンタール(9)機関(3)』248頁〔森本滋〕,近藤光男編『判例法理――経営判断原則』8頁〔近藤光男〕。
(*41) 東京地判平17・9・21判タ1205号221頁。前掲(*19)参照。

投資事業組合を連結の範囲に含めるべきかどうかが問題になった。訴外会社（A社）は、株式交換により企業を買収するにあたり、発行するA社株式を相手方から投資事業組合名義で一定の金額で買い取ることとした上で、株式交換におけるA社の株価を時価よりも低く設定することによりA社株式を過大に発行させ、これを複数の投資事業組合を介して市場で売却し、時価との差額等で生じた売却益を分配金の形で子会社に還流させ、A社の連結売上に計上した。東京地裁平成19年3月16日判決[*42]は、「A社の連結売上げに計上するために、企業会計の潜脱を図ろうとして計画されたものであって、その経済的実態としては、A社が新株を発行して、その払込金を売上げとして計上して業績向上を実現しているに等しく、本来は収益ないし利益の発生し得ないところに利益が発生しているように偽り、見せかけの成長を装っていた」と判示し、虚偽記載有価証券報告書提出罪の成立を認めた[*43]。公正妥当な企業会計の基準が不明確なことをあえて利用し企業会計を潜脱するための脱法目的のスキームであるとしたのである。同判決に対しては、学説上、明確な企業会計の基準が存在しなくても、会社の財政状態及び経営成績をよりよく示す会計処理方法を有価証券報告書提出会社は採用すべきであるという規範の存在を前提に、採用すべきであった企業会計の基準を採用せずに作成された有価証券報告書には虚偽記載があると判断すべきであったとする批判が強い[*44]。

この会社の会計処理をめぐる損害賠償請求事件においては、会社法上の責任として、A社の取締役や監査役の対第三者責任や代表取締役の不法行為に

[*42] 東京地判平19・3・16判時2002号31頁。東京証券取引所の適時開示制度によって、株式交換及びA社の四半期業績に関し虚偽の事実を公表したことが虚偽記載有価証券報告書提出罪にあたるとしたほか、A社株式の売買のため同株式の相場の変動を図る目的をもって、偽計を用いるとともに、風説を流布したとして、旧証券取引法違反の罪を認めた。

[*43] 控訴審判決（東京高判平20・7・25判時2030号127頁）及び上告審（最決平23・4・25 LEX/DB25471531）も第1審判決の結論を支持した。

[*44] 大杉謙一「ライブドア事件判決の検討(下)」商事法務1811号15頁、岸田雅雄「会計基準違反に対する刑事罰と公正会計慣行」早稲田法学85巻3号223頁、弥永・前掲（*6）107～109頁等参照。

基づく会社の責任（会社350条）が認められた。東京地裁平成27年11月25日判決[*45]は，A社の取締役について，公正な企業会計の慣行に反した虚偽の有価証券報告書を作成したことは，悪意による任務懈怠であるとして，投資家に対する損害賠償責任を認めた。東京地裁平成21年5月21日判決[*46]は，同社の監査役については，同社の監査法人が架空売上の計上の疑いをもっていることを認識していたのであるから，業務一般の監査権をもち，会社に対して善管注意義務及び忠実義務を負う監査役として，当該監査法人に対しA社の連結財務諸表に無限定適正意見を示すにいたったのかについて具体的に報告を求め，A社の取締役や執行役員に対して，なぜ架空との疑念がもたれるほどの多額の売上げを期末に計上するにいたったのかについて報告を求めるなどして，A社の会計処理の適正を確認する義務があったものというべきであり，かつ，その義務は容易に認識し，履行し得たものと認められるにもかかわらず，被告監査役は，特段の調査もせず，結果として，A社は連結経常利益を虚偽の内容とする連結損益計算書を掲載した虚偽記載のある本件有価証券報告書を提出するにいたったとして，重過失による任務懈怠を認め，対第三者責任の規定に基づき投資家に対する損害賠償を命じた[*47]。

(4) 会計基準の解釈・適用と役員の責任

適用されるべき会計基準は明確であるものの，その適用に際し解釈の余地

[*45] 東京地判平27・11・25金判1485号20頁。

[*46] 東京地判平21・5・21判時2047号36頁。他に，監査役の重過失による任務懈怠による投資家に対する損害賠償責任を認めた裁判例として，東京地判平21・6・18判時2049号77頁参照。なお，監査報告に記載した事項について虚偽の記載をした監査役の対第三者責任を認めた裁判例として，東京地判平21・7・9判タ1338号156頁参照。

[*47] 東京地判平21・5・21の控訴審判決である東京高判平23・11・30判時2152号116頁も，各組合の活動に関わった被告監査役は売上計上が許されないものであると認識していたことが推認できるのであり，本件各組合が，法的に有効に成立し，独立の法人格を有しており，行われた会計処理が形式的にみて合法性を有しているとしても，これらは，当該売上計上が一般に公正妥当と認められる企業会計の基準に反するという認定を左右するものではないとして，監査役の重過失による任務懈怠を認め，投資家に対する損害賠償責任を肯定した。

が生じることがある。会計基準の適用にあたり解釈の余地が生じるのはむしろ通常のことであると考えられる。大阪地裁平成24年9月28日判決は、A社の関係会社株式の減損処理等の会計処理が公正な会計慣行に準拠していなかったことによって、配当可能利益がないのに違法配当がなされたとして、A社の取締役等に対し法令違反行為等に基づく損害賠償を請求した株主代表訴訟事件である[*48]。なお、A社に対しては、証券取引等監視委員会は、同社が平成17年9月中間期における純資産額が1746億4100万円であるのに、関係会社株式の過大計上及び関係会社損失引当金の過少計上により2268億7200万円と記載した平成17年9月中間期半期報告書を提出したことについて「重要な事項につき虚偽の記載がある」として、内閣総理大臣及び金融庁長官に対し、830万円の課徴金納付命令を発出するよう勧告した。A社は、金融庁に対し、平成17年9月中間期の半期報告書の提出について、重要な事項に虚偽の記載がある半期報告書を提出した法令違反の行為があったことを認め、課徴金納付命令を受けたことから課徴金830万円を納付した。

　同判決は、①時価による実質価額が取得価格の50％以下となること、②相当期間での回復可能性のないことが現存処理に係る公正な会計基準であるとしながら、②の「相当期間での回復可能性」についての具体的な判断基準は会計慣行として確立していなかったとした。そして、回復可能性の判断については、「当該会社の事業内容、規模、性質、業態のほか、それらに基づいて策定される事業計画・方針など経営判断事項の影響を避けて通れないということができる」と述べ、「判断基準が一義的に会計慣行として確立されていない状況の下では、上記の諸般の事情を総合考慮して判断せざるを得ない。その判断を最もよくなし得るのは、当該会社について精通し、経営の専門家である親会社及び子会社の経営者に外ならない。他方、経営者は、様々な事情により当該会社の資産状況について実態以上に良好であるとの外観を作出しようと恣意的な判断に流れる危険性があることも事実である。そこで、回復可能性の有無については、基本的には経営者の判断を尊重すべきであるが、これを無限定に採用するのではなく、その判断に合理性があったか

(＊48)　大阪地判平24・9・28判タ1393号247頁。

どうかという観点から判断されるべきである」と判示した。

適用すべき企業会計の基準は明確であるが，その解釈・適用に際する判断基準が会計慣行として確立していない場合には，経営者の判断を尊重すべきとしながら，会社計算の目的である会社の資産状況について正確に表示するという企業会計の趣旨に鑑み，実態以上に良好であるとの外観を作出しようとする経営者のインセンティブを考慮した上で，合理性の基準で任務懈怠の有無を判断するものとしている。会社の経営者には実態以上に会社の財務状態をよく見せたいというインセンティブを構造的に有している点を指摘している点は重要であり，純粋な経営判断に対して適用される経営判断原則とは異なる基準を採用している点に留意する必要がある。

次に，会計基準の選択・解釈・適用に係る取締役の注意義務と経営判断の原則について，検討する。

(5) 会計基準の選択・解釈に係る役員等の義務と経営判断の原則

(4)で触れた前掲大阪地裁平成24年9月28日判決は，公正な会計基準の具体的適用の場面において，経営者の裁量を認めつつ，経営者と会社計算との間の広い意味における利益相反状況を認め，合理性の基準を採用した。すなわち，回復可能性の判断につき，子会社株式の価格の回復可能性は親会社グループ内での当該子会社の位置づけや親会社の支援方針等の親会社の経営判断の影響を強く受け，その判断を最もよくなし得るのは，当該会社について精通し，経営の専門家である親会社及び子会社の経営者であるとした上で，他方，経営者は，当該会社の資産状況について実態以上に良好であるとの外観を作出しようと恣意的な判断に流れる危険性があることから，経営者の判断に合理性があったかどうかという観点から判断されるべきであると判示した。

最高裁判所は，専門的な経営判断については経営判断の過程と経営判断について著しく不合理かどうかという基準を採用している。すなわち，グループの事業再編計画の一環として完全子会社化のために親会社が子会社株式を取得した際の取得価格の決定に係る親会社の経営判断が問題となった事案において，最高裁平成22年7月15日判決は，「……株式取得の方法や価格につ

いても，取締役において，株式の評価額のほか，取得の必要性，参加人の財務上の負担，株式の取得を円滑に進める必要性の程度等をも総合考慮して決定することができ，その決定の過程，内容に著しく不合理な点がない限り，取締役としての善管注意義務に違反するものではないと解すべきである」と判示し，決定の過程と内容の双方について著しく不合理かどうかという基準を採用している[*49]。

　前掲大阪地裁平成24年9月28日判決は最高裁の「著しく不合理かどうか」という基準ではなく，「合理性があったかどうか」を基準としているため一般論としてはより厳格であるといえる。もっとも，会社の計算については，企業会計が高度に専門化され複雑化している中で，会計担当者の作成した計算書類にある程度依存せざるを得ない実態があり，税務担当者や公認会計士等の助言に信頼を置かざるを得ない場合が実際には多いであろう[*50]。そのような場合には，いわゆる「信頼の原則」が適用される余地はあると考えられ，過失の有無を判定する際に，考慮されることになろう。

　経営判断の原則は，一般に，経営判断に対して適用されるものであると解されており，取締役の経営判断を委縮させず，そのことが株主利益に資するものであると説明される。このような観点からすると，会社の計算について純粋な経営判断と同様の経営判断の原則が適用されるかどうかは，疑問の余地があり，前掲大阪地裁平成24年9月28日判決が「著しく不合理かどうか」という基準ではなく合理性の基準を採用しているのは首肯できる。他方，会計基準の採用により納税額が異なってくるような場合には，より経営判断に近い要素が生じると思われる。

　投資損失引当金の計上の原資として何をあてたかが争点となった裁判例がある。前掲大阪地裁平成15年10月15日判決は，鉄道会社であるA社が関係会社の整理損失及び減損会計の導入に伴う損失に備えて投資損失引当金を計上するにあたり，その原資として工事負担金等受入額を圧縮記帳せずに充てたことは，取締役の善管注意義務・忠実義務に違反する任務懈怠であるとして

(*49)　最判平22・7・15判時2091号90頁。
(*50)　近藤・前掲（*22）263〜264頁。

取締役に対し損害賠償請求がなされた株主代表訴訟における判決である[*51]。同判決は,「特に不合理であったかどうか」という基準を採用した。すなわち,「経営上の措置を執った時点において,取締役の判断の前提となった事実の認識に重要かつ不注意な誤りがあったか,あるいは,その意思決定の過程,内容が企業経営者として特に不合理,不適切なものであったことを要するものと解するのが相当である」と判示し,意思決定の過程,内容が企業経営者として特に不合理,不適切であったかどうかの基準を採用した[*52]。

前掲大阪地裁平成24年9月28日判決が合理性の基準を採用しているのに対し,前掲大阪地裁平成15年10月15日判決は「特に不合理かどうか」という基準を採用している。この点は,どのように説明できるのであろうか。平成15年の大阪地判は,多額の投資損失引当金の原資としては,工事負担金等受入額と保有株式の売却益があり,このいずれを用いても公正なる会計慣行に反するものではなかったと認定している。その上で,いずれを選択するかについて,保有株式の売却益を原資とする場合には保有株式の含み益を現実化させる場合のコスト・時間や法人税等納付額の増加というコストが発生すること,受取配当金は13億1400万円であったところ,受取配当が減額することなどを指摘し,圧縮記帳をしない場合の税法上のデメリットが約8000万円の損失になると認識した上で,①今後のグループ再編の過程において関係会社の整理等が進み,A社がそれについて損失を負担することとなれば,当該工事負担金等受入額を原資とする投資損失引当金の損金算入が認められ,後の年

(*51) 前掲(*35)・大阪地判平15・10・15。
(*52) 大阪地判平15・10・15は,関係会社の整理等に伴う損失及び減損会計の導入に伴う損失に備えるために引当金を計上する必要があったところ,その原資としては工事負担金等受入額又は保有株式の売却益が考えられたが,被告取締役らは,工事負担金等受入額を原資とすることによって生じる経済的不利益についても検討した上で,これを原資として前記引当金を計上するために圧縮記帳をしない本件損益計算書を作成しており,その検討過程も,経理ライン,マネイジメント・ディスカッション・ミーティング(MDM),経営会議及び取締役会という複数の機関によって複数回の審議を経ていたとして,意思決定の過程,内容が「特に不合理」とはいえないと判示した。

度において納税額が減少することになること，②早期に投資損失引当金を計上し，グループ再編を促進することで，連結中期経営計画で掲げた連結ROE等の経営目標を達成することができること等を挙げ，審議を経た上で決定にいたったものであった。複数の公正妥当な会計処理の方法の中からの選択の問題であり，それは税制上の利害得失などを含めた総合的な経営判断であると評価した上で，通常の経営判断原則が適用されたものと考えられる。これに対し，平成24年の大阪地裁判決は，適用されるべき公正妥当と認められる企業会計の基準は決まっており，その具体的適用の局面における判断基準が問題となった事案であって，純粋な経営判断というよりも当該会計基準の適用における解釈が問題となっているものと考えられる。

【神作　裕之】

3 評価的要素と会計基準違反（刑事関係）

「法律家の立場から見た場合，最も困難な問題が起こるのは評価を伴う会計処理である」[*1]が，ここでは，会計基準における評価的要素の問題からもう少し対象を広げて，会計処理において評価的・裁量的判断が刑法上問題となる場面について検討することにしたい[*2]。

(1) 複数の会計基準が存在する場合

会計基準には複数のものがあり，どの会計基準を採用するかは，法律の許容する範囲内で，原則として自由である。しかし，従来「公正なる会計慣行」と認められていた会計基準（「旧基準」）を変更する新たな会計基準（「新基準」）が「唯一の」「公正なる会計慣行」となり，これに従わない会計処理が，会社法，金商法上，違法となる場合があり得る。この点が争われたのが，最高裁平成20年7月18日判決（刑集62巻7号2101頁）である[*3]。判決によれば，本件の事実関係は以下のようなものである。

日本の銀行は，大蔵省が昭和57年4月に発出した「基本事項通達」に基づく「決算経理基準」のもとで，いわゆる税法基準に従った会計処理を行い，

(*1) 第2の1(1)ウ。
(*2) この問題に関する包括的研究として弥永真生『会計基準と法』があり，本稿は同書に多くを負っている。なお，会計基準と刑法はさまざまな場面で問題となり得るが，以下では，会社法の違法配当罪と金商法の虚偽有価証券報告書提出罪を念頭において論じる。また，会社法の「一般に公正妥当と認められる企業会計の慣行」と金商法の「一般に公正妥当と認められる企業会計の基準」に違いがあり得るとしても，基本的には，後者に合致していれば前者にも合致すると考えられるので（第2の3(1),(2)参照），以下では，後者を中心に論じる。その際，単に「公正なる会計慣行」「公正な会計基準」と呼ぶことがある。
(*3) 民事事件を含めて2参照。

銀行の関連ノンバンク等に対する貸出金については，銀行が関連ノンバンク等に対する金融支援を継続する限りは，償却・引当はほとんど行われていなかった。金融機関の経営破綻を契機として平成8年6月にいわゆる金融3法が成立・公布され，大蔵省大臣官房金融検査部長は，平成9年3月5日付けで「資産査定通達」を発出し，日本公認会計士協会は，同通達の考え方を踏まえて，平成9年4月15日付けで「4号実務指針」を作成・公表し，同指針は，平成9年4月1日以降開始する事業年度に係る監査から適用するものとされた。大蔵省大臣官房金融検査部管理課長は，平成9年4月21日付けで，金融証券検査官等にあてて，関連ノンバンクに対する貸出金について，関連ノンバンクの体力の有無，親金融機関等の再建意思の有無，関連ノンバンクの再建計画の合理性の有無等を総合的に勘案して査定することを内容とする「9年事務連絡」を発出した。大蔵省銀行局長は，A銀行の代表取締役頭取にあてて，平成9年7月31日付けで通達を発出し，基本事項通達の一部を改正することとした旨及び長期信用銀行の業務運営については一部の事項を除き改正された基本事項通達によるものとする旨を通達した。基本事項通達の改正においては，決算経理基準の中の「貸出金の償却」及び「貸倒引当金」の規定などが改正され，この定めは，平成9年に係る営業年度の年度決算から適用することとされた。A銀行は，平成10年3月期決算について，関連ノンバンクを含むA銀行の関連親密先とされる会社に対する貸出金の資産分類，償却・引当の実施の有無を査定したが，その自己査定は改正前の決算経理基準のもとでのいわゆる税法基準によれば，これを逸脱した違法なものとは直ちには認められないが，資産査定通達，4号実務指針及び9年事務連絡（以下「資産査定通達等」という）によって補充される改正後の決算経理基準の方向性からは逸脱する内容となっていた。

A銀行の代表取締役頭取であった被告人甲ら3名は，①A銀行の業務に関し，平成10年6月29日，大蔵省関東財務局長に対し，A銀行の平成10年3月期の決算には5846億8400万円の当期未処理損失があったのに，取立不能のおそれがあって取立不能と見込まれる貸出金合計3130億6900万円の償却又は引当をしないことにより，これを過少の2716億1500万円に圧縮して計上した貸借対照表，損益計算書及び利益処分計算書を掲載するなどした上記事業年度

の有価証券報告書を提出し，もって，重要な事項につき虚偽の記載のある有価証券報告書を提出し，②A銀行の上記事業年度の決算には，株主に配当すべき剰余金は皆無であったのに，同社の株主に対し，法令に違反して利益の配当をした，として起訴された。

　1審判決（東京地判平14・9・10刑集62巻7号2469頁）は，虚偽有価証券報告書提出罪と違法配当罪の成立を認め，控訴審判決（東京高判平17・6・21刑集62巻7号2643頁）も，「本件当時においては，資産査定通達等の定める基準に基本的に従うことが『公正ナル会計慣行』となっており，資産査定通達等の趣旨に反し，その定める基準から大きく逸脱する会計処理は，『公正ナル会計慣行』に従ったものとはいえない。……資産査定通達等の示す基準に基本的に従うことが唯一の『公正ナル会計慣行』である。」と判示して，控訴を棄却した。

　これに対して，最高裁判決は，「資産査定通達等によって補充される改正後の決算経理基準は，特に関連ノンバンク等に対する貸出金についての資産査定に関しては，新たな基準として直ちに適用するには，明確性に乏しかったと認められる上，本件当時，関連ノンバンク等に対する貸出金についての資産査定に関し，従来のいわゆる税法基準の考え方による処理を排除して厳格に前記改正後の決算経理基準に従うべきことも必ずしも明確であったとはいえず，過渡的な状況にあったといえ，そのような状況のもとでは，これまで『公正ナル会計慣行』として行われていた税法基準の考え方によって関連ノンバンク等に対する貸出金についての資産査定を行うことをもって，これが資産査定通達等の示す方向性から逸脱するものであったとしても，直ちに違法であったということはできない。」と判示して，原判決を破棄し，被告人らに無罪を言い渡した。

　ほぼ同様の問題が争われたB銀行事件に関する，最高裁平成21年12月7日判決（刑集63巻11号2165頁）も，「資産査定通達等によって補充される改正後の決算経理基準は，特に支援先等に対する貸出金の査定に関しては，幅のある解釈の余地があり，新たな基準として直ちに適用するには，明確性に乏しかったと認められる上，本件当時，従来の税法基準の考え方による処理を排除して厳格に前記改正後の決算経理基準に従うべきことも必ずしも明確で

あったとはいえず，過渡的な状況にあったといえ，そのような状況のもとでは，これまで『公正ナル会計慣行』として行われていた税法基準の考え方によって支援先等に対する貸出金についての資産査定を行うことも許容されるものといえる。」と判示し，虚偽有価証券報告書提出罪の成立を認めた原判決（東京高判平19・3・14刑集63巻11号2547頁）を破棄して，原審に事件を差し戻した[*4]。

両判決は，新基準を，明確性に欠けるため，「公正なる会計慣行」にあたらないとしたものとする理解も有力である[*5]。この理解によると，新基準によって引当金の計上を行った銀行[*6]は，「公正なる会計慣行」に反した会計処理を行ったことになるが，そのような理解には疑問がある[*7]。そうすると，新基準は「公正なる会計慣行」と認められており，会計基準が「公正なる会計慣行」となるために，その「明確性」は不可欠の要素ではないことになる。つまり，本件で問題となった「明確性」とは，それまで「公正なる会計慣行」であった旧基準を排除して新基準が「唯一」の「公正なる会計慣行」となるために必要なものであって，会計基準が「公正なる会計慣行」となるための一般的な要件ではないのである。最高裁平成20年7月18日判決は，新基準を「具体性や定量性に乏しく，実際の資産査定が容易ではないと認められる」とするが，具体性や定量性が乏しくその適用が容易でない会計基準は稀ではない[*8]。

会計基準に明確性を要求する見解は，「公正なる会計慣行」と認められた

(*4) 差戻審である東京高判平23・8・30判時2134号127頁は，被告人らに無罪を言い渡した。

(*5) 西崎哲郎ほか「日債銀取締役証券取引法違反事件の考察（座談会）」金法1891号18頁〔野村修也〕，神例康博「粉飾決算と犯罪」刑法雑誌51巻1号68頁など参照。

(*6) 前掲最判平20・7・18によると，平成10年3月期決算に関して，大手18行中4行が新基準に従った会計処理を行っていた。

(*7) 得津晶「公正なる会計慣行の認定手法——特に民事判決（東京地判平成17年5月19日判時1900号3頁）との対比から」北大法学論集61巻2号116頁，須藤純正「判評」刑事法ジャーナル23号114頁注10参照。さらに，久保大作「『公正なる会計慣行』における明確性の位置づけ——長銀事件・日債銀事件の分析から」阪大法学62巻3=4号275頁も参照。

会計基準が犯罪構成要件の内容となるので，罪刑法定主義の観点から，明確性が要求される，と理解しているのかもしれない[*9]。しかし，虚偽有価証券報告書提出罪の構成要件は，「重要な事項につき虚偽の記載」のある有価証券報告書を提出することであって，会計基準に反すること自体ではないので，会計基準の不明確さが罪刑法定主義違反に直結するわけではない[*10]。

　以上を前提とした上で，最高裁平成20年7月18日判決が旧基準と新基準の併存を認めたのか，それとも新基準を「唯一」の「公正なる会計慣行」としながら，そのなかに旧基準が包含されているとしたのかについては，法廷意見は必ずしも明確ではない[*11]。

　「公正なる会計慣行」である会計基準が複数存在する場合，どの会計基準によるかは，法律が許容する範囲内で，会計処理の責任者の合理的裁量に任されているが，1つの会計基準を選択すれば，「選択したとする会計基準に反する処理をすることは許されない。そのような処理はそれを見る者の判断

(*8) 一般社団法人会計制度監視機構「報告書『公正なる会計慣行』とは何か——会計判断調査委員会の設置を目指して」は，「会社法上の『一般に公正妥当と認められる企業会計の慣行』を解釈するにあたり，これを法規範に準ずるルールとして捉えるのは適切ではなく，『適切な会計処理方針や会計原則を含む会計上の原則の総体』として捉えるべきである」とする。報告書とその背景については，山口利昭『法の世界から見た「会計監査」』151頁以下参照。
(*9) 罪刑法定主義との関係については，弥永・前掲（*2）951頁以下，岸田雅雄「旧長銀事件最高裁判決の検討」商事法務1845号29頁，須藤純正「旧長銀粉飾決算事件の検討——『公正なる会計慣行』と罪刑法定主義について」法学志林109巻2号49頁以下，品田智史「特別刑法と罪刑法定主義——粉飾決算事例を素材として」浅田和茂ほか編『刑事法理論の探究と発見』29頁以下など参照。
(*10) 前掲東京高判平17・6・21，東京高判平19・3・14参照。最高裁は，罪刑法定主義違反の点については判断を示していない。
(*11) 入江調査官による解説は，両方の理解があり得るとしている（入江猛・最高裁判所判例解説刑事篇平成20年度602～603頁参照）。もっとも，補足意見は，「(資産査定)通達上，税法基準の考え方による評価が許容されていると認められる余地がある以上，当時として，その枠組みを直ちに違法とすることには困難がある。」と述べていて，本件で適用されるのは新基準（資産査定通達）であると考えていると思われる。

を誤らせるものであり，会社法431条はそのような行為を禁止する意味も含むと解される」からである（第2の1⑴イ㋐）。A会計基準によって会計処理をしたと有価証券報告書に記載しながら，同報告書に記載された数値はB会計基準に合致しているので違法でないと主張するのは，サッカーの試合で手を使用してラグビーの試合であればルール違反でないと主張するようなものである。

　最高裁平成21年12月7日判決の補足意見は，「本件B銀の決算書類においても，銀行業の決算経理基準に基づく償却・引当基準に従った旨が記載されている。そこにいう決算経理基準は改正後の決算経理基準であることは明らかであるから，本件決算についてはこれに従って判断すべきことになる」と指摘している。そうだとすれば，当時，旧基準と新基準が併存していたことを認めたとしても，本件で適用されるべきであったのは新基準であり，そのような新基準が旧基準を包含していたと理解されることになる[*12]。同様に，平成20年判決の事案において適用されるべきであった基準も新基準の方だということになる。

⑵　明確な会計基準が存在しない場合

　経済活動は変化が激しく，また，事業遂行の要請から新しい形態の取引などの活動が頻繁に出現するため，明確な会計基準が存在しない場合も稀ではない。東京高裁平成20年7月25日判決（判時2030号127頁）[*13]は，被告人らが，企業会計が十分整備されていない投資事業組合を悪用して，会計処理を潜脱し，自己株式売却益を売上利益計上したとして，虚偽有価証券報告書提出罪の成立を認めた原判決を是認したものである。同判決に対しては，本件の被告会社が連結決算の上で依拠すべきであった会計基準がいかなるものであったかを判断すべきであったのに，会計処理上客観的なルール違反があっ

（*12）　入江・前掲（*11）603頁，得津・前掲（*7）117頁，久保大作「判評」金融商品取引法判例百選157頁参照。
（*13）　最決平23・4・25LEX/DB25471531が上告を棄却して確定している。
（*14）　柴田義人「不正会計」木田目裕＝佐伯仁志編『企業犯罪とコンプライアンス判例精選』参照。髙山佳奈子「判評」判例評論608号172頁も参照。

たのか否かの判断を飛ばして,脱法目的があったかどうかという会計処理の内心の目的に焦点を当てているという批判がなされている[*14]。

たしかに,脱法目的から直ちに会計処理が違法になるわけでないが,他方で,会計基準違反それ自体が処罰されているわけではないので,会計基準に明確なルールが存在しないことから,直ちに報告書の虚偽性が否定されるわけではない。会計基準に明確なルールが存在しない場合には,「類似の活動の処理を参考にするなど,その会計基準の基本的な考え方に最も適合した処理をする」必要がある[*15]。そのような観点から,本件でどのような会計処理がなされるべきであったかについては,筆者には判断能力がないが[*16],以下で見るように,裁量判断の適正さの司法審査においては,行為者の目的も重視されていることには注意が必要である。

会計基準の一般原則である継続性の原則に関して判示した東京地裁昭和49年6月29日判決（金法507号42頁）は,「A工業の28期から30期までは,商法上,流動資産については交換価額で,固定資産については減価償却前の価額でそれぞれ評価することも認められていたことは,弁護人主張のとおりである。しかし,A工業では,従来一貫して流動資産については原価で,固定資産については減価償却後の価額で評価してきたものであるところ,企業がその財産の評価について一定の方法を採用し,これを継続していながら,ある時期において,決算操作や決算粉飾のためにその評価方法を変更することは,たとえそれが法の認める方法であったとしても許されないものというべきである」と判示している。また,大阪地裁平成15年10月15日判決（金判1178号19頁）は,「『公正ナル会計慣行』に違反しない従来の会計処理の原則及び手続を『公正ナル会計慣行』に違反しない別の会計処理の原則及び手続に変更することそれ自体は,仮に,それが企業会計原則上の継続性の原則に

(*15) 第2の1(1)イ(イ)。公認会計士は,「会計基準が想定していないケースであっても,会計基準の設定趣旨等を踏まえ,決算書が適正表示であるかどうかを総合的に判断している」。第2の3(2)。

(*16) 弥永・前掲（*2）107〜109頁は,「企業の経営成績を適正に示すという観点からも,自己株式の消費貸借に自己株式会計基準が（類推）適用されるべき実質的根拠があったというには無理があるのではないかと思われる」と指摘している。

違反する場合であっても、直ちに『公正ナル会計慣行』に違反するものと解すべきではなく、当該変更が利益操作や粉飾決算を意図しているとか、会社の財産及び損益の状況の公正な判断を妨げるおそれがある場合に限り、『公正ナル会計慣行』に違反するものと解するのが相当である。」と判示している。どちらの判決も、利益操作や粉飾決算の目的で会計基準を変更することは許されないと判示しているのである[*17]。行為者の主観だけで適法な会計処理が違法になると考えるべきではないが、適切な裁量の行使かどうかを、行為者の主観を離れて判断することはできないのかもしれない。

(3) 会計基準による処理と実態が乖離する場合
ア 実質主義と形式主義

最高裁平成20年7月18日判決は、被告銀行の会計処理を違法でないとしたが、補足意見は、同行の会計処理は、実態と乖離した、証券取引法における企業会計の開示制度の観点から見れば、大きな問題があったものと指摘しており、そのような評価に異論はあまりないようである。そこで、弥永教授は、同判決の理解として、「株式会社あるいは有価証券報告書の提出者が行っている会計処理は、株式会社・提出者の財産および損益の状況（財産状態及び経営成績）を必ずしも十分に示していない場合であっても、少なくとも、そのような会計処理が『慣行』であると評価でき、かつ、その会計処理方法を認めないという明確なルールが存在しない場合には、会社法・金融商品取引法違反であるとはいえないということを暗黙の前提としていると解するのが自然である。……より一般化していうならば、たとえば、イギリスなどのように、個別の会計基準に従っているか否かを問わず、真実かつ公正なる概観を示さないことが会社法違反に当たるという考え方はわが国の（平成17年改正前）商法や証券取引法の解釈としては採用しないという立場を最判平成20・7・18などはとったものと位置づけるのでなければ、首尾一貫しないのではないかと思われる。」とされる[*18]。

(*17) 行政庁の裁量権逸脱・濫用の審査においても、目的違反の有無が重視されている。

他方で，弥永教授は，会計基準に違反していても，「虚偽の記載」といえない場合があると主張されている。その理由は，①会社法や金商法が「虚偽の記載」という文言を用いていること，②会計基準は法令ではなく，当然に「唯一の」「一般に公正妥当と認められる企業会計の慣行」「一般に公正妥当と認められる企業会計の基準」にあたるわけではないと理解されていること，③「従わなければならない」ではなく，「従うものとする」と定められていること，④会社法431条が「一般に公正妥当と認められる企業会計の慣行」からの離脱も合理的理由がある場合には認めるのであるとすれば，会社法が究極的に要求しているのは，「計算関係書類が当該株式会社の財産及び損益の状況を全ての重要な点において適正に表示しているかどうか」（会社計算規122条1項2号・123条2項1号・126条1項2号参照）なのではないかと考えられること，⑤財務諸表等規則1条1項についても，合理的な場合には「一般に公正妥当と認められる企業会計の基準」からの離脱が認められるという解釈も可能であることに鑑みると，やはり，重点は，「当該財務諸表等に係る事業年度……の財政状態，経営成績及びキャッシュ・フローの状況をすべての重要な点において適正に表示している」という点にあると理解すべきであること，⑥実質的に考えても，ある会計基準や会計慣行に従って財務諸表等や計算関係書類が作成されていないことから「直ちに」投資者や会社の株主・債権者等が会計等の財政状態，経営成績（及びキャッシュ・フロー）の状況について的確な判断をすることができず，その結果，損害を被るということにはならないことに鑑みると，ある会計基準や会計慣行の不遵守を刑事罰や課徴金で禁圧する必要は乏しいこと，である[*19]。

以下では，公正な会計慣行・基準に従っていることが「真実」であり，従っていないことが「虚偽」であるとする立場を形式主義と呼び，会計処理が「当該株式会社の財産及び損益の状況を全ての重要な点において適正に表示していること」が「真実」であり，適正に表示していないことが「虚偽」であるとする立場を，実質主義と呼ぶことにする[*20]。

弥永教授が主張される実質主義と弥永教授が形式主義をとっていると理解

[*18]　弥永・前掲（*2）95頁。

される判例との関係であるが,弥永教授は,公正な会計基準に従っていることが実質主義のもとでセーフハーバーになると理解されているようである。つまり,会計基準に従っていれば会社法・金商法上の違法性は認められないが,会計基準に従っていないとしても,財産及び損益の状況をすべての重要な点において適正に表示していれば,やはり違法性が認められないと考えておられるようである。問題は,このような片面的実質主義をとることが妥当かという点にある。

イ アメリカの判例

アメリカの会計基準は,「原則主義 (principle-based)」であるイギリスと比べて,わが国と同様,「細則主義 (rules-based)」であるといわれるが,アメリカ連邦裁判所の粉飾決算に関する判例では,「一般に認められた会計原則 (generally accepted accounting principles：GAAP)」に従った会計処理であって

(*19) 弥永・前掲（*2）902〜903頁。須藤純正「判評」刑事法ジャーナル23号115頁も,「財務諸表規則一条一項にいう『一般に公正妥当と認められる企業会計の基準』に合致しない会計処理によったものは,すべて本罪〔注：虚偽有価証券報告書提出罪〕にいう『重要な事項についての虚偽の記載』に該当するといってよいのかは問題であろう。この点については,『一般に公正妥当と認められる企業会計の基準』が何であるか,これに反するとみる余地があっても条理から適法と解する余地がないかどうかを勘案しつつ,ここにいう『重要な事項についての虚偽の記載』という文言の意味を平均的な国民がその文言を認識したときに客観的に予測できる範囲内であるか否かで判断すればよいのではなかろうか」とする。

(*20) わが国の会計基準においては,最高位の一般原則として,真実性の原則が定められていても,イギリスの会計基準や国際財務報告基準に定められているような離脱規定が存在していないため,そこでいう真実とは,個別の会計基準に従って会計処理がなされていることを意味するものと解されてきた（そのことが,会計における真実は絶対的真実ではなく相対的真実である,という言葉で表されている内容の１つである）。これに対して,会計基準に従った会計処理が実態と乖離する場合には会計基準から離脱する義務を会計基準自体が定めているのであれば,形式主義と実質主義を区別する必要はなくなる。前掲大阪地判平15・10・15は,「少なくとも証券取引法の適用がある株式会社においては,企業会計原則に違反しない会計処理をしている以上,特段の事情がない限り,『公正ナル会計慣行』に違反していないものと解するのが相当である」と判示しており,「特段の事情」が実態との著しい乖離を意味するのであれば,「公正なる会計慣行」の解釈として実質主義を採用しているとも解し得る。

も，全体として企業の財産状況を適正に表示していなければ違法であり，GAAPに従っていたことは，行為者が善意で (in good faith) あったことの証拠となり得るだけであるとされている[*21]。

比較的最近の事件では，ワールドコムのCEOであったBernard J. Ebbersが，同社の粉飾決算について共謀罪 (18 U.S.C.§371)，証券詐欺罪 (15 U.S.C.§§78j(b)&78ff)，虚偽文書提出罪 (15 U.S.C.§§78m(a)&78ff) で有罪となり，25年の拘禁刑等を言い渡された事件において，第2巡回区控訴裁判所は，上記判例に従うことを述べた上で，被告人がGAAPに従おうと誠実に努めていたこと，あるいは，GAAPに関する公認会計士のアドヴァイスに依拠したことは，被告人の欺罔の意図が否定されるかもしれないという意味でのみ重要性を有する，と判示している。そして，判決は，GAAPに合致していても，被告人にミスリードする意図があれば主観的要件は否定されないと判示している[*22]。

ウ　わが国における解釈

わが国においても，実質主義を一貫させて，会計基準に合致していても，当該株式会社の財産及び損益の状況をすべての重要な点において適正に表示していない場合は，「虚偽」となると解することは，考えられなくはない[*23]。このような解釈をとるなら，行為者が会計基準に従っていたこと

[*21] U.S. v. Simon, 425 F.2d 796 (2d Cir. 1969), cer. denied, 397 U.S. 1006 (1970).

[*22] U.S. v. Ebbers, 458 F.3d 110, 112 (2d Cir. 2006), cert. denied, 549 U.S. 1274 (2007). 判決は，続けて，GAAP自体が個別の規定に従っていても全体として適正に表示されていない場合は虚偽となることを認めているので，検察官は，財務諸表が誤解を与えるもの (misleading) であったことを主張・立証することによって，実際には，GAAP違反を主張・立証していることになる，とも指摘している (at 126)。つまり，アメリカの会計原則も実質主義を採用しているというのであるが，このような理解に対しては批判もある。

[*23] 前掲最判平20・7・18等が，会計基準に従っていれば実態と乖離した会計処理であっても違法でないということを判示したとすれば，そのような判示は，企業会計原則において最も高次の原則とされる「真実性の原則」と相容れないものであり，会計慣行の慣行性に着目することは，財務諸表の作成目的の1つが利害関係者への情報提供であるということを見失っているといわざるを得ない，という批判として，水野朋「破綻金融機関の経営者責任追及の法的枠組み（根拠・手続）」預金保険研究12号108頁参照。

は，故意ないし違法性の意識の問題として考慮されることになる。

　まず，会計基準違反自体が虚偽有価証券報告書提出罪に該当するわけではないから，会計基準に違反していても「虚偽」にあたらない場合があるという弥永教授の主張は妥当なものだと思われる。その限りでは実質主義が採用されるべきである。一方，何が真実であるかの判断に大きな幅があり，その判断の内容が必ずしも明確でないことを考慮すれば，少なくとも，虚偽有価証券報告書提出罪については，財務諸表等規則（連結財務諸表規則）1条をセーフハーバー規定と解して，同条によって「公正な会計基準」と認められた基準に従って会計処理が行われている限り，「虚偽」とはいえない，あるいは，法令正当行為として違法性が否定される，と解するべきであろう。したがって，少なくとも現在の時点では，弥永教授がいわれるとおり，片面的な実質主義が妥当だと思われる[*24]。

　しかし，セーフハーバーの考えが妥当するのは，明確な会計基準に依拠している場合であり，明確な会計基準が存在しない場合には，会計基準の一般的原則に従って，財産及び損益の状況をすべての重要な点において適正に表示しなければならないと思われる。もちろん，そのような一般的原則による「適切な表示」には相当に広い幅があり，経営者や監査を行う公認会計士には広い裁量が与えられていると考えられるから，裁量の著しい逸脱といえる場合でなければ違法とすることは難しいであろう。

(4) 会計基準の評価的要素

　依拠すべき会計基準が選択されたとして，問題はさらにその先にある。現在の会計基準は，時価会計の導入，国際財務報告基準とのコンバージェンス（企業によっては国際財務報告基準の採用）などによって，不確実性が高い評価的要素が増大し，違法・適法の判断が極めて難しくなっているからである。

　そのような不確実性が高い会計処理として，いわゆる会計上の見積りがある。会計上の見積りは，財務諸表の作成時点において利用可能な情報に基づ

(*24) 国際財務報告基準が広く採用されるようになれば，再検討が必要になるかもしれない。

いて，経営者の判断によって行われるものであり，多くの場合，見積りを行う時点で不確実な事項に関して何らかの仮定を設定して行われることになる[*25]。

公正なる会計慣行は，「その具体的基準は何か，それをどのように事例に適用するかという点が常に確定しているわけではないため，その判断過程において経営判断原則（と類似の判断枠組み）が適用される可能性がある」[*26]とすれば[*27]，会計上の見積りはその適例といえよう[*28]。

このような「経営判断原則（と類似の判断枠組み）」の適用が考慮される場合には，少なくとも2つの異なった類型が含まれているように思われる。

第1は，会計処理が将来の不確実な予測に基づいており，専門的な裁量の余地が大きい場合である。このような場合については，会計専門家の判断を，裁判所はできるだけ尊重すべきだという考慮があり得る。このような考慮は，経営判断原則というよりも専門的裁量判断に関する司法審査一般の問題として論じられるべきであろう[*29]。この点に関して議論の蓄積があるのは行政庁の裁量的判断についてであるが，例えば，最高裁平成18年11月2日判決（民集60巻9号3249頁）は，「裁判所が都市施設に関する都市計画の決定又は変更の内容の適否を審査するに当たっては，当該決定又は変更が裁量権

(*25) 監査基準委員会報告書540（日本公認会計士協会監査基準委員会平成23年12月22日）参照。

(*26) 1(2)ア(エ)。

(*27) 会社法において経営判断原則が認められる理由が，経営に冒険が不可避であることにあるとすれば，そのような考慮は，会計基準の選択・解釈には妥当しないので，両者を同じものと考えることはできないであろう。判決における両者の判断基準の違いについては，2(5)参照。

(*28) 会計制度監視機構報告書・前掲（*8）は，会計慣行の「公正さ」を失わせる行為かどうかは，「適正な財務諸表又は計算書類を作成するために必要な記録が確保されているかどうか，経営者又は監査人が適切な会計処理方針を選択するために必要な背景事情を把握していたかどうか，経営者又は監査人において，選択した会計処理方針に基づき，適切な評価判断を下すことができる一般的な注意能力を持っていたか否かによって判断すべきである。『何が公正な企業会計の慣行か』について，その『相対的真実』の観点から，実体的な面については経営者や監査人の判断を尊重しつつ，公正性を担保する手続的な面においては司法判断が及ぶと考える」と提言している。

の行使としてされたことを前提として，その基礎とされた重要な事実に誤認があること等により重要な事実の基礎を欠くこととなる場合，又は，事実に対する評価が明らかに合理性を欠くこと，判断の過程において考慮すべき事情を考慮しないこと等によりその内容が社会通念に照らし著しく妥当性を欠くものと認められる場合に限り，裁量権の範囲を逸脱し又はこれを濫用したものとして違法となるとすべきものと解するのが相当である」と判示している。

第2は，会計上の見積りにおいて経営上の判断の考慮が不可欠であり，その結果として，経営判断の原則が考慮されることになる場合である。この場合，経営判断の原則は間接的な形で考慮されていることになる。

いずれにしても，「現在価値の評価や将来の見込み――見積り――を踏まえた判断は，どのようなファクターをどの程度重視するかによって異なるなど評価が分かれ得る不確定要素が多い判断であり，法的な観点から見た場合には，違法かどうかについて慎重な判断が必要になる問題である。合理的な根拠の明らかな欠如や考慮すべきファクターの選択・評価の明白な誤りなど，逸脱が客観的に明白な場合でなければ，違法とすることには困難がある。」(第2の1⑴イ(ウ))。特に刑罰規定の適用にあたっては，慎重な判断が求められるであろう。

⑸ 課徴金と刑罰

虚偽有価証券報告書提出に対する制裁としては課徴金と刑罰がある。刑法の謙抑性の観点からは，違法性が重大である場合，犯情が悪質である場合に刑罰の使用を限定し，それ以外の場合は課徴金ですませることが望ましく，実際にもそのような運用がなされていると思われる[*30]。

(*29) 「最高裁判決や，下級審で定着をみている経営判断の原則は，行政裁量の司法審査方式についての判例理論を下敷きしている」と指摘し，両者を比較検討する論文として，松本伸也「経営判断の司法審査方式に関する考察(上・中・下)」金判1369号2頁以下，1370号2頁以下，1371号2頁以下がある。さらに，勝野真人「取締役の経営判断についての司法審査方式――行政裁量についての司法審査方式との比較を交えて」中央ロー・ジャーナル10巻3号193頁以下参照。

そのような立場からは，明確な会計上のルールが存在しない場合，あるいは，会計上のルールが存在していても「見積り」が必要で，判断の不確実性が大きく，裁量の幅が大きいような場合には，裁量の逸脱が認められて違法と判断されても，その逸脱の度合いが小さければ，課徴金だけで処理する運用が望ましいであろう。

【佐伯　仁志】

(＊30)　拙稿『制裁論』参照。

第5章

具体的事例の解説

(1) 事例の分類

　一般的に，企業が不適切会計を行うのは，自己の財務状況が健全なものであることや，業績が好調であること，つまり会計的な意味において，対外的に企業の状況を実態よりも良く見せることによって，新株発行や銀行からの借入れ等による外部資金の調達を容易にすることや企業イメージの維持向上，あるいは経営の失敗を隠ぺいすることを目的とすることが多い。なお，不適切会計には，いわゆる逆粉飾もあるが，これは脱税目的で行われるものであるので，ここでは取り上げないこととした。

　企業の状況を実態よりも良く見せるための手法は，企業の状態を会計的に示す「資産」と「負債」，企業の業績を会計的に示す「収益」と「費用」という4つの指標を，それぞれ良く見せる方向に偽ることである。偽る方法として，数値を偽る方法と時期を偽る方法があるので，理屈上，4×2の8種類，すなわち，

① 収益の過大計上（収益の数値を偽る方法）
② 収益の前倒し計上（収益の計上時期を偽る方法）
③ 費用の過少計上（費用の数値を偽る方法）
④ 費用の先送り計上（費用の計上時期を偽る方法）
⑤ 資産の過大計上（資産の数値を偽る方法）
⑥ 資産の評価替え回避（資産の評価替えの時期を偽る方法）
⑦ 負債の過少計上（負債の数値を偽る方法）
⑧ 負債の評価替え回避（負債の評価替えの時期を偽る方法）

があり得る[*1]。

　ただ，損益計算書における収益／費用と，貸借対照表における資産／負債は，相互にパラレルに連動することがある。例えば，損益計算書において架空の収益が計上される場合（①），それが売掛金となっていれば，貸借対照表の資産の売掛金がその分過大に計上されていることになるし（⑤），それが短期借入金と相殺されていれば，貸借対照表の負債の短期借入金がその分

(*1) 日本公認会計士協会「上場会社の不正調査に関する公表事例の分析」経営研究調査会研究報告第40号の分類を参考にした。

過小に計上されていることになる（⑦）。つまり，不適切会計の種類としては，①と⑤，①と⑦のように，2つの事象が発生していることになるが，それは物の見方であり，どちらかの事象を主たるものとし，もう一方の事象はその反射的効果として発生していると見ることもできる。以下そのような観点も入れながら，■資料1（本書末尾に掲載）の事件一覧表に掲載した事例を中心に，不適切会計の具体的手口を解説する。

(2) 収益の過大計上（①）

収益の過大計上とは，損益計算書の収益を本来よりも過大に計上することであり，過去の事例を見ても，最も頻発している不適切会計の手口である。収益の過大計上は，架空の売上を計上したり，売上を水増しして計上するといった手口が典型例である。

この収益の過大計上が主たる事象であるが，その反射的効果として，貸借対照表の資産や負債にどう影響するかは，収益の過大計上の手口による。例えば，■資料1の【2】は，正式な注文が未だない段階で注文書を偽造するなどして実際に注文があったかのように装い，売上を架空計上していた事案であるが，その売上は架空であるが故に取引先からそれに見合った入金はなく，貸借対照表では資産に売掛金として計上されていた。つまり，この事例では，収益の過大計上（①）が主たる事象であるが，その反射的効果として資産の過大計上（⑤）という事象も発生していたことになる。

このように，収益の過大計上があった場合，本来はそれに相当する入金はなされないはずであり，売掛金や未収入金として資産に計上されるのが最も単純なパターンであろうが，それに相当する入金がなされる場合もある。しかし，その入金は，収益に対する正しい入金であるはずがないので，別途の不適切な経理処理がなされ，外見上収益に対する入金となっているに過ぎない。このような別途の不適切な経理処理が，複雑になされればなされるほど，不適切会計は見抜くことが難しくなる。その一例として架空循環取引がある。

■資料1の【9】は，対象会社が滞留在庫をA株式会社に販売したことにし，これをB株式会社がA株式会社から転売を受けてC株式会社にリース

し，これを対象会社にリースバックするという一連の取引が行われているが，滞留在庫を販売した形にすることで架空の売上を計上する（正確にいえば，売上と滞留在庫の原価との差額を架空の利益として計上する）というのが主たる現象であり，それが容易に発覚しないようにするために，様々な不適切な会計処理をしていると見るのが実態に近いと思われる。この例では，架空の売上は，売掛金として資産に計上された後，あるいは計上される前に，A株式会社から売却代金が支払われている。しかしこの売却代金は，B株式会社からA株式会社に支払われており，B株式会社はこれをC株式会社からのリース料で回収することになっており，C株式会社が支払うリース料相当額は，結局のところ対象会社がC株式会社に対して支払うことになる。したがって，収益の過大計上という主たる事象に対する反射的効果として，対象会社がC株式会社に支払うことになるリース料あるいは買戻代金という余計な負債が発生し，その負債が対象会社によるC株式会社への支払によってなくなった形になっており，負債の過小計上（⑦）として現れているという分析ができるように思われる。ただし，これはあくまでも，架空の売上の計上にとどまらず架空循環取引という複数の無用な取引を重ねることによって，会計処理の1つの事象をそう分析できるというに過ぎず，架空の売上が計上された時点で，一瞬でも，売掛金という資産が過大に計上された（⑤）と理解する方が簡便であろう。

(3) **収益の前倒し計上（②）**

収益の前倒し計上とは，本来翌期以降に計上すべき収益を当期分として前倒しで計上することである。例えば，■資料1の【7】に見られるように，受講者に授業料全額を前払いさせ，これに相当する役務である授業が未提供であるにも関わらず，即時に売上として全額を計上するような事例である。この場合，収益の前倒し計上を主たる事象と見ると，その反射的効果は，受領した授業料に対応する役務提供義務を果たしていないため，負債（前受授業料）の過小計上（⑦）にあると見ることができる。翌期においては，役務の提供は，貸借対照表や損益計算書の科目としては現れないが，受講者が全授業を受け終わる前に講座を解約し，授業料の一部を返金せざるを得なく

なったときに、この返金分が、売上の取消しという収益の減少、あるいは返金という費用の増加として顕在化することになる。

また、長期間にわたる役務提供の対価として代金を受領する契約の場合、売上の認識の時期をいつにするかが問題となることがある。例えば、工事契約に関していえば、制度上、(i)工事収益総額、(ii)工事原価総額、及び(iii)決算日における工事進捗度を合理的に見積もることができる場合には、これに応じて工事収益及び工事原価を認識する方法（工事進行基準）を採用することが認められているが、そのような合理的な見積りができない場合には工事進行基準の採用は認められず、工事が完成し、目的物の引渡しを行った時点で、工事収益及び工事原価を認識する方法（工事完成基準）によらなければならないこととされている。このため、工事完成基準を適用しなければならないにも関わらず安易に工事進行基準を適用したり、(i)から(iii)の項目を不当に見積もることにより、本来あり得べき時期よりも早い段階で売上を計上することが収益の前倒し計上の例である。

(4) 費用の過少計上 (③)

費用の過少計上とは、損益計算書の費用を本来よりも過小に計上することであり、費用を全く計上しない方法や、費用の一部を除外して計上しない方法などがある。

例えば、■資料1の【18】は、本来、金型や設備は固定資産に計上し、毎期に減価償却費という費用を計上していく必要があったのに、金型や設備を建設仮勘定に計上したままにして、減価償却費という費用を計上しなかったものである。この減価償却費という費用の過少計上 (③) を主たる事象として見た場合、その反射的効果として、本来資産計上され、毎期に減価償却によって資産が減少していくべきところ、それがなされていなかったという意味で、資産の過大計上 (⑤) あるいは資産の評価替え回避 (⑥) が発生していたと見ることができる。

また、商品を仕入れて販売する小売店では、売上高から売上原価である「期中に販売した在庫」を控除して利益が計算される。「期中に販売した在庫」は、期首たな卸高＋当期仕入高－期末たな卸高で計算されるところ、

「期首たな卸高」は期首において抱えていた商品在庫の金額，「当期仕入高」は当期（期中）において新たに仕入れた商品在庫の金額，「期末たな卸高」は期末において残った商品在庫の金額である。仮に，期末たな卸高を過大に計上すれば，売上原価を過小に計上でき，結果的に，その期における利益を大きく見せることができる。この場合，費用である売上原価の過少計上が主たる事象であるが（③），そのために期末たな卸高という資産を過大に計上することになるので（⑤），これがその反射的効果と見ることができる。

(5) 費用の先送り計上（④）

費用の先送り計上とは，本来今期に計上すべき費用を計上せず，翌期以降に先送りすることである。

事例としてはかなり複雑であるが，■資料1の【13】は，対象会社が支払った費用を，前渡金という資産に計上した上で，その後，受注案件の外注費という費用として振り替えていくという経理処理を行っている。これは，本来は支払の時点で費用として計上すべきところ，費用計上を先送りしたものであり，これが主たる事象である（④）。そして，その反射的効果として，資産である前渡金が過大に計上されることとなっている（⑤）。

(6) 資産の過大計上（⑤）

資産の過大計上とは，貸借対照表の資産について，本来よりも過大に計上することである。資産の科目の中で，過大計上が発生しやすい科目は，評価額の算定を経て計上金額を確定するものである。現金や預貯金など，計上する金額をある時点で明確に確定できるものは，監査法人の監査の目を逃れて過大に計上することは難しい。他方，例えば，不動産や未上場の株式などの場合，毎期にその取得原価を資産として計上していたとしても，その後，その資産の時価が下落しているにも関わらず取得原価のまま計上を続けることは，資産を適切に計上していないことになりかねない。そこで，その資産の時価の算定を行い，その価額を計上する必要があるが，その資産が一般に流通しておらず市場価格が形成されていない場合などにおいては，時価を何らかの形で評価する必要があるところ，その評価が，一般に容易ではない時が

ある。このような時に、取得原価のまま資産を計上し続けたり、評価額を不適切に高値に算定してそれを資産として計上する場合は、資産の過大計上となる。

■資料1の【3】は、資産であるEB債が過大に計上された事案である（⑤）。

また、上記(4)で述べたように、費用の過少計上（③）の反射的効果として、資産の過大計上（⑤）が発生していることもある。

(7) 資産の評価替え回避（⑥）

資産の評価替え回避とは、貸借対照表の資産の価額について、本来であればその評価替えを行って低い価額に見直すべきであるのに、それをせず、従前の価額をそのまま計上することである。典型的な事例は、不動産、株式等の有価証券、債権等に含み損が発生しており、資産として計上されている帳簿上の価額（簿価）に比べ、実勢の価格（時価）が相当程度低い場合は、資産の評価替えを行い、資産の価額をより低く見直すべきであるのに、それをしていないというものであり、事実としては資産が本来よりも過大に計上されていることになるが、資産の過大計上（⑤）と区別しているのは、その実態が、資産の評価替えの先送りであって、数値ではなく時期を偽っているからである。

過去の事例を見ると、資産の評価替え回避の事例はかなり多い。資産の評価替え回避を主たる事象とした場合に、その反射的効果として、費用の先送り計上（④）が発生している場合があるが、もともと計上されていた資産の価額は適切なものであったのであり、その資産をいつの時点でどのように評価替えを行うべきかについて一義的に明確な基準を確立することが難しい事案もあり、不適切会計に該当するのかどうか、判断が分かれている事案も少なくない。

■資料1の【4】は、回収不能状態に陥っていた債権について、貸倒引当金を計上すべきであったのに、その計上を行わなかったことが不適切会計と指摘されたものである。裁判所は、債権は貸借対照表の資産に計上されているところ、その回収ができない事態が発生する可能性が高く、かつ回収不能見込額を合理的に見積もることができる場合には、債権は帳簿価格ではなく

時価（回収見込額）で再評価して計上すべきと判示した。この場合、資産としての債権は、再評価した価額を計上し、一方で、貸倒引当金を損益計算書の当該期の費用として計上すべきであったということになる。なお、この事件では、他方で、対象会社が保有していた不動産については、簿価が資産として計上されていたが、その不動産の時価は簿価よりも高く、含み益を有していた。そのため、債権について評価替えを行うのみでは対象会社は債務超過に陥るが、さらに不動産についても評価替えを行うと、対象会社は資産超過になるので、結果的に不適切会計はなかったと裁判では認定されている。

■資料1の【19】と【20】も、不良債権化していた債権について、一定の会計処理の基準を用いて、一定の時期に評価替えを行うとともに（主たる事象としての⑥）、費用としての貸倒引当金を損失として計上すべきであった（反射的効果としての④）のに、それを特定の期にしていなかったことが不適切会計と指摘された事案である。

■資料1の【22】は、不良債権の簿外化という手法を使った不適切会計の事案である。いずれも巨額の含み損を有していた金融資産を評価替えすることによる業績の悪化（当該期に損失引当金を費用として計上しなければならなくなる事態）を回避するために、不良債権を連結対象外の会社に売却し、その会社に含み損を保有させるという手法である。これは、含み損を抱えた資産を簿外化するという意味で、「オフバランス」（貸借対照表を意味するバランスシートの外に出す）とか「飛ばし」などといわれることがある。

そのほか、減損の対象となるのれんや特殊な機材などの資産について、適切な時期に適切な減損処理を行うことによる業績の悪化（当該期に減損引当金を費用として計上しなければならなくなる事態）を回避するために、減損を先延ばしするという手法もある。

(8) 負債の過少計上（⑦）及び負債の評価替え回避（⑧）

負債の過少計上とは、貸借対照表の負債について、本来よりも過少に計上することであり、負債の評価替え回避とは、貸借対照表の負債の価額について、本来であればその評価替えを行って高い価額に見直すべきであるのに、それをせず、従前の価額をそのまま計上することである。■資料1の【12】

の連結外しは，負債の過少計上（⑦）に該当すると思われる。

　理屈上は，これらの手法による不適切会計もあり得ることになるが，実際の事例としては，あまり見当たらない。これは，不適切会計は，監査法人によって見つけにくい手法がとられることによって発生するが，負債の過少計上や負債の評価替え回避は，監査法人によって，不適切を指摘される可能性が高いからではないかと考えられる。

【梅林　啓＝安部　立飛】

資　　料

■資料1　事件一覧表
■資料2　会計用語

■資料1　事件一覧表

No	
1	▶事件の概要 　A株式会社は，総合建設請負業を展開していたところ，昭和57年に売上のほぼ半分を占めていた取引先が倒産したことによって巨額の損害を被って以降，経営を借入金に頼る不安定な経営体質に陥り，新たに顧客を開拓する必要性に迫られていた。そして，バブル経済の崩壊等により売上高が減少し，第68期決算期以降，金融機関から新規融資を受けることができない状況にあった。そこで，金融機関からの借入れや工事の受注を容易にするため，第68期決算期及び第69期決算期における各決算書類の作成にあたり，次のとおり，売上高を水増しし，損益が実態は赤字であるにもかかわらず，これを黒字であるかのように偽装して，不適切会計を行った。 　(1)　第68期決算において，真実の売上高は7億2000万円であったにもかかわらず，これを8億5000万円に水増しし，これにより，同決算期の損益は真実は8400万円の赤字であったにもかかわらず，4600万円の黒字であるかのように偽装した。 　(2)　第69期決算において，真実の売上高は4億3000万円であったにもかかわらず，これを8億7600万円に水増しし，これにより，同決算期の損益は真実は3億9600万円の大幅な赤字であったにもかかわらず，5000万円の黒字であるかのように偽装した。 　このような状況において，A株式会社が訴外会社からビルの建設工事を請け負い，原告が当該建設工事の内装工事等をA株式会社から下請けとして受注し，完成して引き渡したが，その後平成8年2月2日A株式会社が破産宣告を受けたため，当該下請工事の代金支払のためにA株式会社から交付を受けていた約束手形（額面合計4666万円）が決済不能となり，当該手形金額相当の損害を被った。そこで，原告は，当該損害は，A株式会社が上記粉飾決算を行った結果，原告が，A株式会社の財務状況を誤信して下請工事を受注したために生じた損害であると主張して，A株式会社の取締役であった被告らに対して旧商法266条の3第1項・2項，及び，民法709条に基づき，損害賠償を請求した。裁判所は，被告らにおける任務懈怠の成立を認めた上，被告らの粉飾決済と原告の損害には因果関係があるとして，原告の請求を認容した。 ▶主たる手口（疑われたものも含む） 　①　収益の過大計上 ▶参考裁判例・文献 　・　横浜地判平11・6・24判タ1039号224頁
2	▶事件の概要 　A株式会社は，ソフトウェアの開発及び販売等を業とするシステムコンサル会社であり，主要なものとして，ソフトウェア事業（顧客の注文に応じたソフトウェアの受託開発等）やパッケージ事業（大学向け事務ソフト等の既製品の開発及び販売）を展開していた。パッケージ事業は，A株式会社が，販売会社に事務ソフト等の製品を販売し，販売会社が最終ユーザーである大学等にこれを販売するというも

230　■資料1　事件一覧表

No	
	のであった。パッケージ事業本部には、事業部が置かれ、その事業部の中において、営業部のほか、注文書や検収書の形式面の確認を担当するBM課（ビジネスマネージメント課）及び事務ソフトの稼働の確認を担当するCR部（カスタマーリレーション部）が設置されていた。事業部の事業活動としては、まず、営業担当者が販売会社と交渉し、合意にいたると販売会社が注文書を営業担当者に交付し、営業担当者は、当該注文書をBM課に送付し、同課は受注処理を行った上、営業担当者を通じて販売会社に検収を依頼する。次に、CR部の担当者が、販売会社の担当者及びエンドユーザーである大学の関係者とともに、納品された事務ソフトの検収を行う。そして、BM課は、販売会社から検収書を受領した上、売上処理を行い、財務部に売上報告をする。財務部は、BM課から受領した注文書、検収書等を確認し、これを売上として計上するといった流れである。 　当時、事業部の部長であったX（事業部の営業部部長も兼務）は、営業成績を上げる目的で、平成12年9月以降、その部下らに対し、後日正規の注文が獲得できる可能性の高い案件について、正式な注文が未だない段階で注文書を偽造するなどして実際に注文があったかのように装い、財務部に売上として架空計上するよう指示した。具体的には、Xの部下らは、偽造印を用いて販売会社名義の注文書を偽造し、BM課に送付し、BM課では、偽造に気付かず受注処理を行って検収依頼書を作成し、営業社員らに交付した。しかし、検収依頼書は販売会社に渡ることはなく、営業社員らによって検収済みとされたように偽造され、BM課に返送された。実際には大学に対して製品は納品されておらず、CR部担当者によるシステムの稼働の確認もされていなかったが、X及びその部下らは、納品及び稼働確認がされているかのような資料を作成した。BM課では、検収書の偽造に気付かず売上処理を行い、財務部に売上の報告を行い、これを受けた財務部は、偽造された注文書及び検収書に基づき売上を計上した。 　財務部及び監査法人は、毎年、販売会社に売掛金残高確認書の用紙を送付して確認を求めていたが、X及びその部下らは販売会社に発送ミスがあったと称して同用紙を回収し、用紙に金額等を記入し、販売会社の偽造印を押捺するなどして販売会社が売掛金の残高を確認したかのように偽装し、財務部又は監査法人に送り返していた。また、このような不正行為による売掛金の回収が遅れると、Xらは、大学においてシステム全体の稼働が延期されたことや、大学における予算獲得の失敗及び大学は単年度予算主義であるため支払が期末に集中する傾向が強いこと等を挙げて、虚偽の釈明を行っていた。財務部は、そのような釈明を合理的な説明であると考え、また、販売会社との間で過去に紛争が生じたことがなく、売掛金残高確認書も受領していると認識していたことから、売掛金債権の存在について特に疑念を抱かず、直接販売会社に照会等をすることはしなかった。A株式会社の監査法人も、平成16年3月期までの財務諸表等につき適正意見を表明していた。 　その後、監査法人から、売掛金残高の早期回収に向けた経営努力が必要である旨の指摘を受け、A株式会社の代表取締役Yが販売会社側と売掛金残高について話合いの場を設けたところ、双方の認識の相違が明らかとなり、平成16年12月頃、本件不正行為が発覚した。東証は、A株式会社から過去の有価証券報告書を訂正する旨の報告を受け、平成17年2月10日、上場廃止基準（財務諸表に虚偽記載があるこ

No	
	と)に抵触するおそれがあるとして，A株式会社の株式を監理ポストに割り当てることにした。そして，これらの事実が新聞報道された後，A株式会社の株価は大幅に下落した。
このような公表前にA株式会社の株式を取得した原告が，A株式会社のYにおいて，従業員らの不正行為を防止するためのリスク管理体制を構築すべき義務に違反した過失があり，その結果原告が損害を被ったなどと主張して，A株式会社に対し，会社法350条に基づき損害賠償を請求した。最高裁は，本件不正行為当時，A株式会社は，(1)職務分掌規定等を定めて事業部門と財務部門を分離し，(2)事業部について，営業部とは別に注文書や検収書の形式面の確認を担当するBM課及びソフトの稼働確認を担当するCR部を設置し，それらのチェックを経て財務部に売上報告がされる体制を整え，(3)監査法人との間で監査契約を締結し，当該監査法人及びA株式会社の財務部が，それぞれ定期的に，販売会社宛てに売掛金残高確認書の用紙を郵送し，その返送を受ける方法で売掛金残高を確認することとしていたというのであるから，A株式会社は，通常想定される架空売上の計上等の不正行為を防止し得る程度の管理体制は整えていたものということができるなどとして，A株式会社のYにおいて，X及びその部下らによる本件不正行為を防止するためのリスク管理体制を構築すべき義務に違反した過失があるということはできないとした。
▶主たる手口（疑われたものも含む）
①　収益の過大計上
▶参考裁判例・文献
・　最判平21・7・9裁時1487号6頁
3	▶事件の概要
A株式会社には，A株式会社が100％出資し，自己資金を用いて中長期的な投資を行っているB株式会社があり，さらに，B株式会社には，C株式会社を買収する目的で休眠会社をSPCとしたD株式会社があった。C株式会社は，当時，コールセンター（テレマーケティング）において最大手の企業であった。なお，A株式会社では，D株式会社を，ベンチャーキャピタル条項を適用して連結の範囲に含めない会計処理を行っていた。
C株式会社は，平成16年7月20日，新株520万株を発行価額2万0050円で発行し（発行総額1042億6000万円），全株をD株式会社に割り当て，払込期日を同年8月5日とする旨の第三者割当増資を決議した。これに先立って，B株式会社は，同年7月16日に取締役会を開催し，D株式会社を通じて上記第三者割当増資を引き受けることを決議し，D株式会社もまた，同日に上記第三者割当増資を引き受けることを決議した。そして，D株式会社は，同年8月5日，C株式会社に新株取得代金を払い込み，520万株を取得した。このような買収にあたり，B株式会社は，D株式会社における資金調達のため，D株式会社をしてEB債（他社株券償還条項付社債）を発行させ，B株式会社はこれをすべて引き受けた。これに関し，D株式会社は，同年8月4日に取締役会を開催し，同年8月4日におけるC株式会社の株式の終値を交換価格，同年8月6日を払込日とするEB債を発行することを決議した旨の取締役会議事録を作成しているが，真実は，発行決議は同年8月4日には行われてお

No	
	らず，同年9月22日に行われたものであった。つまり，本件EB債については意図的な発行日操作が行われ，これにより交換価格が恣意的に決定されていた。このようなスキームが用いられたのは，EB債の発行決議日を同年8月4日に遡らせることで交換権行使価格を意図的に引き下げ，D株式会社が同年9月27日からC株式会社についてTOBを実施したことにより値上がりした9月末日のC株式会社株式の株価と交換権行使価格の差額によって算定されるEB債の評価益を水増しするためであった。これによりB株式会社に生じるC株式会社の株価上昇に伴うEB債の評価益だけが連結決算に取り込まれることになる一方で，これに対応するD株式会社の評価損は連結外であることから取り込まれなかった。 　その後，A株式会社は，平成17年11月，このような不適切会計を前提にして作成された同年3月期有価証券報告書を参照書類とする発行登録追補書類を関東財務局長に対して提出し，同年11月22日，同発行登録追補書類に基づく一般募集により500億円の社債の公募を行った。当該発行登録追補書類に問題があることを発見した証券取引等監視委員会は，立入検査を開始した。その結果，本件不適切会計が発覚し，証券取引等監視委員会は，平成18年12月18日，A株式会社に係る発行登録追補書類の虚偽記載について検査した結果，法令違反の事実が認められたとして，内閣総理大臣及び金融庁長官に対して，課徴金（5億円）納付命令をA株式会社に発出するよう勧告を行った。これを受け，金融庁は，平成18年12月18日に審判手続開始の決定を行い，平成19年1月5日，最終的に，A株式会社に対して，5億円の課徴金納付命令の決定を行った。 ▶主たる手口（疑われたものも含む） 　⑤　資産の過大計上 ▶参考裁判例・文献 　・　平成19年1月30日付けA株式会社特別調査委員会調査報告書
4	▶事件の概要 　A株式会社は，昭和16年2月に設立され，第96期事業年度（平成9年1月1日から同年12月31日まで）の決算において，少なくとも約353億7500万円の当期未処理損失があったのに，架空収益の計上などにより，当期未処分利益を1億9527万1000円と計上するなどし，不適切会計を行った。また，A株式会社は，第97期事業年度（平成10年1月1日から同年12月31日まで）の決算において，少なくとも約477億7000万円の当期未処理損失があったのに，架空収益の計上などにより，当期未処理損失を15億4205万円と計上するなどし，不適切会計を行った。さらに，A株式会社は，第98期事業年度（平成11年1月1日から同年12月31日まで）の決算において，少なくとも約530億5900万円の当期未処理損失があったのに，架空収益の計上などにより，当期未処理損失を7億6610万8000円と計上するなどし，不適切会計を行った。 　ところで，B株式会社は，昭和56年2月にC株式会社の商号で，A株式会社を含む運輸会社7社によって，D株式会社に対抗するための会社システムを作り業態変化を目指すことを目的として共同設立された会社である。A株式会社とは資本的には親子会社の関係にはないものの，B株式会社は，A株式会社に対して多額の債権

No	

を有しているという関係にあった。そして，B株式会社の平成11年3月期（第19期事業年度）の貸借対照表には，平成11年3月31日現在のものとして，売掛金116億4850万2000円，関係会社株式が100億2486万1000円，長期貸付金106億3000万円との記載があった。また，B株式会社の平成12年3月期（第20期事業年度）の貸借対照表には，平成12年3月31日現在のものとして，売掛金149億2494万5000円，関係会社株式が96億8366万1000円，長期貸付金112億3000万円，関係会社長期貸付金9億4272万1000円との記載があった。

　B株式会社の株式を取得した原告は，B株式会社の決算においては，A株式会社が不適切会計を行わなかった場合，B株式会社のA株式会社に対する債権は単に債務超過状態となったのみならず回収不能状態となったのであるから，A株式会社に対する債権について貸倒引当金処理をすべきであるにもかかわらず，B株式会社の平成11年3月期及び平成12年3月期の各計算書類において，その計上を行わなかった点において不適切会計があるなどとして，B株式会社の取締役や監査役等に対して，旧商法266条の3等に基づき損害賠償を請求した。裁判所は，貸倒引当金の計上の基準について，当時の商法の規定（旧商法285条の4第2項「金銭債権ニ付取立不能ノ虞アルトキハ取立ツルコト能ハザル見込額ヲ控除スルコトヲ要ス」，同法34条3号「金銭債権ニ付テハ其ノ債権金額ヨリ取立ツルコト能ハザル見込額（「取立不能見込額」）ヲ控除シタル額ヲ超ユルコトヲ得ズ」）を踏まえた上，旧商法32条2項にいう公正な会計慣行には，企業会計原則のほか，法人税法上の基準（通達も含む）も含まれるとし，それらの規定を踏まえると，当時においては，貸倒引当金の計上の基準として，当該債権を回収できない事態が発生する可能性が高く，かつ，回収不能見込額を合理的に見積もることができる場合であって，その判断にあたっては，帳簿価格ではなく，資産を時価で再評価して実質的に判断するという基準によるのが相当であると解した。このような基準に則り，裁判所は，本件では，A株式会社は，不適切会計をしていなければ，未処理損失として，平成9年12月期に約353億円，平成10年12月期に約477億円，平成11年12月期に約530億円を計上すべきであったものの，他方で，そのうち，A株式会社が所有する不動産の平成11年2月1日時点での評価額は，約1326億円であったところ，上記A株式会社の未処理損失額の前提となっている不動産の簿価は，平成9年12月期が約746億円，平成10年12月期が約784億円，平成11年12月期が約727億円であったのであるから，不動産の評価額と簿価との差額は，平成9年12月期が約580億円，平成10年12月期が約542億円，平成11年12月期が約599億円となり，同額の各含み益があったというべきであるとして，結論，各期においていずれも，A株式会社は実質的に資産超過の状態にあったというべきであり，債務超過の状態にあったということはできないと判断し，不適切会計はなかったとして，原告の請求を棄却した。

▶**主たる手口（疑われたものも含む）**
　① 収益の過大計上
　⑥ 資産の評価替え回避

▶**参考裁判例・文献**
　・ 大阪地判平18・2・23判タ1213号287頁

■資料１　事件一覧表

No	
5	▶事件の概要

　Ａ株式会社は，電力会社の火力発電所等の補修・維持関連工事を行うメンテナンス事業，発電所設備，ごみ焼却場設備，石油配管・配水管等の新設据付工事業務を行うプラント事業を主たる事業とする会社であった。
　Ｂ監査法人は，平成４年10月，Ａ株式会社との間で，商法特例法上及び証券取引法上の監査契約を締結し，各決算期ごとに単年度の個別契約を締結して，継続的に監査を行い，平成５年３月期（29期）から平成13年３月期（37期）まで，証券取引法上の監査人として，毎年６月に無限定の適正意見を表明し，商法特例法上の会計監査人として，毎年５月に適法意見を表明していた。Ａ株式会社は，Ｂ監査法人の監査期間中である平成７年４月に上場した。Ａ株式会社とＢ監査法人は，平成13年11月，平成14年３月期（38期）の監査契約を合意解約した。
　Ａ株式会社は，メンテナンス部門とプラント部門の２つの事業部門を有していたところ，その経営政策は，利益率の高いメンテナンス部門の収益を柱としつつ，将来的には，新たな収益源としてプラント部門を発展させていくというものであった。Ａ株式会社は，昭和39年の創業以降順調に成長を続け，平成８年３月期（32期）には阪神・淡路大震災の影響による設備改修工事の特需もあって最高益を達成した。しかし，平成７年末，電力自由化による電力業界の競争激化の影響によるコストダウンや余剰発電設備の一時休止等によりメンテナンス部門の業績が低下し，また，東海地区で大規模な赤字工事が発生したことなどにより，平成９年３月期決算では，15億円を超える最終赤字を計上することになった。このような状況下にあったにもかかわらず，Ａ株式会社の当時の経営陣は，プラント部門の事業拡大による売上規模の維持という経営方針に固執し，平成10年３月期の予想として実力以上の予算を公表した。平成10年３月決算期が近づくにつれて，Ａ株式会社は売上予算の大幅な未達成及び連続の赤字決算が避けられないことが明らかとなった。当時，Ａ株式会社の代表取締役会長であったＸが，平成９年12月頃，不適切会計の実行を決断し，平成10年３月末までに架空工事によって14億4900万円の売上と５億7000万円もの利益が仮装され，決算発表においては，売上予算は達成できなかったものの，経常利益は確保したかのような決算が公表された。しかし，Ａ株式会社の実際の業績は下落傾向が続いており，前期に行った不適切会計の内容を受けて，平成11年３月期の公表予算も過大な売上規模が維持されたため，当初から予算の達成は不可能な状況で，平成11年３月期の公表予算の発表から２か月後の平成10年６月頃には同年９月期の中間決算期の予算達成が困難になる事態に陥ったため，旧経営陣は再び不適切会計を行うこととし，合計約２億円の売上を作出した。その後も，Ａ株式会社は真実の業績を前提とした抜本的な経営方針の転換を行うことなく，真実の業績とはかけ離れた予算を毎期作成・公表し，その未達成を補うために架空工事で売上を作出することを繰り返した。平成10年３月期から平成13年３月期までの各決算期において行われた不適切会計の具体的方法は以下のとおりである。
　(1)　実在する顧客との取引を利用した架空工事（平成10年３月期のみ）
　実在する顧客との間で既に終了していた不採算工事（外注費等の原価が合意された売上を上回っているもの等）について，顧客との交渉の結果，追加売上が認められたという虚偽の事実を作出し，追加売上について決定差額を計上する形式によ

No	
	り，新たな原価計上を必要としない売上を作出していた。この方法では，原価を一切要しないことから，追加した売上額がそのまま利益額となる。また，外注費等の原価の計上が行われないことから，この資金を循環させることはできないため，原価の計上がなされる下記(2)の方法で作出した外注費の支払の形をとって，A株式会社から外注先に送金し，これを現金ないし外注先が振出した小切手の形で取り戻し，実在する顧客の振込名義を使ってA株式会社に振込送金された。 (2) 組合名を利用した架空工事（平成10年3月期から平成13年3月期） 　ある地区に実在する組合名や架空の組合名を利用して，これらの組合からA株式会社が架空の土木工事等を受注し，これを外注先に発注したことにして，架空の売上及び原価を作出していた。この方法では，その工事に関する外注費の支払の形をとってA株式会社から外注先に送金し，これを外注先が組合を仮装して，当該組合の振込名義を使ってA株式会社に振込送金した。A株式会社に振込送金する際には，A株式会社の利益分を上乗せして支払う必要があるため，送金を受けた外注費に加えて他の工事名義で受領した外注費も合わせて振り込むことになった。 　これらの方法においては，架空売上によりA株式会社の利益として計上される金額は，経費として支出した金額に上乗せして資金循環させる必要があり，また，社外の関与者に支払う手数料や消費税などは，A株式会社に環流させる金額とは別にA株式会社において負担する必要があった。 　その後，平成13年11月に，A株式会社の監査役とB監査法人の公認会計士が現地調査を行ったことを契機に不適切会計の実態が発覚し，最終的に，A株式会社は，平成13年11月26日，民事再生手続開始を申し立てて，平成14年12月21日に再生計画に従い解散した。 　A株式会社の管財人である原告は，A株式会社と監査契約を締結していたB監査法人に対し，A株式会社において上記不適切会計を看破できなかったことにつき，監査契約上の善管注意義務違反があり，これによって，違法配当金相当額及び不適切会計に伴う社外流出金相当額がA株式会社に生じたとして，遅延損害金を含む損害賠償を請求した。裁判所は，平成10年3月期から平成13年3月期の間に適用される「通常実施すべき監査手続」とは，監査基準・一般基準の適格性基準に適合した職業監査人を前提として，監査人がその能力と実務経験に基づき十分な監査証拠を入手するために「正当な注意」をもって必要と判断して実施する監査手続をいうものとし，「通常実施すべき監査手続」に従って，個別の被監査会社の状況に応じて，監査計画を策定し，画一的なものではない多様な監査証拠を入手し，監査要点に応じて必要かつ十分と考えられる監査手続を実施することが，監査人に課せられた善管注意義務であると解した。その上で，裁判所は，単に入金を確認するのみならず，契約の実在性についても監査手続を行うべきであったなどとして，追加監査手続を実施しなかったことが「通常実施すべき監査手続」を満たしているといえないとして，被告の過失を認め，請求を一部認容した。 ▶主たる手口（疑われたものも含む） 　① 収益の架空計上 ▶参考裁判例・文献 　・　大阪地判平20・4・18判時2007号104頁

No	
6	▶事件の概要 　Ａ株式会社は，プリンタや各種通信機器，現金自動預け払い機（ATM）等の情報機器を主体に製造するメーカーであり，上場している。Ｂ株式会社は，Ａ株式会社の子会社たるＣ株式会社の子会社であるＤ株式会社のさらなる子会社（すなわち，Ａ株式会社の曾孫会社）であり，スペインやポルトガルにおいて，プリンタ及び消耗品の販売代理店として，平成5年の設立以降，事業を行っていた。なお，これら3社はすべてＡ株式会社の連結子会社にあたる。 　Ｂ株式会社は，プリンタ及び消耗品事業において，収益目標の達成を目的として販売先（ディストリビューター）の販売能力を超える数量の商品販売を行った結果，当該ディストリビューターが過剰な在庫を抱え支払が停滞しそうになると，一旦売上請求を取り消し，新しい日付で実体を伴わない売上請求書を発行（架空売上の計上）していたほか，実体を伴わない売上債権の不正計上や，ファクタリングで確保した資金をディストリビューターに提供してその資金をＢ株式会社に送金させ，Ｂ株式会社の売上債権が入金決済したかの如く偽装して，資金循環による回収不能な売上債権の隠ぺいを行っていた。Ｂ株式会社は，その他，テレビ販売活動における債務の未計上及び売掛金過少計上，同一売掛金を利用したファクタリングと手形割引の重複ファイナンス，ディストリビューターに対するリベート負担額の未計上，Ｂ株式会社から前Ｂ株式会社社長Ｘに対する貸付，取引先からの前受金を計上せず当該取引先以外の売掛金消込みに充当する会計処理，借入を売掛金の減少と偽った会計処理があった。 　平成23年4月以降，Ｂ株式会社における売上債権の未回収その他の問題点の解消を目的として，Ｂ株式会社の事業に対する実態調査が行われていたところ，平成24年6月，Ｘの告白により，Ｂ株式会社の会計システムに記録されている情報が誤っていることが発覚し，これを端緒として，上記一連の不適切会計が明らかとなった。最終的には，親会社であるＡ株式会社も過年度訂正を余儀なくされた。 ▶主たる手口（疑われたものも含む） 　① 収益の過大計上 　③ 費用の過少計上 ▶参考裁判例・文献 　・ 平成24年9月11日付けＡ株式会社「当社海外連結小会社の不適切な会計処理に関する調査結果等について」と題する文書，平成24年9月11日付けＡ株式会社外部調査委員会調査報告書（要約版）
7	▶事件の概要 　Ａ株式会社は，学習塾の経営及び家庭訪問による学習指導業務等を業とする株式会社である。Ａ株式会社は，平成19年頃より，以下の(1)ないし(3)の方法により，売上を過大に計上するなどしていた。 　(1) 通常の授業及び講習会において，期中に授業料の請求等をもって計上した売上について，未消化コマが発生している場合，本来であれば，事業年度末において未実施の授業数に対応する入金分を前受金として差し引く（取り消す）処理を行った上で，売上を取り消すべきであった。しかし，そうした場合には，

No	
	結果として売上高が減少してしまうことから，これを回避するための工作として，「当日欠席（前日までに事前の連絡なく授業当日に生徒が欠席した場合に，役務の提供があったものとみなされ，該当する授業実施コマ数は消化されたこととして売上を計上するもの）」と「社員授業（専任講師としての社員が実施する授業であり，合理性を有する正当な役務提供であることから，該当する授業実施コマ数が消化されたとして売上を計上するもの）」を仮装して未消化コマ数を減らして見かけ上の売上を増やした。その上で，「当日欠席」等が多くなり過ぎることを避けるため，「当日欠席」等以外の手法として，授業料の返還義務が発生しない「ご祝儀（生徒が未消化授業を残しながら志望校に合格して退会した場合や，生徒が転居等によって未消化授業が残った場合等に，教室の担当者が保護者から明示・黙示による「授業実施と前受金の返還はいずれも不要」との了解を得て，未消化授業相当の売上を計上するもの）」があったように見せかけて未消化コマ数を減らし，売上を増やす工作を行った。 (2) 映像講座において，売上の計上時期は契約締結時としていたことから，契約日付を遡らせた契約書や正式な契約書の作成前に作られる仮伝票により売上を計上したり，実際には契約成立見込みがないにもかかわらず契約書を勝手に作成するなどして売上を計上したり（翌期に解約したことにする），あるいは，翌期の講習会契約について映像講座の契約書を作成して売上を計上したりした。 (3) A株式会社の子会社B株式会社において，無料で実施したサービス授業や授業料を値引きした契約分について，正規の授業料単価に基づき算出した金額を売上として過大に計上した。 平成25年11月下旬，証券取引等監視委員会の任意調査を受けたことを契機に，A株式会社及びB株式会社において上記の不適切会計が行われていたことが明らかになった。最終的に，A株式会社は，平成26年4月，本件不適切会計に関し，金融庁から4億1477万円の課徴金納付命令を受けた。なお，A株式会社は，平成27年5月8日，元取締役等に対して，本件不適切会計によってA株式会社に生じた損害について賠償請求を行ったが，その後元取締役等が請求を認諾したことにより，訴訟は終結した。 ▶主たる手口（疑われたものも含む） ① 収益の過大計上 ② 収益の前倒し計上 ▶参考裁判例・文献 ・ 平成26年2月10日付けA株式会社第三者委員会報告書（要約），平成28年4月1日付けA株式会社「当社元取締役等に対する損害賠償請求訴訟の終了に関するお知らせ」と題する文書，平成27年5月8日付けA株式会社「当社元取締役等に対する損害賠償請求の提起に関するお知らせ」と題する文書
8	▶事件の概要 　A株式会社は，ポータルサイトの運営，企業の買収・合併等を主な業務とする株式会社であり，上場していた。A株式会社の代表取締役X，同社取締役Yら，及び，同社担当監査法人公認会計士Zらは，共謀の上，A株式会社の業務に関し，平

No	
	成16年12月27日，財務省関東財務局長に対し，A株式会社の第9期（平成15年10月1日から平成16年9月30日）の連結会計年度につき，経常損失が3億1278万4000円発生していたにもかかわらず，売上計上の認められないA株式会社株式売却益37億6699万6000円並びにB株式会社及びC株式会社に対する架空売上15億8000万円を，それぞれ売上高に含めるなどして経常利益を50億3421万1000円として記載した内容虚偽の連結損益計算書を掲載した有価証券報告書を提出し，もって重要な事項につき虚偽の記載のある有価証券報告書を提出した。 　虚偽有価証券報告書提出の罪等に問われた刑事裁判では，極めて多肢にわたる争点が形成されたが，結論として，Xが懲役2年6月の実刑判決を受けたほか，YらやA株式会社自身にも有罪判決が下されている。 ▶主たる手口（疑われたものも含む） 　① 収益の過大計上 ▶参考裁判例・文献 　・ 刑事──最決平23・4・25公刊物未登載，東京高判平20・9・12公刊物未登載，東京高判平20・9・19公刊物未登載等 　・ 民事──最判平24・3・13民集66巻5号1957頁，東京高判平23・11・30判時2152号116頁等
9	▶事件の概要 　A株式会社は，B株式会社の名称で平成4年7月に設立され，設立以来，ハードウェア及びソフトウェアの金融機関向け販売・設置等を業とし，商号変更を経て，平成14年4月，上場し，平成15年6月，第一部銘柄に指定替えされ，平成18年1月1日，A株式会社に商号変更して持株会社化した。 　平成20年4月30日，A株式会社は，過去5期にわたり売上金額総額682億円の不適切取引を行っていたこと，その当期純利益への影響額が277億円であったことを公表し，さらに，平成15年6月期から平成19年6月期までの決算短信並びに平成18年6月期中間期及び平成19年6月期中間期の中間決算短信を訂正した。これによると，A株式会社の各事業年度の連結純資産額（株主資本）は，平成17年6月期は，訂正前が約192億6700万円であるのに対し，訂正後が約54億1000万円のマイナス，平成18年6月期は，訂正前が約273億6400万円であるのに対し，訂正後が約65億4500万円のマイナス，平成19年6月期は，訂正前が約40億6800万円のマイナスであるのに対し，訂正後が約324億8900万円のマイナスであった。すなわち，A株式会社は，平成17年6月期以降は，債務超過に陥っていた。不適切取引の内容は，(1)実体のないとみられるスルー取引，(2)粗利益5％以上を計上したセール＆リースバック取引，(3)リース契約（会社）を利用した不適切な循環取引，(4)売上の先行計上とその後の失注処理，買戻しによる循環取引，及び，(5)不適切なバーター取引による売上計上があったと公表した。 　これらの手口のうち特に目立ったのが，費用や損失とすべきものをリース取引として回していた循環取引である（上記(3)）。A株式会社の設立時からの代表取締役であり，業務全般を統括していたXは，平成15年以降，外部からの出資を募るためには高い成長率を維持する必要があると考え，売上高や経常利益について，常に前

期を上回る目標を立て，これを達成することが必須であると考えるようになった。A株式会社の営業部門を担当する取締役であったYは，Xからの指示を受け，平成16年9月頃，C株式会社に依頼し，実際には商品のやりとりを行うことなく，C株式会社がA株式会社からソフトウェアを購入し，これを用いて開発した新たな商品をA株式会社に販売したことにするという循環取引を行った。また，Xは，平成16年12月頃，A株式会社が金融機関向けASP事業（アプリケーション・サービス・プロバイダ事業）の拠点として地方都市に設けたデータセンターについて，アーカイブシステムのインフラ整備との名目で，60億円の投資枠を設けるという投資計画の作成をYに指示した。これは，不良在庫を循環取引により処分した上，当該データセンターの設備に用いるかの如く装って，リースバックし，又は買い戻すというものであった。さらに，Xは，滞留在庫を処分するため，循環取引を行うよう，取締役の1人であるZに指示した。これを受けて，Zは，平成16年12月から平成17年3月にかけて，滞留在庫をA株式会社からD株式会社に販売し，E株式会社がその転売を受けてF株式会社にリースし，これをA株式会社がASPサービス事業に用いるかの如く装ってその提供を受けるという循環取引を実行した。このように，Xは一連の不適切会計について，首謀者的立場として関与していた。

虚偽有価証券報告書提出の罪等に問われた刑事裁判で，Xは，懲役3年及び罰金800万円の実刑判決を受けたほか，共謀した代表取締役副会長も，懲役2年6月，執行猶予4年，罰金300万円の判決を受けた。

▶主たる手口（疑われたものも含む）
① 収益の過大計上
② 収益の前倒し計上
③ 費用の過少計上

▶参考裁判例・文献
・ 刑事——横浜地判平23・9・20公刊物未登載
・ 民事——東京地判平25・10・15金法2005号142頁，東京地判平26・12・25公刊物未登載
・ 平成20年4月30日付けA株式会社「調査委員会の調査結果概要と当社としての再発防止策について」と題する文書

No	
10	▶事件の概要
A株式会社は，酒類事業，医薬・化学品事業，水産飼料事業及びその他の事業を営む株式会社である。A株式会社では，数々の不適切取引が行われたが，特に損益に与える影響が大きかったものとして，売掛金回収のために行われた架空製造・架空販売が挙げられる。

A株式会社は，ハマチ・ブリの養殖業者であるB株式会社に対し，養殖魚と飼料を販売し，売掛金を有していた。しかしながら，B株式会社が養殖魚代金と飼料代金のうち一部の支払を拒んだため，A株式会社は，売掛金を回収すべく，A株式会社からB株式会社へ次のような方法で資金を回すことにした。まず，(1)B株式会社が養殖魚をC株式会社へ販売したことにする一方で，(2)C株式会社がD株式会社へ（飼料製造のための原料となる）魚粉を販売したことにする。その上で，(3)飼料の |

No	
	製造委託先であるD株式会社が飼料を製造していないにもかかわらず，製造したことにし，その飼料をA株式会社が購入したことにする。(1)ないし(3)の取引を仮装することにより，(4)A株式会社からD株式会社へ飼料代金が支払われる，(5)D株式会社からC株式会社へ魚粉代金が支払われる，(6)C株式会社からB株式会社へ養殖魚代金が支払われるという，「(1)→(2)→(3)」の仮装取引とは逆の資金の流れを作り出し，A株式会社からB株式会社へ資金を回すことにした。このようにしてB株式会社へ回された資金により，A株式会社は，(1)の売掛金を回収した。ただ，この方法によると，(3)で実在しない架空飼料を購入することになり，そうすると，A株式会社の倉庫に飼料は実際存在しないものの，A株式会社の帳簿上は購入対象となった飼料が存在することになってしまう。そこで，売掛金を回収後，A株式会社は，(3)で購入した実在しない架空飼料をB株式会社へ帳簿上販売したことにした。その後，架空飼料の販売による架空売掛金を回収するため，(7)B株式会社が養殖魚をD株式会社へ販売したことにする，(8)D株式会社が飼料を製造していないにもかかわらず，製造したことにし，その飼料をA株式会社が購入したことにする，という取引を仮装する（この時点でC株式会社は介在しなくなった）ことにより，資金をB株式会社へ回し，架空売掛金を回収した。また，後には，上記の架空製造・架空販売と並行し，運送業者や卸売業者との間で実在しない架空の飼料が販売されるようになり（架空の売掛金の計上），上記と同様の方法により，D株式会社を経由し両社へ資金が回され，架空の売掛金が回収されていた。その他，上記の売掛金回収目的の架空製造・架空販売とは異なる類型の不正取引が行われていたことも明らかとなっている。監査に際しては，偽物の飼料を用意して在庫の数量を偽装するなどして，架空取引を隠ぺいしていた。 　金融庁は平成23年2月22日，有価証券報告書に虚偽の記載をしたとして，A株式会社に1000万円の課徴金納付を命じた。 ▶主たる手口（疑われたものも含む） 　① 収益の過大計上 ▶参考裁判例・文献 　・ 平成22年8月12日付けA株式会社社内調査報告書及び第三者委員会中間報告書，平成22年8月26日付けA株式会社第三者委員会報告書
11	▶事件の概要 　A株式会社は，上場会社であり，コンピュータ及びその周辺機器の販売等を行っていた。 　A株式会社のX社長らは，A株式会社の財務状況を実態より好調に見せかけることで，一般投資家の判断を誤らせてA株式会社の株式を購入させて株価を上昇させることを意図し，上場後初の決算となる平成15年3月期の有価証券報告書において，実態は売上高が約21億円であったにもかかわらず，循環取引による架空売上を計上するなどして，約165億円との虚偽記載を行った。 　虚偽有価証券報告書提出の罪等に問われた刑事裁判では，X社長が懲役3年6月，罰金200万円の実刑判決を受けたほか，A株式会社自身も，罰金500万円の実刑判決を受けた。

No	
	▶主たる手口（疑われたものも含む） 　①　収益の過大計上 ▶参考裁判例・文献 　・　大阪地判平17・5・2裁判所ホームページ
12	▶事件の概要 　A株式会社は、明治20年に創業し、戦前戦後を通して、紡績会社として牽引的存在であったが、昭和48年に発生したオイルショックは、繊維業界全体に打撃を与え、A株式会社もまた壊滅的な損害を被った。その頃より、A株式会社は、繊維・化粧品・食品・薬品・住宅の5事業からなるペンタゴン経営により、採算の悪い繊維事業の損失をカバーしようと考え、中でも化粧品事業は好調であった。しかし、A株式会社は、オイルショックによって打撃を被った繊維事業自体の経営改善やその切り離しなど抜本的な改革を行わず、採算の良い化粧品事業に次第に依存するようになっていた。A株式会社は、業績不振が公表されると銀行からの借入れができなくなることや上場廃止になることを懸念し、財務状況の悪化を隠すため、長年にわたり、架空売上の計上、売上の水増し、経費の繰延べ、不良在庫の過大計上等、種々の方法を駆使した不適切会計が蔓延していった。 　このようなA株式会社の企業体質に加えて、いわゆる金融ビッグバンによる連結情報の重視化によって、A株式会社は、さらに以下のような不適切会計を進めていった。すなわち、平成10年4月に代表取締役社長に就任したXらは、平成13年3月期の連結債務超過解消を目標に掲げるなどした再建計画を立て、その実行を押し進めたが、目標達成の見込みはなく、さらなる粉飾工作を重ねるしかない状況に追い込まれた。加えて、平成10年11月には、大蔵省令が改正になり、平成12年3月期から、形式的な議決権の所有割合だけでなく、実質的要素を加味して子会社及び関連会社の範囲を定める連結新基準が導入されることになり、この基準に従えば、それまで連結から外してきた実質的子会社も連結され、その財務状況を明らかにせざるを得なくなることが必至となり、これを回避するため、種々その対策を講じ、実質的子会社の株式を取引先等に仮装譲渡し、また、実質的子会社に対する融資を迂回融資に切り替えるなどして、A株式会社の支配力が及んでいないかのように仮装し、連結の範囲から除外、あるいは、関連会社として持分法の適用にとどめるといった連結外しの不正工作も行うようになった。 　A株式会社は、こうした不適切会計を重ねたこともあり、平成13年3月期には、公表上は、連結債務超過を解消するにいたった。そして、Xらは、新たな事業展開のために、早期の復配を目指すなどの新中長期計画を立てたが、その目標達成のためには、それまで行ってきた不適切会計に加え、さらなる不適切会計を実行するしかなく、将来における返品を前提として取引先に商品を販売したように装う、「商社売り」と称する方法による架空売上の計上等をし、平成14年3月期及び平成15年3月期の2期において、連結純資産をそれぞれ約800億円粉飾するなどして、虚偽の記載のある連結貸借対照表及び連結損益計算書を掲載した有価証券報告書を提出した。その結果、これらの期においても、公表上は、引き続き、連結債務超過を免れるところとなった。

242　■資料1　事件一覧表

No	
	虚偽有価証券報告書提出の罪等に問われた刑事裁判では，Xが懲役2年（執行猶予3年）の有罪判決を受けたほか，共謀した公認会計士らも，懲役1年又は1年6月（各執行猶予3年）の有罪判決を受けた。 ▶**主たる手口（疑われたものも含む）** 　①　収益の過大計上 　③　費用の過少計上 　④　費用の先送り計上 　⑦　負債の過少計上 ▶**参考裁判例・文献** 　・　東京地判平18・3・27公刊物未登載，東京地判平18・8・9公刊物未登載
13	▶**事件の概要** 　A株式会社は，平成6年に設立されたコンピュータのソフトウェア設計，プログラム開発及び技術提供並びに保守に関する業務等を行う株式会社であり，平成15年6月30日付けで上場した。A株式会社は，平成16年10月21日付けのプレスリリースにより，同年7月期の決算に重大な疑義があり調査中であること，既に発表されていた連結損益計算書の当期純利益が約1億7000万円程度減少する見込みであることなどを公表した。証券取引所は，この公表を受け，猶予期間を経て，平成17年1月2日，上場廃止の措置をとった。 　A株式会社は，顧客情報管理システムのコンサルティング等を行うB株式会社からの売上高が7割前後を占めていたところ，平成12年頃から，大口のシステム開発業務をB株式会社から受注し，システム開発を進めていた。その後，A株式会社の担当者Xは，B株式会社の担当者Yから，システム開発の発注元からの入金が滞っており，A株式会社に対しても，システム開発の関連費用として支払を続けることは社内的に処理できず難しいが，支払名目を別案件に関するものにすれば支払は可能である旨の説明を受けた。そこでXは，この申出を了承し，それ以降，B株式会社から支払われるシステム開発関連費用は，別案件名でなされることとなった。具体的には，Xは，B株式会社から別案件名での入金がある都度，それをシステム開発関連費用としての売上に充当し，余剰が生じた場合には，B株式会社に対する運用費やホームページ更新費の売上に充当していた。そのような中，平成14年春頃，B株式会社から，システム開発関連費用として合計6535万円（税抜）が別案件の名目で支払われることになり，同年8月に入ると，Xは，Yから，上記6535万円の支払と同時に，C株式会社に対して6200万円（税抜）を支払ってほしいとの依頼を受けた。なお，当時，A株式会社とC株式会社との間には何らの取引関係もなかった。Xは，これを了承し，平成14年8月26日，A株式会社の口座にB株式会社から，合計6861万7000円（税込）が振り込まれ，同日中に，A株式会社からC株式会社に対して，6510万円（税込）が支払われた。この支払を経理上どのように処理するかについて，A株式会社では，当初，最終的には前渡金として処理し，この前渡金についてはB株式会社に対する外注費として振り替えていくことが予定されていた。しかし，A株式会社の内部での協議の結果，平成15年1月期中間決算の決算書類を作成するにあたり，平成14年8月26日の支払の前渡金全額を外注費に振り替

■資料1　事件一覧表　243

No	
	るのではなく，その一部を外注費として振り替え，残額は前渡金のまま資産計上するという処理を行った。
このような会計処理が不適切会計にあたるかについて争われた裁判で，裁判所は，本来，A株式会社における適正な会計処理は，平成14年8月26日の取引後にB株式会社から受注した新規案件の中で，C株式会社に対する支払分全額を外注費に振り替えることにより，当該事業年度内で前渡金を償却することができたはずであり，実現した収益に対応する費用（8月26日の支払）を同じ事業年度に計上しなければならないという会計上の原則（費用収益対応の原則）の趣旨に鑑みても，そのような処理をしなければならなかったというべきあり，そうすると，A株式会社では，8月26日の支払（前渡金）を外注費に振り替えなければならない新規受注案件において，本来同一時期に行うべき外注費への振り替えを，一部翌期に繰り延べていたことになるが，繰り延べた前渡金は経費処理を先送りした金額にすぎないから全く資産性のないものであり，外注費への振り替えを翌期に繰り延べることにより，その分当期の利益を過大に計上していたことになるなどと述べた。その上で，裁判所は，結論として，A株式会社で行われていた不適切な会計処理の実態は，架空取引に基づく他社（C株式会社）への支払に端を発し，前渡金扱いとした当該支払を外注費に振り替えなければならない新規案件において，適切な金額の振り替えがなされないことにより，利益が過大に計上されるとともに，資産性のない前渡金が積み残されていったというものであり，こうした会計処理は客観的には粉飾決算にあたるというべきであると判断した。
▶**主たる手口（疑われたものも含む）**
④　費用の先送り計上
⑤　資産の過大計上
▶**参考裁判例・文献**
・　大分地判平20・3・3金判1290号53頁
14	▶**事件の概要**
A株式会社は，半導体製造装置の製造・販売を主たる事業として営んでいた会社であり，平成21年10月に上場を果たした。
A株式会社は，大手製鋼会社と連携するなどした上，数十億円規模の莫大な資金を投入して自社独自の半導体製造装置の開発，生産等に乗り出していたが，市況の悪化などの影響により大手製鋼会社が共同開発から撤退し，その資金繰りをベンチャーキャピタル等に頼らざるを得なくなった。A株式会社は，平成15年3月期までの間毎期連続で赤字決算を続けていたところ，平成16年3月期においても売上は上がらず，赤字決算となることが必至であったことから，金融機関からの融資やベンチャーキャピタルによる出資を継続させるため，架空売上を計上するなどの方法を用いて売上高を数倍から数十倍に水増しする粉飾を行うようになり，同期以降，かかる粉飾を行った決算を公表し続けた。そして，平成19年に入ると，A株式会社の資金繰りはさらに一層窮迫したことから，株式を上場して公募増資をすることにより資金を調達することを企図し，上記のように粉飾した決算内容で上場申請を行い，平成21年10月16日，A株式会社は上場を承認されるにいたった。このような架

No	
	空の売上計上は，偽造書類の作成に加え，実際に装置を出荷して別の倉庫に保管することなどにより，巧妙に隠ぺいされていた。しかし，その6か月後の平成22年5月に証券取引等監視委員会の強制調査が行われ，翌月の6月に上場廃止となった。
虚偽有価証券届出書提出の罪等に問われた刑事裁判では，A株式会社の代表取締役社長と代表取締役専務が懲役3年の実刑判決を受けている。
▶主たる手口（疑われたものも含む）
① 収益の過大計上
▶参考裁判例・文献
・ さいたま地判平24・2・29公刊物未登載
15	▶事件の概要
A株式会社は，IT技術を利用・導入したビジネスモデルやシステム構築に関するコンサルタント業務を中心に，コンピュータソフトウェアの開発・LAN工事などを含めた情報サービス関連の事業などを展開していた。
A株式会社は，資金繰りの悪化に伴い，平成9年12月にB株式会社の子会社となり，B株式会社から代表取締役会長Xを迎えて経営指導を受けるようになった。A株式会社は，平成14年3月に上場し，これに伴い，B株式会社がA株式会社の株式の一部を売却したため，A株式会社はB株式会社の子会社ではなくなったが，同年10月，A株式会社は，C株式会社の連結子会社となった。その後，A株式会社は，平成16年3月に上場替えを果たし，平成17年8月，D株式会社がA株式会社の株式の過半数を取得し，これにより，A株式会社はD株式会社の連結子会社となった（以降，民事再生手続申立てにいたるまで，A株式会社はD株式会社の連結子会社であった）。C株式会社の連結子会社となった時点でのA株式会社の会計監査人はP監査法人であったが，C株式会社がA株式会社の株式を取得した際，C株式会社の会計監査人を務めていたQ監査法人がA株式会社の純資産額等の調査を行ったことから，P監査法人から引継ぎを受けたQ監査法人が，平成16年3月期からA株式会社の会計監査人に就任した。
A株式会社は，B株式会社からの経営指導により，その株式上場実現を目的として，平成11年3月期初め頃から，事業年度における売上や経常利益の目標額を「予算」と称する制度を導入した。当時Xが示した「予算」は，平成12年3月期の4期分のものであり，売上や経常利益を4年間で3倍以上にするという内容であった。これを受け，A株式会社の役員らは，中期経営計画を実現すべく経営にあたったが，平成12年3月期の売上目標等の「予算」を達成することが難しい状況になったことからA株式会社は，売買の実体を伴わない架空循環取引を行うようになり，平成12年3月期に2億円を超える架空の売上を計上した。そして，これを皮切りとして，以降の期においても，社長の了解の下，執行役員や営業担当者らが架空循環取引の商流に入る企業（参加会社）との間で折衝を行い，実体の伴わない架空の取引案件を作出し，売買の目的となる商品を書類上いったん売上に計上し，何社かの参加会社を介在させ，その商品が転売されているような外観を作出し，その商品を再びA株式会社が仕入れるという，A株式会社を起点及び終点とする架空循環取引を実行した。

No	
	このような架空循環取引を行うにあたり，営業担当者らは，架空循環取引に係る証憑書類を作成し，参加会社との連絡や調整を行うだけでなく，架空の仕掛品等が数字上滞留することを防止するため，新たに架空循環取引の商流を作成するなどして，たな卸資産の数字を減らすよう調整していた。また，架空循環取引により販売した商品と仕入れた商品名が同一である場合，架空循環取引の存在が監査法人に露見するおそれがあることから，販売時と仕入時で商品や案件の名前を変えるようにしていた。仕掛品等の在庫品の実在性については，当初，Q監査法人は，在庫品のリストのうち金額が大きい順番に3件から5件ほどの案件を抽出し，A株式会社に対し，それらの在庫品が実際に存在し，システムが稼働するかどうか実演するよう依頼するという方法をとっていた。営業担当者らは，会計監査対策として，取引先からデモCD-ROMや一見もっともらしいデータが記録されているCD-ROMなどを入手し，架空の仕掛品に対応する現物が存在しているかのように装った。途中からは，Q監査法人が，金額の大きい順番ではなく，無作為に3件から5件の在庫品をピックアップして動作確認を求めるようになったため，架空循環取引の案件に沿うようなCD-ROMなどを一通り用意し，Q監査法人からの要求に応じてラベルを貼り替えるなどして使い回し，仕掛品が存在するように装うなど周到な手口が用いられた。 　Q監査法人が，平成19年3月期についてA株式会社の監査を行っていたところ，平成18年10月の時点で仕掛品の販売予定が遅延していることを発見したため，仕掛品の販売予定について発注書等による証憑突合を実施しようとしたところ，A株式会社が発注書等を提出しないことから，証憑突合を行うことができなかった。そこで，Q監査法人は，A株式会社に対し，仕掛品が滞留している理由についての説明を求めたが，A株式会社が行った説明は合理的なものではなかった。これらの事実を踏まえ，Q監査法人は，A株式会社において仕掛品が滞留していると判断し，追加監査手続としてエンドユーザー名の確認を含む確認書をA株式会社の直接の取引先に対して送付したところ，返送されたほとんどの確認書にはエンドユーザー名が記載されていなかった。記載があった3社の確認書にはエンドユーザー名としていずれもE株式会社が挙げられており，E株式会社をエンドユーザーとするシステムに関するA株式会社の売上の合計金額が，3社の確認書に記載されているものだけで10億円を超えていた。以上の点について不審を抱いたQ監査法人がE株式会社を訪問するなどの調査を行ったところ，E株式会社がペーパーカンパニーであることが判明した。これを受け，Q監査法人は，A株式会社に対し，社内調査委員会による調査を求めた結果，A株式会社において架空循環取引が行われていることが発覚するとともに，約100億円に上る簿外債務が存在する可能性が明らかとなった。そこで，Q監査法人は，平成18年9月の中間監査の監査意見を表明せず，平成19年5月にいたり，A株式会社との平成19年3月期に係る監査契約を解除した。そして，A株式会社は，平成19年1月，裁判所に民事再生手続開始を申し立てた。裁判所は，平成19年1月29日，A株式会社について民事再生手続を開始する決定をし，Yを管財人に選任した。 　Yが，A株式会社の会計監査人であったQ監査法人において，架空循環取引を発見するために必要な監査手続を実施することなく漫然と監査を行い，平成17年3月

■資料1　事件一覧表

No	
	期決算，平成17年9月中間期決算及び平成18年3月期決算につき無限定適正（有用）意見を表明したことが，監査契約上の善管注意義務違反にあたるなどと主張して，債務不履行又は不法行為に基づき，Q監査法人に対して損害賠償を請求した事案につき，裁判所は，「監査人は，監査契約を締結した被監査会社に対し，監査人として通常要求される注意を尽くした監査を実施すべき義務（善管注意義務）を負っており，監査人が実施した監査が前記義務に違反するものであった場合，被監査会社に対し債務不履行責任を負う。そして，監査契約上の善管注意義務に違反したか否かは，通常の監査人が準拠すべき一般に公正妥当と認められる監査の基準である企業会計審議会の定めた『監査基準』や日本公認会計士協会の定めた実務指針，監査実務慣行に従った監査を実施したかどうかにより判断することとなる（この意味で，監査の基準は，監査人による監査の限界のみならず法的責任の範囲をも画する。）。」と述べた上で，「被告は，本件監査時において，架空循環取引等の不正行為発見のための監査手続を実施する義務を負っていたということはできず，被告が架空循環取引の存在を前提とすることなく行った本件監査は，リスク・アプローチ等当時の監査の基準に従った適正な監査と評価することができ，本件監査契約上の善管注意義務に違反するものとはいえない。」として，請求を棄却した。 ▶主たる手口（疑われたものも含む） 　① 収益の過大計上 ▶参考裁判例・文献 　・　大阪地判平24・3・23判タ1403号225頁
16	▶事件の概要 　A株式会社は，冷凍食品，菓子類，乳製品類，清涼飲料水，その他食料品の製造，加工及び販売，農・水・畜産物の加工販売等を目的とする株式会社であり，昭和62年以降上場していた。A株式会社は，平成20年1月，上場を廃止し，平成22年1月，商号を変更した。 　A株式会社，B株式会社（鉄鋼，非鉄金属及びこれらの原料，製品並びに鉱産物，食料及び酒類並びに農水産・畜産物及びこれらの加工品等の売買，輸出入，代理及び仲立等を目的とする商社），C株式会社（農産品，水産品，加工食品の製造販売等を目的とする株式会社）は，平成15年4月頃，B株式会社がA株式会社に冷凍食品等の商品を継続的に売却し，これをA株式会社がC株式会社に転売するという帳合取引を開始した。これは，もともとB株式会社，D株式会社及びC株式会社の間で行われていた帳合取引につき，D株式会社に代わってA株式会社が介入したものである。 ▶主たる手口（疑われたものも含む） 　① 収益の過大計上 ▶参考裁判例・文献 　・　東京地判平22・6・30判タ1354号158頁 　・　平成19年4月24日付けA株式会社「不適切な取引行為に関する報告等」と題する文書

■資料1　事件一覧表　247

No	
17	▶事件の概要 　A株式会社は，機械事業，航空・宇宙事業等を運営している上場株式会社である。 　A株式会社は，平成18年12月15日，連結中間純損益額を28億1700万円の損失と記載した平成18年9月中間期半期報告書（以下「本件半期報告書」という）を関東財務局長に対して提出した。また，A株式会社は，平成19年1月9日，関東財務局長に対して，本件半期報告書を参照書類とする有価証券届出書（以下「本件有価証券届出書」という）を提出し，同月26日，本件有価証券届出書に基づく一般募集（1億4300万株）により536億3072万円，同年2月26日，本件有価証券届出書に基づく第三者割当による募集（2145万株）により80億4460万8000円を，それぞれ取得し，さらに，同年6月8日，関東財務局長に対して，本件半期報告書を参照書類とする発行登録追補書類を提出し，本件発行登録追補書類に基づく社債の募集により，同月18日，合計300億円を取得した。加えて，A株式会社は，平成19年6月27日，連結当期純損益額を158億2500万円の利益と記載した平成19年3月期有価証券報告書（以下「本件有価証券報告書」という）を関東財務局長に対して提出した。 　証券取引等監視委員会は，平成20年6月19日，内閣総理大臣及び金融庁長官に対し，金融庁設置法20条1項の規定に基づき，A株式会社に15億9457万9999円の課徴金納付命令を発出するよう勧告を行った。A株式会社は，審判手続を経て，金融庁長官より課徴金納付命令を受け，同額の課徴金を国庫に納付した。 　証券取引等監視委員会の勧告では，「売上の過大計上及び売上原価の過少計上等」が問題点として指摘されたが，その内容は次のようなものである。A株式会社は，長期大規模工事について工事進行基準により収益を認識していたが，当該基準が適用されるべき工事において，(1)具体的なコストダウン（原価削減）施策の検討を行わないまま，コストダウン効果を認識する，(2)原材料価格の上昇などによりコストダウン効果の見直しを行うべきであったにもかかわらず，これを行わない，(3)客先の合意を得ていない請負金額の増額をコストダウン効果として評価することにより，不適正にコストダウン効果を認識して総発生原価見通しを過少に見積もる，(4)工事発注などの事実により期末までに認識可能な工事原価を総発生原価見通しに含めない，(5)下請業者への支払の蓋然性が高い工事原価を総発生原価見通しに含めない，(6)海外子会社の原価把握の遅れ等により工事原価を総発生原価見通しに含めないことにより工事の総発生原価見通しを過少に見積もるといった行為を行っていた。これらの行為の結果，工事進捗率が上昇し売上高が過大に計上されていたほか，実際発生原価（売上原価）の過少計上，赤字工事に備える受注工事損失引当金等の過少計上により，利益が過大に計上されていた。 　流通市場又は発行市場でA株式会社株式を取得した原告らが，本件半期報告書及び本件有価証券報告書中に，重要な事項について虚偽の記載があり，虚偽の記載に係る情報を信用してA株式会社の株式を取得したことによって損害を被ったなどと主張して，A株式会社に対し，金商法等に基づいて損害賠償を求めた裁判では，上記事項が金商法にいう「虚偽の記載」に該当するかどうかが争われた。裁判所は，A株式会社自身が本件半期報告書及び本件有価証券報告書について過年度訂正をしており，その訂正額も極めて大きな額に達していること，社内調査委員会による報告等のA株式会社における調査結果や証券取引等監視委員会による検査報告書にお

248　■資料1　事件一覧表

No	
	いて，過年度決算訂正の具体的な理由，さらにはその発生原因についても具体的に明らかにされていること，A株式会社が金融庁長官による課徴金納付命令を自認して多額の課徴金の支払をしていることなどに照らし，本件半期報告書及び本件有価証券報告書について過年度訂正は，長期大規模工事で適用している工事進行基準会計において，不適正な原価の圧縮や期末において原価として計上すべき費用の把握漏れにより工事の総発生原価見通しが過少に見積もられ，これに伴う工事進捗率の上昇により売上が過大に計上されたこと等により，利益が過大に計上されたことが原因となっているというべきであって，企業会計準則の裁量を逸脱するものであったということができるから，「虚偽の記載」があったと認めるのが相当であるなどと述べ，請求を一部認容した。 ▶主たる手口（疑われたものも含む） ①　収益の過大計上 ③　費用の過少計上 ④　費用の先送り計上（工事進行基準における受注工事損失引当金計上の回避） ▶参考裁判例・文献 ・　東京地判平26・11・27公刊物未登載 ・　証券取引等監視委員会事務局『金融商品取引法における課徴金事例集〔平成21年6月版〕』 ・　平成19年12月12日付けA株式会社「社内調査委員会の調査報告書について」と題する文書及びそれに附属する「調査報告書の概要」と題する文書，平成19年12月12日付けA株式会社「業績予想の修正および過年度決算の訂正に関する調査結果ならびに当社の対応方針のご報告」と題する文書
18	▶事件の概要 　A株式会社は，自動車部品のメーカーであり，上場している。 　A株式会社では，平成16年3月期頃から，国内需要の急速な拡大，海外への急速な進出，及び，工場改革計画の遂行による急速な投資の実行により，業務量が飛躍的に拡大し，従来の業務フローではまかない切れない状況に陥ったが，経理部等の管理部門の効率化が思うように進まず，金型製造部門及び購買部門との連絡体制に不備が生じた。その結果，製品生産に要する金型・設備等を製作した場合，量産開始時まではこれを建設仮勘定に計上し，量産開始時には固定資産に計上して減価償却を開始すべきとされているにもかかわらず，量産開始後の国内生産用金型について固定資産の減価償却資産への振替が行われず，建設仮勘定に計上したままにされていた。未振替の建設仮勘定の金額は，平成21年3月期第1四半期において178億8700万円であり，償却しなければならない金額は平成16年3月期から平成21年3月期第1四半期までの合計額で144億2600万円であった。また，本来研究開発費として費用計上されるべきであった14億2500万円が，建設仮勘定に金型として費用計上されていた。さらに，A株式会社では，海外子会社に対して金型を提供する場合，貸与ではなく販売することとしていたため，海外子会社向け金型（外販金型）は，売上計上前については仕掛品に計上し，売上計上されると売上原価に振り替えられることとなっていた（海外子会社向けの設備（外販設備）及び検具（外販検具）も

No	
	同様の処理をすることとなっていた）。しかし，このような海外子会社向け金型・設備・検具の処理について，急速な業務拡大により関連部門との連絡に不備が生じ，結果として，売上原価に振替を行い費用処理すべきものが仕掛品として残存していた。これらの外販金型・設備・検具にかかる仕掛品の計上額は，平成16年3月期から平成21年3月期第1四半期までの累計で168億7400万円となった。加えて，A株式会社では，据付調整費（生産のための金型・設備等の使用開始に先立ち行われる，稼働のために要する性能確認・調整等の費用）は，量産開始前の金型・設備等に関しては建設仮勘定に計上し，量産開始後の金型・設備等に関しては固定資産に計上し，また，海外子会社向け金型・設備等については，販売方式を採用しているため，出荷前は仕掛品に計上し，出荷時に売上原価に振り替えていたところ，材料及び外注部品並びに工数について，それらの資産性の根拠（証憑）が不十分であるなどとして，全額期間費用として処理すべきとの指摘を監査法人から受けた。そこで，A株式会社は，全額を期間費用として会計処理を行った結果，固定資産から期間費用への振替額は，平成16年3月期から平成21年3月期第1四半期までの通算で合計537億6200万円となった。 ▶主たる手口（疑われたものも含む） 　③　費用の過少計上 　④　費用の先送り計上 　⑤　資産の過大計上 　⑥　資産の評価替え回避 ▶参考裁判例・文献 　・　平成21年3月10日付けA株式会社社内調査委員会調査報告書（要約），平成21年3月10日付けA株式会社過年度決算訂正調査報告書（要約）
19	▶事件の概要 　A銀行は，昭和32年に，長期信用銀行法に基づき設立された長期信用銀行であり，債券業務，預金業務，貸出業務及び債務保証業務等を主たる業務としていた。A銀行は，利付き金融債（いわゆる利金債）を発行し，これを地方銀行や農林系統金融機関等の中小金融機関に引き受けてもらうことによって長期の運用資金を調達し，中小・中堅企業を中心に設備資金等の長期資金を供給していた。しかし，昭和50年代半ば頃から，企業が株式や社債の発行による資金調達に転換し始め，企業の銀行離れの傾向が進行し，金融機関に対する資金需要が減少していった。そこで，A銀行は，業績改善を図るため，元々A銀行が不動産金融を業務の重要な柱としてきたという歴史的沿革もあって，本格的なバブル経済に突入すると不動産関連事業向け貸出しに傾注して融資の拡大を行った。また，A銀行の関連ノンバンク3社もまた，当時のA銀行の経営陣の意向を背景に，業績拡大を図るため，不動産関連融資を自ら積極的に展開していった。それに加えて，A銀行は，不動産関連融資にいわゆる総量規制がされた後でも，関連ノンバンクを経由すると不動産関連融資の規制を受けなかったことから，関連ノンバンク3社を経由した融資を増やしていった。しかし，当時のA銀行や関連ノンバンクの融資の多くは，業績拡大を焦る余り，十分な与信審査を行わずに実行したものであり，とりわけ，不動産関連業者に

No	
	対する融資案件については，ゴルフ場開発や宅地建物分譲等のプロジェクトファイナンスの名の下に採算性を過大評価し，関連ノンバンクに対する貸出金については，譲渡担保として徴求した第三債務者に対する貸付金（営業貸付金）の価値を過大に見積もるなど，その与信審査の多くは極めて杜撰なものであった。 　バブル経済が崩壊すると，これに伴う資金需要の減少，貸付先の業況悪化，地価及び株価の下落，市況の長期低迷等により，多くの不動産開発業者が不動産開発事業等のプロジェクトを中断したまま経営破綻に陥り，また，地価の下落のため，開発用に取得した不動産の換価価格も低迷し，関連ノンバンクの貸付先である不動産開発業者の業況悪化により関連ノンバンクの財務状況が悪化するとともに，A銀行が関連ノンバンクから譲渡担保として徴求していた営業貸付金の債権価値も下落し，その結果，A銀行及び関連ノンバンクがバブル経済期に実行した融資の多くが，回収不能又は回収に懸念のある不良債権となった。そこで，A銀行は，このような不良債権問題に対処するため，内部で協議を進め，平成5年3月17日に開催された問題債権対策会議において，問題債権については，即時に償却・引当処理を行わず，段階的償却を実施していくという方針が決定された。 　ところで，A銀行は，平成3年頃から，関連ノンバンクの財務内容を表面上改善するために，関連ノンバンクが保有する不良資産（時価が簿価を大幅に下回る資産）の受皿となる会社（受皿会社）を新たに設立したり，既存の休眠会社を買収して受皿会社にした上，受皿会社にA銀行から資金を融資し，受皿会社をして，上記融資金によって関連ノンバンクの保有する不良資産を簿価又は時価を上回る価格で買い取らせ，その買取代金をA銀行の関連ノンバンクに対する貸出金の返済に充当させることにより，延滞に係る同貸出金を減少させ，A銀行及び関連ノンバンクの財務状態が改善された外観を作ることを行うようになった。このような不良資産の移管スキームは，より具体的には，概ね次の3種類に分類できた。すなわち，(1)債権受皿会社のスキームは，A銀行から受皿会社に対し，関連ノンバンクの保有する不良債権の簿価相当額の融資を行い，関連ノンバンクは，受皿会社から不良債権の売買代金として上記融資金の支払を受け，それを取引金融機関への支払に充てるというもの，(2)不動産受皿会社のスキームは，関連ノンバンクが保有する不良債権の担保不動産を時価より相当高い価格で購入するために，A銀行が受皿会社にその価格相当額の融資をし，第三債務者から上記担保不動産を買い取らせた上，関連ノンバンクは，第三債務者から上記売買代金の支払を受け，それを取引金融機関への支払に充てるというもの，(3)有価証券受皿会社のスキームは，関連ノンバンクが保有する大幅に原価割れしている有価証券を簿価で移管するために，関連ノンバンクが受皿会社に融資して上記有価証券を買い取らせ，それによって，関連ノンバンクの不良資産を受皿会社に対する債権に変えるというものであった。その後，これらのスキームは，関連ノンバンクのみならず，A銀行本体の不良資産の移管にも用いられるようになった。これら不良資産の移管スキームのうち，不動産受皿会社のスキームについては，担保不動産を第三債務者から切り離すことで，同不動産に関する権利関係の錯綜を防止して担保を保全し，比較的質の良い不動産については，これを利用した事業化を実施して，その収益や不動産の売却益から債権の極大回収を図るという目的から検討されたものもあったが，バブル経済崩壊後の不動産市況が

No	
	極めて悪い時代においては，そのような事業化を行うことはできないのが実情であった。そして，不良資産の移管スキームは，その実施により延滞債権が一時正常化される上，受皿会社については，一般先と異なり，A銀行の支配下にあり，突然に法的破綻に移行することもないことから，いわゆる不良資産の飛ばしを行って，順次，償却余力に合わせて段階的に償却を実施するという不良債権の償却・引当の先送りの手段としても利用されていた。 　当時，長期信用銀行を含む銀行業界では，いわゆる税法基準に依拠して貸出金の処理を行っていた。銀行法が昭和57年4月1日から施行されたことなどに伴い，大蔵省銀行局長が同省の監督権限に基づいて発出した「普通銀行の業務運営に関する基本事項等について」と題する通達（いわゆる「基本事項通達」）の中に決算経理基準（以下「改正前の決算経理基準」という）が定められており，これが長期信用銀行であるA銀行にも適用され，A銀行等の銀行においては，これに従った決算処理を行ってきた。銀行の貸出金の貸倒れとしての損金額算入又は損金経理による債権償却特別勘定への繰入れについては，法人税基本通達（平成10年課法2－7による改正前のもの）9－6－4等が定めており，特に，9－6－4(1)においては，債務者につき債務超過の状態が相当期間継続し，事業好転の見通しがないこと等の事由が生じたため，当該貸金等の額の相当部分の金額につき回収の見込みがない場合に，その回収の見込みがない部分の金額を債権償却特別勘定に繰り入れることができるとされていた。そして，大蔵省と国税庁の協議に基づく不良債権償却証明制度により，金融証券検査官が回収不可能又は無価値と判定した債権（4分類）及びこれに準ずる債権として証明した不良債権の金額は，原則として法人税法上損金として容認される扱いとなっており，大蔵省金融検査部長が同省の監督権限に基づき発出した不良債権償却証明制度等実施要領がその方針や審査の手続・基準等を定め，「合理的な合併計画や再建計画が作成中あるいは進行中である場合」や「債務者に対して追加的な支援（融資，増資・社債の引受，債務引受，債務保証等）を予定している場合」にあたる取引先（以下「支援先等」という）については，法人税基本通達9－6－4(1)において債権償却特別勘定に繰り入れることができる場合とされている「事業好転の見通しがない」と判断することは原則として適当ではないとされていた。また，上記実施要領において，有税引当等については，金融機関等の自主判断により行われるものであるとされていた。このような決算経理基準の下においては，金融機関は，税法において，無税償却・引当が認められる要件を充足した貸出金については，償却証明を得て償却・引当を行うが，それ以外の貸出金については，金融機関の自主判断により有税償却・引当を行うのが一般的となっており，銀行等金融機関の支援先等は，原則として償却・引当をしないとする慣行があった（以下，このような扱いを「税法基準」という）。つまり，税法基準によれば，関連ノンバンク等に対する貸出金については，銀行がそれらに対して金融支援を継続する限りは回収不能額又は回収不能見込額とはみなされず，貸倒引当金の引当対象とはされていなかったのである。 　A銀行は，平成9年2月，窮状を打開するため，大蔵省と協議を進めた結果，平成9年3月，大蔵省銀行局から，関連ノンバンク3社の法的整理，海外業務からの撤退，リストラに加えて，金融機関等が新株を引き受けることなどにより約3000億

No	

円の増資をする再建策が提示された。そこで，A銀行は，平成9年4月1日，関連ノンバンク3社の破産による処理，不良債権約4600億円の償却及び引当，海外業務からの撤退，積極的なリストラの推進に加えて，関係金融機関等に対する約2900億円の第三者割当増資の引受要請を内容とする再建計画を発表した。

こうした状況の中，A銀行は，当期未処理損失額を612億7400万円として，平成9年4月1日から平成10年3月31日までの事業年度（平成10年3月期）に係る有価証券報告書を作成し，同年6月29日，大蔵省関東財務局において，同財務局長に対して提出した。

その後，金融監督庁が，平成10年7月から日銀と連携して，A銀行を含む主要19行を対象に集中検査を実施し，A銀行に対して同月24日から立入検査を開始した。金融監督庁は，平成10年11月16日，A銀行に対し，A銀行の同年3月期の自己査定の正確性及び償却・引当の適切性に問題点が認められ，当局査定によれば，同年3月末時点で，貸出金を含む総与信ベースで5615億円の追加償却・引当を要する旨を指摘するとともに，上記追加償却・引当を前提とすれば，貸借対照表上の資産の部が負債の部を下回ることになるものと見込まれるので，債務超過を解消するためにとり得る資本充実策等について，早急な報告を求めた。これに対し，A銀行は，平成10年度末までの自己資本充実策の実施について猶予等を主張したが，金融監督庁は，最終的に，A銀行は平成10年3月末時点で債務超過状態にあり，実現性のある資本充実策が提示されないものと判断し，同年12月12日，金融監督庁長官名でA銀行に対し，金融再生法に基づき，特別公的管理を開始する旨を通告した。A銀行は，他の金融機関との合併交渉がいずれも合意にいたらなかったことや，金融当局との争いをこれ以上続けることが，信用を重んじる金融機関として得策ではないと判断したことなどから，上記通告を受諾し，平成10年12月13日，内閣総理大臣が特別公的管理の開始決定等を行い，特別公的管理下に入った。

平成10年3月期の決算に関して，A銀行の代表取締役会長であったX，代表取締役頭取であったY，及び，代表取締役副頭取であったZは，共謀の上，A銀行の業務に関し，大蔵省関東財務局長に対して，A銀行の平成10年3月期の決算には本来2205億0700万円の当期未処理損失があったのに，取立不能のおそれがあって取立不能と見込まれる貸出金合計1592億3300万円の償却又は引当をしないことにより，これを同額過少の612億7400万円に圧縮して計上した貸借対照表，損益計算書及び損失処理計算書を掲載するなどした平成10年3月期の有価証券報告書を提出し，もって，重要な事項につき虚偽の記載のある有価証券報告書を提出したとして，虚偽記載有価証券報告書提出の罪で起訴された。裁判では，当時の商法285条の4第1項が「金銭債権に付ては其の債権金額を附することを要す」と定めるとともに，同条2項が「金銭債権に付取立不能の虞あるときは取立つること能はざる見込額を控除することを要す」と規定していたことから，それらにいう「取立不能の虞あるとき」及び「取立つること能はざる見込額」の判断基準が，公正なる会計慣行に照らし，どのようなものであるかが争点となった。第1審及び差戻前控訴審は，大蔵省が平成9年3月に発出した資産査定通達及び日本公認会計士協会が同年4月に公表した4号実務指針こそが唯一の公正なる会計慣行であるとし，これらに従わなかったとして犯罪の成立を認めたが，上告審は，本件当時，従来の税法基準の考え方に

No	
	よる処理を排除してまで厳格に資産査定通達等によって補充される改正後の決算経理基準に従うべきことが必ずしも明確であったとはいえず，過渡的な状況にあったといえ，それまで公正なる会計慣行として行われていた税法基準の考え方によって支援先等に対する貸出金についての資産査定を行うことも許容されていたものといえるとし，差戻前控訴審判決を破棄し，本件を控訴審に差し戻した。そして，差戻後控訴審もまた，同様の見地から第1審判決を破棄した上で，無罪を言い渡した。 ▶主たる手口（疑われたものも含む） 　④　費用の先送り計上（不良資産の評価替え回避による貸倒引当金計上の回避） 　⑥　資産の評価替え回避（飛ばしによる資産の簿外化，不良債権の評価替え回避） ▶参考裁判例・文献 　・刑事――（差戻後控訴審）東京高判平23・8・30判時2134号127頁等 　・民事――大阪高判平16・5・25判時1863号115頁
20	▶事件の概要 　A銀行は，昭和27年に長期信用銀行法に基づき設立された長期信用銀行であり，金融債を発行して長期にわたる安定的資金を調達し，この資金を鉄鋼，電力，海運，石炭等のいわゆる基幹産業に対し，その設備資金及び運転資金として長期間にわたって融資することにより，わが国の基幹産業を育成することを目的として設立された。A銀行は，高度経済成長期において，日本の基幹産業に対し長期融資を行い，産業金融として，資金の安定供給を担った。 　しかし，高度経済成長が終わり企業の設備投資も減少し，また，企業が間接金融から株式の発行や社債などの直接金融による資金調達に移行するにつれ，A銀行はその融資先を減らしていった。当時，折しもバブル経済が発生し，他の金融機関が不動産業者や関連ノンバンク等への貸出しで収益を上げていく状況の中で，A銀行も減少していた競争力を回復すべく，ゴルフ場やリゾート施設といった不動産関連融資に急激に傾斜していった。その結果，貸出金総額は，平成元年3月期に15兆7966億円だったものが，平成2年3月期には18兆3389億円と2兆5400億円余りも増加し，その後最盛期の平成4年3月期には19兆4533億円にまで膨れあがった。このようなA銀行の方針変更と同時に，A銀行の関連ノンバンクもまた不動産融資に走り，貸出金残額を増やしていった。そのような状況の中で，平成2年3月，大蔵省が，金融機関に対し，ノンバンクや不動産業者に対する融資額圧縮を指導する「総量規制」を実施したことから，地価が急激に下落してバブルの崩壊が始まり，その後日経平均株価も同年10月をピークに急落し，これに伴って，A銀行及びその関連ノンバンク等は多額の不良資産を抱え込むことになった。経営不振に陥ったA銀行及びその関連ノンバンクは，赤字決算を回避する目的から受皿会社を設立し，不良債権を飛ばすことなどにより不良債権処理の先送りを続けた。 　しかし，平成10年6月5日発売の月刊誌がA銀行の資金繰りの悪化，不良債権処理の難航を指摘した記事を掲載したことなどが契機となってA銀行の株価が大幅に下落した。このような事態に対処するため，A銀行では，平成10年6月26日にB銀行との合併構想を発表するなどして市場の信認回復に努めたが，その後も株価の下落，預金の流出等が続いた。その間，金融監督庁は，主要19銀行に対する一斉検査

No	
	を実施し，A銀行に対しても平成10年7月13日に立入検査を開始し，同年3月末及び同年9月末の資産内容等についての検査を実施し，同年10月19日に，A銀行に対しその結果を通知した。これによれば，平成10年3月末のA銀行の総資産26兆1900億円中，4分類が1373億円，3分類が1兆1254億円，2分類が3兆0347億円であり，自己資本額が7871億円，要追加償却・引当見込額が2747億円で，5124億円の資産超過の状態であるとされた。その後，平成10年10月23日，金融再生法が施行されると同時に，A銀行は，内閣総理大臣に対して，同法68条2項に基づき「その業務又は財産の状況に照らし預金等の払戻しを停止するおそれが生ずると認められる」旨の申出をしたところ，同日，内閣総理大臣は，A銀行の財務状況等を勘案し，同法36条1項に基づき特別公的管理の開始を決定し，同時に，預金保険機構が同法38条1項に基づきA銀行の株式を取得する旨の決定をした。平成10年12月11日，A銀行は，旧経営陣に対する責任追及に関する内部調査委員会を設置し，その調査の結果，平成11年6月4日，A銀行の代表取締役頭取であったX，代表取締役副頭取であったY，代表取締役副頭取であったZを含む旧経営陣について商法違反，証券取引法違反の被疑事実で告訴が行われた。この告訴を受け，X，Y，及び，Zは，共謀の上，A銀行の業務に関し，平成10年6月29日，大蔵省関東財務局長に対して，A銀行の平成9年4月1日から平成10年3月31日までの事業年度（平成10年3月期）の決算には5846億8400万円の当期未処理損失があったのに，取立不能のおそれがあって取立不能と見込まれる貸出金合計3130億6900万円の償却又は引当をしないことにより，これを過少の2716億1500万円に圧縮して計上した貸借対照表，損益計算書及び利益処分計算書を掲載するなどした上記事業年度の有価証券報告書を提出し，もって，重要な事項につき虚偽の記載のある有価証券報告書を提出したとして，虚偽記載有価証券報告書提出の罪で起訴された。裁判では，関連ノンバンク等に対する貸出金の償却又は引当の処理の方法が，公正なる会計慣行に照らし，どのようなものであるかが争点となった。第1審及び控訴審は，平成10年3月期の決算の当時においては，資産査定通達等によって補充される改正後の決算経理基準に基本的に従うことが唯一の公正なる会計慣行となっており，改正前の決算経理基準の下でのいわゆる税法基準による会計処理では公正なる会計慣行に従ったことにはならないとして，犯罪の成立を認めた。しかし，上告審は，資産査定通達等によって補充される改正後の決算経理基準は，特に関連ノンバンク等に対する貸出金についての資産査定に関しては，新たな基準として直ちに適用するには，明確性に乏しかったと認められる上，本件当時，関連ノンバンク等に対する貸出金についての資産査定に関し，従来のいわゆる税法基準の考え方による処理を排除して厳格に前記改正後の決算経理基準に従うべきことも必ずしも明確であったとはいえず，過渡的な状況にあったといえ，そのような状況の下では，これまで公正なる会計慣行として行われていた税法基準の考え方によって関連ノンバンク等に対する貸出金についての資産査定を行うことをもって，これが資産査定通達等の示す方向性から逸脱するものであったとしても，直ちに違法であったということはできないとして，第1審判決及び控訴審判決を破棄した上で，無罪を言い渡した。 ▶主たる手口（疑われたものも含む） 　④　費用の先送り計上（不良資産の評価替え回避による貸倒引当金計上の回避

No	
	⑥　資産の評価替え回避（飛ばしによる資産の簿外化，不良債権の評価替え回避） ▶参考裁判例・文献 　・　刑事――最判平20・7・18刑集62巻7号2101頁 　・　民事――東京高判平18・11・29判タ1275号245頁，大阪地判平19・4・13判タ1256号297頁
21	▶事件の概要 　　A証券は，創業者が明治30年に仲買人の免許を受け創業したことに始まり，「A」ののれんの下に証券業を営んできたところ，昭和18年9月30日にB証券との合併により設立された株式会社である。A証券は，平成8年当時，資本金1266億0721万9000円，従業員数約7300人と，日本の四大証券会社の一角をなす証券会社であり，特に法人を顧客とする株式の公開，引受等のファイナンス部門の営業に力を注いでいた。しかし，昭和40年頃に起きた証券不況で危機を迎え，昭和40年の日銀特融により持ち直したものの，それ以降は四大証券会社の最下位に転落し，低迷が続いていた。 　　しかし，A証券は，昭和60年頃から，法人顧客の一任勘定取引を積極的に取り付けるようになり，特に，特定金銭信託（委託者が信託銀行に金銭を信託し，売買する有価証券の銘柄，数量，単価は委託者が決定し，信託終了時には原則として金銭が交付される信託契約）で，事実上，証券会社の営業部門がその運用を行う，いわゆる営業特金を中心とした投資勧誘を行ってきた。特にバブル経済期を迎えて以降，A証券は，この営業特金の手法を駆使することにより，その手数料収入を莫大なものにしていき，業績が好調化した。営業特金の手法を実施するにあたり，A証券においては，一任運用の契約に際し利回りを保証して勧誘することにより資金を獲得する「にぎり」と呼ばれる取引形態が少なからず存在した。しかし，バブル経済がはじけ株式相場が急落すると，顧客が保有する有価証券に多額の含み損が発生したことから，A証券は，にぎりを理由に顧客から損失補填を迫られるようになった。そこで，A証券は，有価証券の含み損を表面化させないため，決算期前後に，飛ばし行為（企業が期末決算において有価証券の含み損を隠ぺいするため，決算期末に含み損を抱えた有価証券を証券会社の媒介により市場外で決算期の異なる他の企業に対し簿価ないしこれに資金調達コストを上乗せした価額で売却し，翌年度の期首に金利分を上乗せした価額で買い戻す行為）の仲介を積極的に行うようになっていった。 　　ところが，平成3年頃，損失補填問題を中心とした証券会社に対する批判が高まり，顧客からも営業特金等の取引を解約したいとの意向が示されるようになった。取引の解約に際しては，運用されていた有価証券に生じた含み損が現実化する可能性があったところ，平成3年10月に証券取引法が改正され，改正証券取引法が施行される平成4年1月1日以降，損失補填が取引の前後を問わず原則として禁止されることとなったことから，A証券は，それまでに含み損を抱えた有価証券を処理することを迫られた。大部分の顧客については，顧客においてその保有する有価証券の含み損を負担する形で営業特金等の取引の解約がなされたが，にぎりだけでなく，飛ばしの受け皿として利用された7社が保有していた含み損を抱えた有価証券

No	
	について，A証券は，やむを得ずこれを引き取ることを決定した。すなわち，A証券は，平成3年12月から平成4年3月にかけて，飛ばしの受け皿となっている最終飛ばし先7社から株式等を合計約1711億6453万円（取引時の含み損1161億円以上）で引き取り，さらに，平成4年10月には，1社から約123億0922万円（引取時の含み損約78億円）をペーパーカンパニー5社等の名義で引き取った。さらに，A証券は，海外で発生した簿外債務について，タックス・ヘイブンに設立したペーパーカンパニーを利用し，海外の仕組債（相手方が仕組債であることに気付きにくく，外見上も時価が額面を大幅に下回らず，含み損を抱えていることが発覚しにくい特性に着目したもの）を利用したスキームが考案され，平成3年2月から実行に移された。そして，平成9年2月までの間，外国政府機関等から仕組債の発行を受け，各種損失を仕組債の含み損に転化させた上，仕組債を額面に近い金額で内外の金融機関に売り現先に出すなどしてその損失を隠ぺいした。こうした国内及び海外における簿外損失額は，平成7年3月期には，合計で，2300億円を超え，平成8年3月期には約2400億円となり，平成9年3月期には，2700億円を超えるものとなっていった。 　平成9年11月22日，新聞の朝刊にA証券の簿外債務の存在に関する記事が掲載され，大蔵省証券局長は，A証券が2000億円を超える簿外債務を抱えていることを公表した。そして，A証券は，平成9年11月24日，自主廃業に向け営業を休止することを決定し，大蔵省に対して営業休止届を提出した。その後，A証券は，平成11年6月2日，破産宣告決定を受けた。 　A証券の取締役会長であったX，代表取締役社長であったYが，共謀して，A証券の業務に関し，含み損を抱えた有価証券の簿外処理等により，当期未処理損失を平成7年3月期については2331億0400万円，平成8年3月期については2379億8600万円，平成9年3月期については2718億4000万円，それぞれ圧縮して記載した有価証券報告書を，大蔵大臣に対してそれぞれ提出したなどとして，虚偽記載有価証券報告書提出の罪で有罪判決を受けている。 ▶主たる手口（疑われたものも含む） 　⑥　資産の評価替え回避（飛ばしによる資産の簿外化） ▶参考裁判例・文献 　・　刑事──東京地判平12・3・28判タ1037号82頁 　・　民事──大阪地判平18・3・20判時1951号129頁
22	▶事件の概要 　A株式会社は，顕微鏡，写真機，精密測定器，その他光学機械の製造販売等を目的とする株式会社であり，上場している。 　A株式会社は，昭和60年以降の急速な円高による大幅な営業利益の減少の下，当時隆盛となりつつあったいわゆる財テク（企業が本業とは別に，余剰資金を有価証券や不動産などに投資して，運用利益による利潤増加を図ること）を重要な経営戦略と位置づけ，資産の積極的運用に乗り出した。しかし，バブル経済が崩壊して以降，A株式会社において金融資産の運用による損失が増大し始めたため，A株式会社は，その損失を取り返そうと有価証券投資，デリバティブ取引等を行った結果，

No	
	かえって金融資産の運用損は飛躍的に膨れあがり,平成8年頃までに,金融資産の含み損を900億円抱えていた。平成13年3月期より,金融商品の時価会計基準が導入され,含み損を評価損として計上しなければならなくなったが,A株式会社は,これにより損失が表面化するのを回避するため,そのような損失の計上を先送りすることを画策し,平成12年3月期以降,A株式会社の連結決算の対象から外れる海外の受け皿ファンドに含み損の生じた金融商品等を簿価相当額で買い取らせて連結貸借対照表から当該含み損を分離する「飛ばし」を実行し,含み損を隠ぺいし,純資産の過大計上を行った。その際,A株式会社は,受け皿ファンドが金融商品等を買い取ることができるようにするため,A株式会社の債券や預金を担保に外国銀行などから融資を受け,当該銀行をして資金を受け皿ファンドに提供させたり,A株式会社において事業投資ファンドを設立し,当該事業投資ファンドから受け皿ファンドに資金を提供させたりしていた。結局のところ,A株式会社が上記含み損を実質的に負担していたことになる。A株式会社は,受け皿ファンドを利用した損失隠しを続けたが,その維持費用がかさんだことやさらなる投資の失敗等により,平成15年頃には簿外損失が1177億円に上っていた。そこで,A株式会社は,平成17年頃から平成20年にかけて,受け皿ファンドを通じて投資した国内3社について,受け皿ファンドが取得した国内3社の株式をA株式会社が著しい高額で買い取ることにより,海外ファンドに付け替えた損失の解消を図るとともに,国内3社の純資産額と買取価格との差額を架空の「のれん代」として資産計上し,のれんの償却等を通じて含み損の解消を図った。また,A株式会社は,平成19年,英国の医療機器メーカーであるB株式会社を買収した際,M&Aの仲介を依頼したファイナンシャル・アドバイザーに対し,その報酬として株式オプション等を付与し,後にこの株式オプションに代わる配当優先株を高額で買い戻すなどして,簿外損失の穴埋めをするとともに架空の「のれん代」を資産計上し,のれんの償却等を通じて含み損の解消を図った。B株式会社の買収に際してファイナンシャル・アドバイザーに支払った金額のうち優先株等の買戻しに充てられた金額及び国内3社の買収額が合計1348億円にものぼった。 　A株式会社の代表取締役社長等であった被告人X,取締役常務執行役員等であったY,取締役執行役員等であったZは,それぞれ虚偽記載有価証券報告書提出の罪で有罪判決を受けている。また,A株式会社が,当時の取締役らに対して,任務懈怠責任に基づく損害賠償請求を行った事件においては,金商法違反により会社が負担した罰金及び課徴金について,当時の取締役らの損害賠償責任を認める判断が下されている。 ▶主たる手口（疑われたものも含む） 　④　費用の先送り計上（不良資産の評価替え回避による損失計上の回避） 　⑥　資産の評価替え回避（飛ばしによる資産の簿外化,不良資産の評価替え回避） ▶参考裁判例・文献 　・　刑事——東京地判平25・7・3公刊物未登載,東京地判平27・7・1公刊物未登載 　・　民事——東京地判平27・3・19判時2275号129頁,大阪高判平28・6・29金判1499号20頁,東京地判平29・4・27資料版商事法務400号119頁

No	
23	▶事件の概要 　A株式会社は，平成12年4月1日に開始される事業年度（平成13年3月期）以降において，関係会社の株式について減損処理を行わず，平成14年9月中間期から平成16年9月中間期にかけて合計約280億円の配当を行った。この関係会社の株式について減損未処理につき，A株式会社は，平成19年12月25日，金融商品会計基準等に準拠した関係会社株式減損処理等を行っていなかったとして，平成13年3月期ないし平成19年9月中間期までの決算短信，中間決算短信及び平成15年3月期から平成19年3月期までの有価証券報告書，半期報告書の訂正を行った。これを踏まえ，金融庁は，平成17年9月中間期半期報告書について「重要な事項につき虚偽の記載がある」として，A株式会社に対し，830万円の課徴金納付命令を発出した。 　当時，金融商品に係る会計基準（金融商品会計基準）及び金融商品会計に関する実務指針が平成12年4月1日以後に開始される事業年度から適用されることを受け，市場株価のない株式は取得原価で貸借対照表価額とするが，当該株式の発行会社の財政状態の悪化により実質価額が著しく低下したときは相当の減額を行い，評価差額は損失として処理（関係会社株式減損処理）しなければならず，実質価額が著しく低下したときとは，少なくとも株式の実質価格が取得原価に比べて50％程度以上低下した場合をいうとされた。つまり，未公開株式（市場価格のない株式）については，その実質価額が著しく低下した場合には減損処理をしなければならなかった。ただし，実務指針では，実質価格の回復可能性が十分な証拠によって裏付けられる場合には，期末において相当程度の減額をしないことも認められるとされていた。 ▶主たる手口（疑われたものも含む） 　④　費用の先送り計上（保有株式の減損回避による費用の計上先送り） 　⑥　資産の評価替え回避 ▶参考裁判例・文献 　・　大阪地判平24・9・28判タ1393号247頁
24	▶事件の概要 　A株式会社は，電気機械器具，計量器，医療機械器具等の製造等を目的とする株式会社であり，上場している。 　A株式会社は，証券取引等監視委員会による開示検査を受けた後，特別調査委員会を設置して事実関係の調査を開始した。その結果，一部のインフラ関連の工事進行基準案件において，工事原価総額が過小に見積もられ，工事損失が適時に計上されていない等の事象が判明し，また，工事進行基準案件における工事原価総額の見積りの問題以外にも更なる調査を必要とする事項が判明した。そこで，A株式会社は，第三者委員会を設置し，調査を委嘱した。第三者委員会が平成27年7月20日付けの調査報告書で認定した不適切会計の具体的方法は以下の通りである。 　(1)　工事進行基準に係る会計処理 　　工事進行基準の会計処理を行うには，各四半期末での工事収益総額及び工事原価総額の見積りと各四半期に発生した工事原価の測定が必要になるところ，A株式会社では，種々の案件において，工事原価総額が過小に見積もられ，売上の過大計上

No	

や工事損失引当金（受注損失引当金）の過小計上となった結果，利益が過大に計上された。

(2) 映像事業における経費計上等に係る会計処理

Ａ株式会社においては，各四半期において，事業部門が期中から期末にかけて地域別の損益見込みを集計し，目標損益との差に対する改善施策を立案・実行していたところ，映像事業部門では，売上の増加等の通常の改善施策では埋められない差を調整するため，C/O（キャリーオーバー）と呼ばれる損益調整によって利益の嵩上げが行われてきた。具体的には，①引当に関するもの（Ａ株式会社の連結決算上，発生主義で処理しなければならないにもかかわらず，現金主義で処理する方法），②経費計上時期延期に関するもの（広告費や物流費等の役務提供を受けていたにもかかわらず，取引先に請求書の発行を翌四半期に遅らせてもらった上で翌四半期に費用計上する方法），③在庫評価に関するもの（経理システム上，連結グループ会社間取引においてＡ株式会社の粗利がマイナスの場合においては，連結ベースで未実現損益の消去が行われないことを利用して，Ａ株式会社の粗利がマイナスとなる範囲内で，Ａ株式会社から海外現地法人へ販売する製品価格（FOB価格）を期末に増額（UP）させる方法），④CRの前倒し計上に関するもの（CR（Cost Reduction：パネルメーカー若しくはODM/OEMメーカーに対し，購入価格の値下げを要求するもの）効果獲得の確実性が低いにもかかわらず，効果獲得を前提とした仕入値引で会計処理する方法）といった方法である。

(3) 半導体事業における在庫の評価に係る会計処理

Ａ株式会社の半導体事業部門では，最終的に廃棄するにいたった在庫につき，本来であれば廃棄以前のタイミング（販売計画等に照らし販売可能性が見込まれなくなった時点等）で，評価減を実施して損失を計上すべきであったにもかかわらず，損失を計上しなかった。また，Ａ株式会社の半導体事業部門では，原価差額（標準原価と実際に発生した原価との差額）の配賦計算において前工程と後工程を区別しない合算配賦法を採用しているところ，前工程の標準原価のみを期中で改定し，原価差額の配賦計算について所要の調整をしなかったため，前工程と後工程の間での配賦が正しく行われず，そのため前工程期末在庫（期末中間品），後工程期末在庫（完成品）及び売上原価（完成品原価）の帳簿価格が不適切なものとなった。

(4) パソコン事業における部品取引等に係る会計処理

Ａ株式会社は海外のODM先にPCの設計，開発，製造を委託していたが，メモリ，HDD等の主要部品についてはＡ株式会社の子会社が購入し，それらをODM先に対して有償支給していた。有償支給する部品の価格は，調達価格を上回る一定額である「マスキング価格」によっている。部品の支給を受けたODM先は，自己調達部品と合わせてPCを製造し，完成したPCを子会社を通じてＡ株式会社に納入する。この部品取引において，Ａ株式会社は，将来子会社からPC完成品の納品があった時点で製品価格からマスキング値差（仕入先からの調達価額とODMへの供給価額の差）の分が控除されるよう，マスキング値差と同額を子会社に対する未収入金として計上するとともに製造原価を減額することで利益を計上していた。しかし，部品取引は将来の完成品取引を前提としたものであって，実質的には買戻条件付取引といえるため，部品供給の時点において利益の計上を行うことは一連の取引実態

No	
	を適切に表していなかった。したがって，各決算期においては，部品取引後，完成品取引が完了していない部品及び完成品については，部品取引時に認識した利益相当額（当該マスキング値差に係る製造原価のマイナス）を取り消す必要があったが，Ａ株式会社はこれを行わなかった。また，Ａ株式会社は，別の子会社に対しても，調達価格の4倍から8倍のマスキング価格でPCの部品を供給していたところ，当該取引におけるマスキング値差を，当該子会社に対する未収入金として計上するとともに製造原価を減額することで利益を計上していた。しかし，この部品取引時に計上された利益（製造原価のマイナス）についてもまた，最終的に部品がODM先に供給され完成品としてＡ株式会社に買い戻されることを予定していたことから，当該利益相当額を取り消す必要があったが，Ａ株式会社はこれを行わなかった。 ▶**主たる手口（疑われたものも含む）** 　① 収益の過大計上 　② 収益の前倒し計上 　③ 費用の過少計上 　④ 費用の先送り計上 ▶**参考裁判例・文献** 　・ 平成27年7月20日付けＡ株式会社第三者委員会調査報告書

【安部　立飛】

■資料2　会計用語

以下の会計用語について，用語の解説をしている。
会計用語の各項目は，あいうえお順で配列している。

【会計用語一覧表】

（番号／用語）
【あ】
① 売上原価
② 売掛金
【か】
③ 外注費
④ 株主資本等変動計算書
⑤ キャッシュ・フロー
⑥ キャッシュ・フロー計算書
⑦ 繰延資産
⑧ 繰延税金資産
⑨ 経常損失
⑩ 経常利益
⑪ 減価償却
⑫ 建設仮勘定
⑬ 減損処理
⑭ 工事進行基準／工事完成基準
⑮ 工事損失引当金／受注損失引当金
⑯ 固定資産
⑰ 固定負債
【さ】
⑱ 仕掛品
⑲ 時価主義
⑳ 資産

㉑ 取得原価主義
㉒ 純資産
㉓ 純損失
㉔ 損益計算書
【た】
㉕ 貸借対照表
㉖ たな卸資産
㉗ 投資その他の資産
【な】
㉘ のれん／負のれん
【は】
㉙ 引当金／貸倒引当金
㉚ 負債
㉛ 簿価
㉜ 簿外資産，簿外負債
【ま】
㉝ 前受金
㉞ 前渡金
㉟ 無形固定資産
【や】
㊱ 有形固定資産
【ら】
㊲ 流動資産
㊳ 流動比率，固定比率
㊴ 流動負債

【あ】

1 売上原価

売上原価は，企業の事業目的である商品及び製品の売上高，役務を提供したことに伴う役務収益に対応する原価である。売上原価は，費用収益対応の原則に従い，当期の売上高に対応して認識する。通常，製品・商品等の売上原価は，「売上原価」として開示することになる。サービス業などの営業原価については，「営業原価」という開示科目が用いられることもある。

2 売掛金

売掛金は，企業の主たる営業取引の過程において生じた営業上の未収入金，すなわち，商品・製品などの売上代金の未回収額や役務の提供による営業収益の未回収額などをいい，手形や証書などによらない取引当事者間の信用に基づく金銭債権である。

ただし，破産債権，更生債権その他これに準ずる債権で，1年以内に回収されないことが明らかなものは，売掛金から除かれ，固定資産の「投資その他の資産」の区分に表示される。売掛金を記録する勘定を売掛金勘定といい，売上債権が発生した時には勘定の借方に，代金回収等により売上債権が消滅したときには貸方に記入することになる。

【か】

3 外注費

外注費とは，会社の業務の一部を外部の業者へ業務委託又はアウトソーシングした場合の費用の勘定をいう。請負に出した場合の費用，コンサルタントを利用した場合の費用，その他下請工賃・加工賃（加工費）等を管理するための勘定科目である。

4 株主資本等変動計算書

株主資本等変動計算書は，貸借対照表の純資産の部の一会計期間における変動額のうち，主として，株主に帰属する部分である株主資本の各項目の変動事由を報告するために作成される計算書である。会社法では，すべての株式会社に対して，株主資本等変動計算書の作成を義務づけている。その作成方法は，株主資本の各項目については，当期首残高，当期変動額，当期末残高に区分し，当期変動額は変動事由ごとにその金額を表示する。株主資本以外の各項目についても同様であるが，当期変動額は変動事由ごとに区別せず，純額で表示することができる。株主資本等変動計算書の様式は，114頁の■図表20を参照。

5 キャッシュ・フロー

キャッシュ・フローは，現金収支又は現金の流れを意味する。一定期間における企業の営業活動から得られる正味現金収入（支出）であり，現金流入額から現金流出額を控除して求められる。キャッシュ・フローは，発生主義会計の損益計算書の利益から間接的な形で算出することも可能である。この場合，当期純利益に減価償却費などの現金支出の伴わない費用（非資金費用）を加え，営業債権や営業債務，たな卸資産，引当金等の増減額を加減算することで求められる。キャッシュ・フローは，キャッシュ・フロー計算書では，営業活動，投資活動及び財務活動の3つに区分して表示される。

6　キャッシュ・フロー計算書

キャッシュ・フロー計算書は，一会計期間におけるキャッシュ・フローの状況を，一定の活動区分別に表示するものである。企業活動を①営業活動，②投資活動，及び③財務活動の3つに区分し，企業のキャッシュ・フローを明らかにする。金商法のディスクロージャー制度の適用を受ける企業は，連結財務諸表の1つとして連結キャッシュ・フロー計算書の公表が義務づけられている。連結財務諸表を作成していない場合は，個別企業としてのキャッシュ・フロー計算書の作成が求められる。なお，会社法上ではキャッシュ・フロー計算書の作成は要求されていない。

キャッシュ・フロー計算書により，過去における経営者の意思決定の成果が，営業活動，投資活動，財務活動の各キャッシュ・フローの面でどのようになったのか，将来の利益やキャッシュ・フローを獲得するためにどのような投資を行ったのかあるいは投資を中止したのか，さらに企業経営に必要な資金をどのように調達したのかあるいは余剰資金を利用してどのように資金を返済したのかなどを知ることができる。

7　繰延資産

既に代価の支払が完了し又は支払義務が確定し，これに対応する役務の提供を受けたにもかかわらず，その効果が将来にわたって発現すると期待される費用は，その効果がおよぶ期間に合理的に配分するため，経過的に貸借対照表に繰延資産として計上することができる（企業会計原則注解［注15］）。繰延資産は，費用の将来収益稼得効果を見込んで計上されるものであり，財産としての性格はもたない。繰延資産の項目は，①株式交付費，②社債発行費等，③創立費，④開業費，⑤開発費の5科目が限定列挙されている（「繰延資産の会計処理に関する当面の取扱い」（実務対応報告第19号））。計上した場合には，それぞれの科目ごとに早期償却を要する。したがって，発生時に全額を費用とすることもできる。繰延資産を計上した場合には，流動資産，固定資産と並んで資産の部の第3区分として掲記される。

8　繰延税金資産

繰延税金資産及び繰延税金負債は，税効果会計による貸借対照表項目である。税効果会計基準では，資産負債法が採用されているため，繰延税金は一時差異等が解消する将来の期間の税率に基づいて算定される。繰延税金資産は，将来減算一時差異と繰越欠損金等に係る税効果，すなわち将来の税金支払を減少させる影響を表している。したがって繰延税金資産は，将来の期間において回収（将来の税金支払の減少）可能な額で評価されることとなる。一方，繰延税金負債とは，将来加算一時差異に係る税効果，すなわち将来の税金支払を増加させる影響を表している。

繰延税金資産と繰延税金負債は，関連する資産・負債の分類に基づいて，貸借対照表上流動と固定に区分される。ただし繰越欠損金等に係る繰延税金資産には一年基準が適用される。そして流動に区分された繰延税金資産と繰延税金負債は，また固定に区分されたそれらは，それぞれ相殺して表示される。なお，税効果会計に係る会計基

準では，特に繰延税金資産について，その回収可能性について毎期の見直しが要求されている。

9　経常損失

経常損失は，損益計算書において，企業の継続的・反復的な経済活動から生じた収益とそれに対応する費用との差額から求められる損失である。経常損失は，売上高から売上原価，販売費及び一般管理費を控除し，営業損益を求め，これに営業外損益を加減して算出される。

10　経常利益

経常利益は，損益計算書において，企業の継続的・反復的な経済活動から生じた収益とそれに対応する費用との差額から求められる利益である。経常利益は，売上高から売上原価，販売費及び一般管理費を控除し，営業損益を求め，これに営業外損益を加減して算出される。

11　減価償却

土地や建設仮勘定を除く有形固定資産は，使用や時の経過によって物理的に価値が減少（減価）したり，新しい発明や発見にともなう陳腐化及び生産技術や産業構造の変化にともなう不適応化によって機能的に減価する。企業会計の目的である適正な期間損益計算にあたっては，有形固定資産の減価を一定の方法で費用として認識・測定する必要がある。有形固定資産の使用などに応じた減価部分は，有形固定資産の取得原価を耐用年数にわたって一定の方法で費用化する。この原価配分する手続を，減価償却という。減価償却の方法には，期間を配分基準とする方法と生産高（利用高）を配分基準とする方法がある。前者には定額法，定率法及び級数法が，また後者には生産高比例法が該当する。減価償却を直接法によって記帳した場合，減価償却費として費用配分される同額だけ減価償却が行われる資産（償却資産）の貸借対照表価額も減少させることになる。また，減価償却を間接法によって記帳した場合，償却資産勘定の評価勘定としての性格をもつ，これまでの減価償却費を累積した減価償却累計額勘定が用いられる。取得原価から減価償却累計額を控除した金額が，未償却残高として把握できる。

12　建設仮勘定

建設仮勘定とは，建物や有形固定資産の建設に際し，工事完成までに要するすべての支出額を一時的に集計するための勘定である。建設のための支出額及び建設のために充当した貯蔵品が建設仮勘定として記録され，建設のために支出した手付金や前渡金，又は建設のために取得した機械などで保管中のものも同様に処理される。建設仮勘定は，建設が完了し，引渡しを受けた時点で，完成までに要した支出は，本来の固定資産勘定へ振り替えられることになる。なお，建設仮勘定は，資産勘定に振り替えられて利用が開始されるまでは，減価償却を行う必要はない。

13　減損処理

固定資産の減損とは，資産の収益性の低下により投資額の回収が見込めなくなった状態であり，減損処理とは，そのような場合に，一定の条件の下で回収可能性を反映

させるようにその固定資産の帳簿価額を減額する会計処理である。この固定資産の減損に関わる会計を減損会計という。減損会計の対象資産は，金融資産や繰延税金資産を除く固定資産であるが，有価証券の時価が著しく下落した場合の時価評価も，有価証券の減損処理と称されている。固定資産の減損処理は，他の資産又は資産グループのキャッシュ・フローから概ね独立したキャッシュ・フローを生み出す最小の単位に区分された資産又は資産グループごとに，①減損の兆候がある資産又は資産グループの識別，②減損損失の認識の判定，③減損損失の測定，の手順で行われる。

14 工事進行基準／工事完成基準

工事進行基準は，建設業や造船業のような受注によって生産を開始する長期請負工事に関する収益認識の一方法である。この方法は請負工事代金が確定していることを前提に，工事収益を工事の進捗度に応じて計上する考え方である。基本的な収益認識基準である実現主義では，建物や船舶等が相手方に引き渡されない限り工事収益は計上されないが，長期請負工事については，その契約段階において既に工事収益が確定しているので，工事の進行途上の決算日に，工事の進捗度（例えば，工事費用総見積額に占める当期工事費用実際発生額）に応じて工事収益の計上が認められている。

一方，工事完成基準は，工事が完成し，建物や船舶等の完成品を相手方に引き渡した時点で，工事収益を計上する方法である。この方法では，工事完成の年度のみに工事収益が計上され，完成途上の期間には工事費用のみが計上され，収益が計上されないため，期間損益の計算上合理的でないが，多数の長期請負工事を常時抱えている企業にとっては，期間収益が平準化されるため，この方法も利用されている。

15 工事損失引当金／受注損失引当金

工事損失引当金とは，工事契約等について，工事原価総額等が工事収益総額を超過する可能性が高い場合に，その損失額を合理的に見積り計上するものである。具体的には，その損失見込額のうち，当該工事契約等に関して既に計上された損益の額を控除した残額を工事損失が見込まれた期の損失として処理し，工事損失引当金を計上することになる（工事契約に関する会計基準19項）。建設業以外の会社においても，契約（受注）時に将来損失が発生する可能性が高い場合には，引当金を計上する必要があるが，この場合には，工事損失引当金ではなく，「受注損失引当金」として計上しているケースが多い。

16 固定資産

固定資産は，企業が貸借対照表日の翌日から起算して1年を超えて使用又は利用する目的で所有する資産である。有形固定資産，無形固定資産及び投資その他の資産に分類される。有形固定資産は，有形の，加工や売却を予定しない財貨であり，建物等の償却資産と建設仮勘定等の非償却資産から成る。無形固定資産は，無形の，特別の便益・権利を企業に与える固定資産であり，法律上の権利を示す資産（特許権，ソフトウェア等）と経済上の優位性を示す資産（のれん）から成る。投資その他の資産は，支配や利殖を目的とする関係会社株

式・投資有価証券等（投資）と，長期間の運用・保有を目的とした長期貸付金・破産債権等及び経過勘定項目の長期前払費用（合わせてその他の資産）から成る。

17　固定負債

固定負債は，通常の取引以外の取引に基づいて発生し，決算日の翌日から起算して1年以内に返済期限が到来しない社債や借入金等の長期債務及び長期の引当金が固定負債に属する。株主，役員，従業員又は関係会社からの長期借入金は，当該債務の性質を示す科目をもって独立表示することが原則になっている。長期債務で分割返済の定めがある場合，正確な算定の可能な1年内の分割返済予定額は，流動負債に属する。

【さ】

18　仕掛品

仕掛品とは，製品，半製品又は部分品の生産のために現に仕掛中のものをいう（財務諸表等規則ガイドライン15−9）。すなわち，「作りかけ」の製品である。例えば工場の製造ラインにおいてパーツの組立て中であり，未完成のものは仕掛品である。

19　時価主義

時価主義は，資産を評価時点の市場価格で評価する考え方のことである。時価には調達市場で形成される時価（再調達原価）と販売市場で形成される時価（正味実現可能価額）がある。再調達原価は，ある特定時点で当該財を改めて調達すると仮定した場合に必要とされるであろう支出額である。正味実現可能価額は，ある特定時点で当該財を売却処分したと仮定した場合に得られるであろう正味手取額である。それは売却時価からアフター・コストを差し引いて求められる。

20　資　産

資産の定義としては，企業会計基準委員会より公表された「財務会計の概念フレームワーク」によると，「資産とは，過去の取引または事象の結果として，報告主体が支配している経済的資源をいう」とされている。ここで支配とは，所有権の有無にかかわらず，報告主体が経済的資源を利用し，そこから生み出される便益を享受できる状態をいうとされる。経済的資源とは，キャッシュの獲得に貢献する便益の源泉をいい，実物財に限らず，金融資産及びそれらとの同等物を含むとされる。経済資源は，市場での処分可能性を有する場合もあれば，そうでない場合もある。資産は，流動資産，固定資産，繰延資産の3つから構成される。

21　取得原価主義

取得原価主義とは，資産を取得に要した金額（取得原価）で評価する考え方のことである。通常，取得原価は，取得した資産の対価だけでなく，それに付随して発生した費用も加えて算出される。例えば資産を購入した場合，購入代価に付随費用（買入手数料，運送費，荷役費，据付費，試運転費など）を加算し，値引・割戻額を控除した金額が取得原価となる。

22　純資産

純資産とは，資産と負債との差額をい

い，正味財産とも呼ばれる。すなわち，純資産は，企業の総資産額から総負債額を控除した残高であり，自己資本の額と金額上同じになる。2006（平成18）年5月の会社法の施行により，貸借対照表における「資本の部」は，「純資産の部」として表記されることになった。ここでいう純資産とは，資産と負債の差額として定義される。企業会計基準第5号「貸借対照表の純資産の部の表示に関する会計基準」は，貸借対照表を，資産の部，負債の部及び純資産の部に区分し，さらに純資産の部は，株主資本と株主資本以外の各項目に区分することを求めている。

23 純損失

純損失は，一定期間の総収益から，その期の負担に属する総費用を控除した差額がマイナスになる場合の金額をいう。損益計算書において，税引前当期純利益から，法人税・住民税及び事業税を控除し，当期純損益が算出される。この際に，当期純損益がマイナスとなる場合に当期純損失が表示される。

24 損益計算書

損益計算書は，企業の経営成績を明らかにするため，一会計期間に属する売上高などの収益と，それを獲得するために費やされた売上原価，販売費・一般管理費，支払利息などの費用とを対比することにより，その差額として利益を明らかにする書面である。貸借対照表が一定時点におけるストック項目を一覧表示するのに対し，損益計算書は，1つの期間中に生じた収益，費用というフロー項目を集計して作成される。損益計算書によって示される利益には，売上総利益，営業利益，経常利益，税引前当期純利益，当期純利益がある。損益計算書の様式は，112頁の■図表18を参照。

【た】

25 貸借対照表

貸借対照表は，企業の財政状態を明らかにするため，貸借対照表日におけるすべての資産，負債及び純資産の残高を対応表示した一覧表である。資産の部（借方：かりかた）と負債の部及び純資産の部（貸方：かしかた）の部とに分けて示し，資産，負債及び純資産の性質を示す適当な科目に細分して記載し，両者を対応表示して示される。貸借対照表の様式は，109頁の■図表16を参照。

26 たな卸資産

たな卸資産は，①通常の営業過程において販売するために保有する財貨又は用役（商品・製品），②販売を目的として現に製造中の財貨又は用役（半製品・仕掛品），③販売目的の財貨又は用役を生産するために短期間に消費されるべき財貨（原材料），④販売活動及び一般管理活動において短期間に消費されるべき財貨（貯蔵品），等である。

通常の製造・営業活動において，継続的に費消される資産であるため，その評価方法（先入先出法・平均法など）が期末の貸借対照表計上額を決定するために重要となる。また，たな卸によって期末有高が確認される。

財務諸表においては，たな卸資産を構成

する「商品及び製品（半製品を含む）」，「仕掛品」，「原材料及び貯蔵品」をそれぞれ区分して表示することになる（財規17条1項7〜9号，連結財規23条1項5〜7号）。ただし，これらの項目に属する資産について，「たな卸資産」の科目をもって一括して表示でき，その場合には，これらの項目に属する資産の科目及び金額を注記することになる（財規17条3項，連結財規23条4項）。

27 投資その他の資産

投資その他の資産は，固定資産の分類の1つで，長期の投資又は他企業を支配する目的で所有する有価証券（満期保有目的債券，子会社・関連会社株式，その他有価証券），出資金，従業員等に対する長期貸付金，投資不動産などが含まれる。またその他にも長期前払費用，1年以内に弁済を受けられないことが明らかな破産更生債権等などもこれに含まれる。

【な】
28 のれん／負ののれん

のれんは，法律上の権利ではなく，ある企業が他の同業種企業の平均収益力より高い収益力を有する場合，この超過収益力を生み出す原因となるものをいう。のれんは，他企業を買収するか，又は合併によって取得した場合に限って，資産として計上することができる。営業を行っている間に自然に自己創設のれんが生じることもあるが，これを資産として計上することはできない。取得と判定された企業結合において，取得原価が取得した資産及び引き受けた負債に配分された純額を上回る場合には，その超過額はのれんとして資産に計上する。下回る場合には，その不足額は負ののれんとして利益に計上する。のれんは，20年以内のその効果の及ぶ期間にわたって，定額法その他の合理的な方法により規則的に償却する。ただし，のれんの金額に重要性が乏しい場合には，当該のれんが生じた事業年度の費用として処理することができる（企業結合に関する会計基準32項・33項）。

【は】
29 引当金／貸倒引当金

引当金は，適正な期間損益計算の算定という目的から，以下に示す4つの要件を充足する場合には，当期の負担に属する金額を当期の費用又は損失として引当金に繰り入れなければならない（企業会計原則注解[注18]）。①将来の特定の費用又は損失に関するものであること，②その費用・損失の発生が当期以前の事象に起因していること，③その費用・損失の発生の可能性が高いこと，及び④その金額を合理的に見積もることができること。したがって，発生の可能性の低い偶発事象に係る費用又は損失については，引当金計上できない。

貸倒引当金は，これら4つの要件が満たされているものとして計上が求められる。貸倒引当金は，債権の評価勘定として，期末債権について将来顕在化する損失のうち，期末までにその原因が発生しているものを計上するものである。貸倒引当金の設定方法には，対象となる債権を3種類（一般債権，貸倒懸念債権，破産更生債権等）にグルーピングし，これらとの対応関係で貸倒見積高を算定する。個別引当法と総括

引当法とがあるが，貸倒引当金の繰入れ，貸倒損失の発生やその後の回収に伴う貸倒引当金の取崩しの処理は，グルーピングした債権とそれに対応する貸倒引当金ごとに行われることになる。

30 負債

負債の定義としては，企業会計基準委員会より公表された「財務会計の概念フレームワーク」によると，「負債とは，過去の取引または事象の結果として，報告主体が支配している経済的資源を放棄もしくは引き渡す義務，またはその同義物をいう」とされている。ここでいう義務の同等物には法律上の義務に準じるものが含まれる。負債は，流動負債，固定負債の2つに区分される。

31 簿価

簿価とは，帳簿上に計上されている金額のことである。例えば，減価償却の対象となる固定資産については，その取得原価から減価償却累計額を控除した価額であり，売掛金や受取手形などの売上債権であれば，その額面金額から貸倒引当金を控除した価額である。

32 簿外資産，簿外負債

貸借対照表の資産として記載されない項目を簿外資産といい，負債として記載されない項目を簿外負債という。簿外資産，簿外負債は，会計不正に伴い生じる場合もあるが，正規の簿記の原則に準拠している場合であっても，特に重要性の原則を適用した場合に簿外資産や簿外負債が生じ得る。例えば，簿外資産は，①消耗品，消耗工具器具備品その他の貯蔵品のうち重要性の乏しいものに買入時又は払出時に費用処理する方法を採用した場合や，②たな卸資産の取得原価に加算すべき付随費用のうち重要性の乏しいものを取得原価に算入しない場合などに生じる。簿外負債は，①引当金のうち重要性の乏しいものを計上しない場合や②未払費用や前受収益のうち重要性の乏しいものを計上しない場合などに生じる（企業会計原則注解［注1］）。

【ま】
33 前受金

前受金は，商品の販売などにあたり，取引を確実にすることを目的に，引き渡しに先立ち受け取った手付金を販売先に対する債務として記録する勘定をいう。商品代金の一部を手付金として受け取った場合，当該金額は前受金勘定に貸方記入され，実際に商品を引き渡した段階で売上代金に振り替えられるため，借方記入される。

34 前渡金

前渡金は，商品や原材料等の購入などにあたり，購入前に取引を確実にすることを目的に，納入に先立ち支払った手付金を購入先に対する債権として記録する勘定をいう。商品代金の一部を手付金として支払った場合，当該金額は前渡金勘定に借方記入され，実際に商品の納入があった段階で仕入代金に振り替えられるため，貸方記入される。

35 無形固定資産

無形固定資産は，有形固定資産とは異なり目にみえる具体的な形をもたず，企業に

長期間特別の便益・権利等を与える資産である。法律上の権利又はこれに準ずる資産と経済上の優位性を示す資産に大別される。法律による独占的な権利を示す資産として，特許権，借地権，商標権，実用新案権，意匠権，著作権，鉱業権，ソフトウェアなどがあり，契約による独占的な利用権を示す資産として，電話加入権，専用側線利用権，電気・ガス施設利用権があり，被取得企業のブランド・経営能力など経済上の有利な条件で超過収益の源泉となるのれんがある。無形固定資産は，利用までに要した直接的な支出額を取得原価とし，償却費計算としてはその総額を有効期間にわたって規則的に配分する。

【や】
36 有形固定資産

有形固定資産とは，企業が長期にわたって使用する目的で所有する具体的な形をもった資産である。有形固定資産に属する資産には，建物，構築物，機械装置，船舶，車両運搬具，工具，器具及び備品，土地，リース資産，建設仮勘定などがある。有形固定資産を取得したときには，購入代金のほかに，買入手数料，運送費，据付費，登録料などの付随費用を加えた額を取得原価とする。有形固定資産は，使用や時間の経過によって徐々に価値が減少するために，その価値の減少額を毎期費用として計上する手続（減価償却）をとる必要がある。ただし，土地は非償却資産で，価値の減少がみられないために減価償却は行われない。また，建設仮勘定は，建設段階中の有形固定資産であるため減価償却は行われない。

【ら】
37 流動資産

通常の営業活動の過程において，1年以内に現金化する資産をいう。流動資産に属するか否かの判断は，正常営業循環基準及び一年基準に基づいて行われる。流動資産には，現金預金，受取手形，売掛金，売買目的有価証券及び1年以内に満期が到来する有価証券，たな卸資産，前渡金，その他の資産で1年以内に現金化可能と認められる資産がある。資産を流動・固定に区分するのは，財務分析に際し，短期・長期の支払能力，すなわち財務安全性の判定を容易にするためである。

38 流動比率，固定比率

流動比率は，短期的な支払能力を判定する最も有力な指標であり，次の式で表現される。

$$流動比率＝流動資産÷流動負債（\%）$$

流動比率は，数値が大きいほうがよいと判断される。流動資産のなかには正常営業循環基準による非貨幣資産ないしは費用性資産が含まれ，短期支払能力に欠ける場合があるため，200％を上回るのがよいとされる。実際には，200％を上回る企業は少なく，標準比率等で相対的な判定を行うことが必要である。

一方，固定比率は，長期の安全性分析の指標のひとつであり，次の式で表現される。

$$固定比率＝（資産合計－流動資産）÷純資産合計（\%）$$

固定資産への投資は資金の回収に長期間を要することから，そのための資金源泉は，継続事業を前提とした場合，原則とし

て返済を想定しない資本（自己資本，純資産）でまかなわれれば，最も健全性が高く，安定的と考えられる。この比率が100％より小さくなると，固定資産投資が資金バランス上は自己資本でまかなわれていることを意味する。

39 流動負債

　流動負債は，負債のうち，短期間内に支払期限の到来するものをいう。この短期間についての判別基準（流動項目と固定項目の区分基準）として，正常営業循環基準と一年基準があるのは資産と同じである。企業の主たる営業取引は，営業循環のサイクル（製造業の場合：仕入→生産→販売→回収，商業の場合：仕入→販売→回収）を反復するが，このサイクル内の債務を正常営業循環基準に基づく流動負債といい，通常の営業取引から生じる支払手形，買掛金及び前受金などが該当する。また，営業循環のサイクル外の負債で，貸借対照表日の翌日から起算して1年以内に支払期限が到来する債務を一年基準に基づく流動負債といい，短期借入金，未払金，未払費用及び前受収益などがある。

【山添　清昭】

事項索引

【あ】

一年基準 …………………………… 105, 270
一般に公正妥当と認められる会計
　処理の基準 ………………………… 70, 74
一般に公正妥当と認められる監査の
　基準 ……………………………………… 119
一般に公正妥当と認められる企業
　会計の慣行 ………………………… 69, 70
一般に公正妥当と認められる企業
　会計の基準 ………………………… 69, 74
違法配当 …………………………………… 41
売上原価 ………………………………… 262
売上総利益 …………………………… 7, 113
売掛金 …………………………………… 262
売掛金勘定 ……………………………… 262
営業原価 ………………………………… 262
営業利益 ……………………………… 7, 113
オフバランス …………………………… 225

【か】

会計慣行 ………………………………… 176
　――意義 ……………………………… 178
　――不明確・不存在 ………………… 193
　――と反復継続性 …………………… 177
会計監査人 ………………………………… 93
　――の解任 …………………………… 40
会計基準 …………………………… 48, 176
　――１個 ……………………………… 184
　――経営判断の原則 ………………… 197
　――選択 …………………………… 182, 195
　――評価的要素 ……………………… 212
　――複数 …………………………… 190, 201
　――不明確・不存在 ………………… 206

会計上の見積り ………………………… 20
会計帳簿 …………………………………… 36
会計ビッグバン …………………… 24, 30
会計方針 ………………………………… 100
外形理論 ………………………………… 156
会社法会計 …………………………… 36, 91
外注費 …………………………………… 262
過去の誤謬 ………………………………… 21
貸倒引当金 ……………………………… 268
課徴金 …………………………………… 162
株主資本 ………………………………… 108
株主資本等変動計算書 …… 37, 113, 262
仮受金 …………………………………… 103
仮勘定 …………………………………… 103
仮払金 …………………………………… 103
監査意見 ………………………………… 117
　――の形成 …………………………… 118
監査基準 ………………………………… 119
監査契約 ………………………………… 117
監査実施の手順 ………………………… 117
監査実務指針 …………………………… 120
監査証明 …………………………………… 47
監査等委員会設置会社 ………………… 138
監査における不正リスク対応基準 … 121
監査に関する品質管理基準 ………… 120
監査報告書 ………………………… 47, 117
監査役等との連携 ……………………… 123
監視義務 ………………………………… 135
期間帰属のチェック …………………… 103
企業会計 …………………………………… 48
企業会計基準委員会 …………………… 49
企業会計原則 ……………………………… 15
企業会計審議会 …………………………… 49

期中監査 …………………………… 117
期末監査 …………………………… 117
逆粉飾 ……………………………… 30
キャッシュ・フロー ……………… 262
キャッシュ・フロー計算書 ……… 263
金商法会計 …………………… 43, 91
繰延資産 ……………………… 108, 263
繰延税金資産 ……………………… 263
繰延税金負債 ……………………… 263
経営判断の原則（経営判断原則）
 ……………………………… 81, 133
計算書類 …………………………… 93
計算書類等 …………………… 37, 92
形式基準 …………………………… 64
経常損失 …………………………… 264
経常利益 ……………………… 7, 113, 264
継続開示書類 ……………………… 161
継続性の原則 ……………………… 18
決算書作成の流れ ………………… 95
決算書の仕組み …………………… 107
決算処理 …………………………… 100
減価償却 …………………………… 264
減価償却計算 ……………………… 104
建設仮勘定 ………………………… 264
減損会計 …………………………… 265
減損処理 …………………………… 264
限定付適正意見 …………………… 39
工事完成基準 ……………… 222, 265
工事進行基準 ……………… 222, 265
工事損失引当金 …………………… 265
子会社 ……………………………… 60
国際会計基準審議会 ……… 49, 68
国際財務報告基準 ………………… 53
固定資産 ……………………… 108, 265
固定比率 …………………………… 270
固定負債 ……………………… 108, 266
個別注記表 ………………………… 37

【さ】
再調達原価 ………………………… 266
財務会計基準審議会 ……………… 68
財務諸表 ……………………… 46, 93
財務諸表監査の目的 ……………… 119
残高確認 …………………………… 101
残高試算表 ……………………… 7, 98
仕掛品 ……………………………… 266
時価主義 …………………………… 266
時価主義会計 ……………………… 33
事業報告 …………………………… 37
資産 ……………………………… 6, 266
 ――の過大計上 …………………… 223
 ――の評価替え回避 ……………… 224
 ――の部 …………………………… 108
資産・負債の評価 ………………… 102
実現主義 …………………………… 15
実査 ………………………………… 101
実在性 ……………………………… 101
実質基準 …………………………… 64
指定国際会計基準 ………………… 55
支配力基準 ………………………… 64
四半期報告書 ……………………… 45
四半期連結財務諸表 ……………… 94
資本 ………………………………… 6
資本取引・損益取引区分の原則 … 17
社員資本等変動計算書 …………… 37
収益 ………………………………… 7
 ――の過大計上 …………………… 220
 ――の前倒し計上 ………………… 221
収益性分析の見方 ………………… 112
修正国際基準 ……………………… 56
重要性の原則 ……………………… 20
手段債務 …………………………… 144
受注損失引当金 …………………… 265
取得原価主義 ……………………… 266
取得自体損害説 …………………… 128
純資産 ……………………………… 266

――の部 …………………………………… 108
純損失 ……………………………………… 267
上場会社等 ………………………………… 44
正味財産 …………………………………… 267
正味実現可能価額 ………………………… 266
剰余金 ……………………………………… 41
　――の配当 ……………………………… 116
職業的懐疑心 ……………………………… 122
仕訳帳 ………………………………… 37, 95
仕訳伝票 …………………………………… 98
仕訳のルール ……………………………… 97
新株予約権 ………………………………… 108
真実性の原則 ……………………………… 15
信頼の権利 ………………………………… 134
正規の簿記の原則 ………………………… 16
税金計算 …………………………………… 104
税効果会計 ………………………………… 104
正常営業循環基準 ………………………… 270
税引前当期純利益 …………………… 7, 113
税法基準 ……………………………… 66, 181
善管注意義務 ……………………………… 133
善管注意義務違反型 ……………………… 133
総勘定元帳 …………………………… 37, 95
損益計算書 ………… 5, 6, 37, 111, 267
　――の見方のポイント ………………… 111

【た】
貸借対照表 ………… 5, 6, 37, 108, 267
　――の見方のポイント ………………… 110
高値取得説 ………………………………… 130
蛸配当 ……………………………………… 41
脱税 ………………………………………… 30
たな卸 ……………………………………… 101
たな卸資産 ………………………………… 267
単一性の原則 ……………………………… 19
中間監査基準 ……………………………… 120
中小企業の会計に関する指針 …………… 25
当期純利益 …………………………… 7, 113

投資その他の資産 ………… 108, 265, 268
飛ばし ……………………………………… 225
トライアングル体制 ……………………… 24
取締役と監査委員の監視義務の相違
　……………………………………………… 138

【な】
内部統制システム構築義務 ……………… 139
内部統制システムの整備の決定義務
　（決議義務）……………………………… 140
日本基準 …………………………………… 48
日本公認会計士協会 ……………………… 49
任務懈怠責任 ……………………………… 130
のれん ……………………………………… 268

【は】
発行開示書類 ……………………………… 158
発生主義 …………………………………… 16
半期報告書 ………………………………… 45
引当金 ………………………………… 104, 268
非支配株主に帰属する当期純利益 ……… 60
非支配株主持分 …………………………… 59
費用 ………………………………………… 7
　――の過少計上 ………………………… 222
　――の先送り計上 ……………………… 223
評価・換算差額等 ………………………… 108
負債 …………………………………… 6, 269
　――の過少計上 ………………………… 225
　――の評価替え回避 …………………… 225
　――の部 ………………………………… 108
不正 ………………………………………… 10
　――による重要な虚偽の表示を示
　　唆する状況 …………………………… 123
不正リスク要因 …………………………… 122
附属明細書 ………………………………… 37
不適正意見 ………………………………… 39
負のれん …………………………………… 268
振替処理 …………………………………… 105

不良債権の簿外化 ……………………… 225
米国会計基準 …………………………… 51
報告式の損益計算書 …………………… 111
法令違反型 ……………………………… 143
簿価 ……………………………………… 269
簿外資産 ………………………………… 269
簿外負債 ………………………………… 269
保守主義の原則 ………………………… 19
補助元帳 ………………………………… 37

【ま】
前受金 …………………………………… 269
前渡金 …………………………………… 269
無過失の抗弁 …………………………… 149
無形固定資産 ……………… 108, 265, 269
無限定適正意見 ………………………… 39
明瞭性の原則 …………………………… 17
目論見書 ………………………………… 158
持株基準 ………………………………… 64

【や】
役員等の解任 …………………………… 157
有価証券届出書 ………………………… 44
有価証券届出書等の公衆縦覧 ………… 46

有価証券報告書 ………………………… 44
有形固定資産 ……………… 108, 265, 270
誘導法 …………………………………… 106

【ら】
利益 ……………………………………… 7
流動資産 ………………………… 108, 270
流動比率 ………………………………… 270
流動負債 ………………………… 108, 271
臨時計算書類 …………………………… 40
臨時報告書 ……………………………… 45
連結キャッシュ・フロー計算書 ……… 93
連結計算書類 ………………… 40, 92, 93
連結決算制度 …………………………… 57
連結財務諸表 …………………… 57, 93
連結附属明細表 ………………………… 93
連結包括利益計算書 …………………… 93

【ABC】
EDINET ………………………………… 91
FASB …………………………………… 68
IASB ………………………………… 49, 68
IFRS ……………………………………… 53

判例索引

【最高裁判所】

最判昭32・7・16民集11巻7号1254頁 …………………………………………… 156
最判昭44・11・26民集23巻11号2150頁 ………………………………………… 154
最判昭48・5・22民集27巻5号655頁 ……………………………………………… 135
最判昭49・12・17民集28巻10号2059頁 ……………………………………… 154, 156
最三小判昭51・3・23（昭48（オ）第506号）裁判集民事117号231頁，金法798号36頁
 ………………………………………………………………………………………… 143
最一小判平5・11・25民集47巻9号24頁 …………………………………………… 76
最判平12・7・7判タ1046号92頁 ……………………………………… 132, 143, 144
最決平12・10・10金判1105号15頁 ………………………………………………… 145
最判平18・4・10民集60巻4号1273頁 ………………………………………… 81, 146
最判平18・11・2民集60巻9号3249頁 ……………………………………………… 213
最判平20・1・28民集62巻1号128頁 ………………………………………………… 131
最判平20・7・18刑集62巻7号2101頁 …… 186, 189, 191, 201, 204, 205, 208, 211, 255
最判平21・7・9裁時1487号6頁，判時2055号147頁 …………………… 141, 184, 231
最判平21・12・7刑集63巻11号2165頁 ……………………………………… 192, 203, 206
最判平22・7・15判時2091号90頁 …………………………………………… 134, 198
最決平23・4・25公刊物未登載，LEX/DB25471531 ………………… 194, 206, 238
最判平23・9・13判タ1361号114頁 ………………………………………………… 128
最判平23・9・13民集65巻6号2511頁 ……………………………………………… 128
最判平24・3・13民集66巻5号1957頁 ……………………………………………… 238

【高等裁判所】

名古屋高判昭58・7・1判タ510号193頁 ………………………………………… 155
東京高判平7・9・28金判980号21頁 ……………………………………………… 78
東京高判平11・2・23判タ1058号251頁 …………………………………………… 145
大阪高判平12・9・28資料版商事法務199号330頁 ……………………………… 81
東京高判平15・3・27判タ1133号271頁 …………………………………………… 146
大阪高判平16・5・25判時1863号115頁 …………………………………………… 253
東京高判平17・6・21刑集62巻7号2643頁 ……………………………… 188, 203, 205
東京高判平18・11・29判タ1275号245頁 ………………… 79, 178, 186, 187, 191, 255
東京高判平19・3・14刑集63巻11号2547頁 ………………………………… 204, 205
東京高判平20・5・21判タ1281号274頁 …………………………………………… 134

東京高判平20・7・25判時2030号127頁	194, 206
東京高判平20・9・12公刊物未登載	238
東京高判平20・9・19公刊物未登載	238
東京高判平23・8・30判時2134号127頁	192, 204, 253
東京高判平23・11・30判時2152号116頁	195, 238
大阪高判平25・12・26（平24（ネ）第3286号）公刊物未登載	78, 82
東京高判平26・1・30判時2222号105頁	128
東京高判平26・8・28資料版商事法務367号20頁	128
大阪高判平28・6・29金判1499号20頁	130, 257

【地方裁判所】

東京地判昭49・6・29金法507号42頁	207
札幌地決昭54・5・8判タ397号145頁	136
東京地判昭58・2・24判タ492号166頁	148
東京地判平4・10・27公刊物未登載	173
東京地判平6・12・20判タ893号260頁	148
東京地判平6・12・22判時1518号3頁	143, 144
東京地判平8・2・8資料版商事法務144号115頁	81
東京地判平8・6・20判時1572号27頁	168
東京地判平9・3・13判時1610号116頁	145
大阪地判平11・5・26判時1710号153頁	81
横浜地判平11・6・24判タ1039号224頁	155, 156, 229
東京地判平12・3・28判タ1037号82頁	256
大阪地判平12・9・20判タ1047号86頁	137, 167, 168
名古屋地判平13・10・25判時1784号145頁	146
東京地判平14・4・25判時1793号140頁	134
東京地判平14・9・10刑集62巻7号2469頁	188, 203
神戸地判平14・9・12判タ1139号98頁	76
大阪地判平15・3・12労判851号74頁	173
京都地判平15・9・24判時1863号119頁	178
大阪地判平15・10・15金判1178号19頁	77, 179, 190, 199, 207, 210
大阪地判平17・5・2裁判所ホームページ	241
東京地判平17・5・19判時1900号3頁	177, 178, 186, 187, 191, 204
東京地判平17・9・21判タ1205号221頁	181, 193
大阪地判平18・2・23判タ1213号287頁	233
大阪地判平18・3・20判時1951号129頁	256
東京地判平18・3・27公刊物未登載	242
東京地判平18・8・9公刊物未登載	242

東京地判平19・3・16判時2002号31頁	194
大阪地判平19・4・13判時1994号94頁, 判タ1256号297頁	187, 255
東京地判平19・11・28金法1835号39頁	155
大分地判平20・3・3金判1290号53頁	148, 243
大阪地判平20・4・18判時2007号104頁	235
東京地判平21・5・21判時2047号36頁	195
東京地判平21・6・18判時2049号77頁	195
東京地判平21・7・9判タ1338号156頁	195
東京地判平22・6・30判タ1354号158頁	246
横浜地判平23・9・20公刊物未登載	239
宇都宮地判平23・12・21判時2140号88頁	180
さいたま地判平24・2・29公刊物未登載	244
大阪地判平24・3・23判タ1403号225頁	246
大阪地判平24・9・28判タ1393号247頁	78, 151, 196, 197, 198, 199, 200, 258
東京地判平25・7・3公刊物未登載	257
東京地判平25・10・15金法2005号142頁	239
東京地判平26・11・27公刊物未登載	248
東京地判平26・12・25公刊物未登載	239
仙台地判平27・1・14公刊物未登載	171
東京地判平27・3・19判時2275号129頁	257
東京地判平27・7・1公刊物未登載	257
大阪地判平27・7・21金判1476号16頁	129
東京地判平27・11・25金判1485号20頁	195
東京地判平29・4・27資料版商事法務400号119頁	167, 171, 257

■編者

古田　佑紀（ふるた　ゆうき）
梅林　啓（うめばやし　けい）
市川　育義（いちかわ　やすよし）

法律家のための企業会計と法の基礎知識
——会計処理と法の判断

2018年1月22日　初版第1刷印刷
2018年2月5日　初版第1刷発行

編者　古田　佑紀
　　　梅林　啓
　　　市川　育義

発行者　逸見　慎一

発行所　東京都文京区　株式　青林書院
　　　　本郷6丁目4の7　会社
振替口座　00110-9-16920／電話03(3815)5897～8／郵便番号113-0033
ホームページ☞ http://www.seirin.co.jp

印刷／藤原印刷株式会社　落丁・乱丁本はお取替え致します。
©2018 古田＝梅林＝市川　Printed in Japan
ISBN978-4-417-01732-5

JCOPY〈(社)出版者著作権管理機構　委託出版物〉
本書の無断複写は著作権法上での例外を除き禁じられています。複写される場合は、そのつど事前に、(社)出版者著作権管理機構(TEL03-3513-6969、FAX03-3513-6979、e-mail：info@jcopy.or.jp)の許諾を得てください。